과학기술 글쓰기

과학기술 글쓰기

1판 1쇄 찍은날 2016년 3월 2일
1판 1쇄 펴낸날 2016년 3월 7일
지은이 김은하 · 김은희 · 김태희 · 남원진 · 이명희 · 전우형 · 홍재범
펴낸이 송희영
펴낸곳 **쿠북** (건국대학교출판부의 패밀리 브랜드입니다.)
등록 / 제 4-3 호(1971. 6. 21)
주소 / 05029, 서울특별시 광진구 능동로 120 건국대학교출판부
전화 / (02)450-3891～3
팩스 / (02)457-7202
홈페이지 / http://press.konkuk.ac.kr
e-Mail / press@konkuk.ac.kr

책임편집 임경희

찍은곳 네오프린텍(주)

정가 **16,000**원

ISBN 978-89-7107-598-2 03710

이 도서의 국립중앙도서관 출판예정도서목록(CIP)은 서지정보유통지원시스템 홈페이지(http://seoji.nl.go.kr)와 국가자료공동목록시스템(http://www.nl.go.kr/kolisnet)에서 이용하실 수 있습니다.(CIP제어번호: CIP2016005326)

과학기술 글쓰기

김은하 · 김은희 · 김태희 · 남원진 · 이명희 · 전우형 · 홍재범

쿠북

머리말

오늘날 인터넷은 우리 삶의 거의 모든 영역에서 활용되고 있다. 인터넷이 현란하고 매혹적인 시각 이미지를 어마어마한 규모로 쏟아내고 있기에, 이제 글이라는 문자매체의 의의와 역할이 크게 위축된 것처럼 보이기도 한다. 그러나 진실은 인터넷 덕분에 글쓰기는 오히려 다양한 층위와 공간 속에서 무한대로 확장되고 있다는 것이다. 인터넷이라는 새로운 환경 덕분에 글쓰기에 대한 대중의 관심은 오히려 어느 때보다도 커지고 있다.

인터넷이 없던 시절, 글은 종이매체를 통해서만 대중적으로 유통된다는 물리적 한계를 지녔다. 따라서 학자, 작가, 특정 분야 전문가 등 소수만 글을 발표할 기회를 독점하다시피 하였고, 대부분의 사람들은 자신의 생각을 글을 통해 타인과 공유할 기회를 거의 가지지 못하고 사적 글쓰기에 머물 수밖에 없었다. 그러나 오늘날에는 신분, 나이, 지식수준을 불문하고 누구나 자유롭게 인터넷에 글을 올릴 수 있으며, 단문에서부터 장편소설에 이르기까지 인터넷에 글을 올리는 순간 아무런 제약 없이 불특정 다수와 만날 수 있게 된 것이다.

이처럼 글쓰기에는 다종다양한 유형들이 있지만 이 교재는 특히 학문적 글쓰기라는, 어느 정도 한정된 유형의 글쓰기를 주로 다룬다. 대학이라는 시공간 속에서 통용되는 글쓰기에 대해, 그 기초에서부터 시작하여 최종적으로 논문 쓰기까지 다루고 있다. 대학의 학문적 글쓰기는 대개의 경우 졸업논문으로 완결된다. 졸업논문은 오늘날에는 공적 가치가 많이 퇴색했지만, 그래도 그 의미는 결코 무시해서는 안 되는 것이다. 대학 이전의 공부가 가르치는 사람이 제시하는 것을 배우는 사람이 수동적으로 습득하는 데 치우쳐 있었다면, 대학 공부는 배우는 사람 스스로 문제를 제기하고 자신의 대답을 제시하는 것을 지향한다. 이처럼 대학에서 주도적으로 탐색하고 사유한 결과가 졸업논문에서 집대성된다. 따라서 졸업논문을 잘 쓰기 위해서는 4년여 시간 동안 자신의 전공과 교양을 매개로 하여 세계와 인간에 대한 주체적 문제의식을 형성하고 이를 적절히 표현할 수 있는 능력을 길러야 하는 것이다.

글쓰기와 말하기는 모두 언어 행위이다. 그러나 글쓰기와 말하기에는 결정적으로 다른 점이 한 가지 있다. 일대일로 주고받는 대화나 다중을 상대로 하는 강연 등 전형적인 말하기 상황에서는 말하는 사람이 수용자를 직접 보면서 그 반응에 따라 어떤 말을 어떻게 할지 그때그때 정하고 고쳐 나갈 수 있다. 하지만 글쓰기에서는 글을 쓰는 사람이 수용자를 눈으로 볼 수 없다. 물론 글을 쓰는 사람도 대개 글을 읽을 사람들을 마음에 떠올리기 마련이지만, 그러한 예상이 늘 맞아떨어지지는 않는다. 여기에서 글쓰기의 어려움은 증폭된다. 그래서 만일 글을 쓰는 사람이 독자의 범위를 어느 정도 한정할 수 있다면 그러한 고민의 무게는 줄어들 것이다. 이 책에서 다루는 학문적 글쓰기는 적어도 불특정 다수를 독자로 상정하는 글쓰기가 아니라는 점에서는, 그 방법을 익히는 것이 비교적 수월하다고 말할 수 있다.

이 책은 글쓰기를 이제 시작하는 사람이나 본격적으로 과학기술 분야의 글을 쓰고자 하는 사람 모두 활용할 수 있도록 짜여졌다. 그래서 I부에서는 글의 구성과 기법, 표현과 문장 등 글쓰기 기초를 익힐 수 있도록 안내했으며, II부와 III부에서는 본격적으로 과학기술 글쓰기의 특성과 유형을 설명하였다. 이 책에서 특히 눈여겨 볼 곳은 IV부이다. 여기에서는 과학기술 분야의 다양한 글들을 읽어보고 이와 연관해서 실제 글을 다양한 방식으로 써볼 수 있도록 했다. 여기 실린 글들을 읽고 토론하면서 요약문이나 평가문을 쓸 수도 있고, 자기 생각을 덧붙여 이어 쓰거나 반론을 써 볼 수도 있다. 글쓰기 능력을 키우기 위해서는 글쓰기 이론을 읽거나 남이 쓴 좋은 글을 읽는 것도 중요하지만, 결국 다양한 유형의 글을 직접 꾸준히 써 보아야 하는 것이다.

인간에게 있어서 자신의 생각을 가장 깊이 있고 오해 없이 전달할 수 있는 매체는 역시 글이라고 할 수 있다. 이 책이 열어 놓는 글쓰기의 여정을 따라가며 주체적으로 음미하고 자유롭게 즐기다 보면, 글쓰기를 통해 생각을 보다 정교하게 다듬는 능력을, 그리고 말하기의 소통 범위를 넘어서 있는 이들과도 자신의 생각을 공유하는 능력을 갖추게 될 것으로 기대한다.

2016년 2월

건국대 『과학기술 글쓰기』 집필진 일동

I. 글쓰기의 기초

선禪에 다음과 같은 말이 있다.

"말할 때는 오로지 말 속으로 들어가라. 걸을 때는 걷는 그 자체가 되어라. 죽을 때는 죽음이 되어라."

그러므로 글을 쓸 때는 쓰기만 하라. 열등감과 자책감으로 중무장한 채 자신과 피 흘리는 싸움은 하지 말라.

– 나탈리 골드버그, 『뼛속까지 내려가서 써라』

1 글쓰기의 의의

한국의 정규 국어교육 과정을 제대로 수행한 사람에게 대학에서 요구하는 글쓰기는 어렵지 않아야 한다. 그럼에도 불구하고 대학에서 다루는 모든 글의 생산자와 소비자, 즉 논자와 독자는 여전히 글쓰기가 불편하고 어렵다. 속도와 짧은 문장이 핵심인 IT시대의 속성에 익숙해진 탓인지 사람들에게 한 편의 논리적인 글쓰기는 까다로운 대상이다. 더욱이 창조적 사고와 논리적 표현을 요구하는 대학의 글쓰기는 학생들에게 더욱 두려운 과제로 남게 되었다.

대학에서의 글쓰기는 전공별 학문탐구를 위한 의사소통의 방법일 뿐만 아니라 자신이 선택한 세상과 소통하는 궁극의 방법이기도 하다.

글쓰기의 필요성

디지털 미디어 시대가 도래하면서 글쓰기는 더욱 강조되고 있다. 디지털 매체를 사용할수록 정보의 양은 무한대지만 정작 힘 있는 글이 진가를 발휘하기 때문이다. 대학의 글쓰기는 논리적이고 비판적인 생각을 통해 학문적 소양을 키워나감과 동시에 교양인으로서의 소양을 발전시킬 것을 목적으로 한다. 따라서 대학에서의 글쓰기는 집단지성인으로서 공동체의 철학과 실천에 관심을 기울이며, 이에 관한 자신의 생각을 한 편의 글로써 세상과 소통하는 연습의 과정이다.

그러나 현대사회에서 대학에서의 글쓰기가 중요한 이유가 또 있다. 바로 직업인이 되기 위한 기능적 글쓰기가 필요하기 때문이다. 특히 자신에 관한 글쓰기는 취업이 갈수록 힘들어지는 시대에 강력한 경쟁력이 된다. 대학원 진학이나 입사를 위해 자신의 인생을 요약적으로 제시해야 하는 자기소개서의 경우 더욱 그렇다. 기획서 및 보고서만 하더라도 정확한 사실과 의미 전달을 요구하는 비즈니스 글쓰기이자 전공영역을 확장시킨 실용적 글쓰기이다. 이제 우리 시대의 글쓰기는 교양시민의 자질을 평가하는 중요한 덕목을 넘어 개인의 숙달된 기능으로 평가받게 되었다. SNS가 발달하면서 긴 글이 맥을 못 춰도 여전히 글쓰기가 필요한 이유는 평생 자신이 하는 일을 글로써 정리하고 발표하고 보고해야 하기 때문이다. 졸업 후 직장에서 업무를 수행할 때 대부분의 일과는 글로써 시작해서 글로써 끝난다고 해도 과언이 아니다.

이제 글쓰기는 특정 계층이 재능을 발휘하는 분야가 아니다. 글쓰기는 나로부터 시작해서 타자와 사회 그리고 세계와 소통하기 위한 의사소통의 도구이다. 이제 글을 쓰지 않는 날은

거의 없을 것이다. 조금 더 진지하게 말하자면 인생을 정리해야 하는 어느 즈음에, 우리는 결국 글로써 무언가를 정리해야 한다. 따라서 글쓰기는 일상에서 매일 필요한 일이라는 점을 받아들일 필요가 있다. 그래도 글쓰기가 어렵다면 다음 글에서 용기를 얻어 보자.

> 선禪에 다음과 같은 말이 있다.
>
> "말할 때는 오로지 말 속으로 들어가라. 걸을 때는 걷는 그 자체가 되어라. 죽을 때는 죽음이 되어라."
>
> 그러므로 글을 쓸 때는 쓰기만 하라. 열등감과 자책감으로 중무장한 채 자신과 피 흘리는 싸움은 하지 말라.
>
> – 나탈리 골드버그, 『뼛속까지 내려가서 써라』

글쓰기의 요건

사실 글을 쓰려면 자아 및 세계에 관해 무언가를 말하려는 욕망이 점화되어야 한다. 글은 곧 생각이다. 생각이 없다면 글은 쓸 수 없다. 필자의 생각하려는 욕망과 그것을 상대방이 잘 이해할 수 있도록 효과적으로 전달하려는 욕망이 좋은 글의 요건이 된다. 그러기 위해서는 나의 생각과 타인의 생각이 같은지 다른지, 다르면 어떻게 다른지를 먼저 파악하여야 한다.

이때 다른 사람의 생각을 읽기 위해서는 그의 글을 읽는 것이 우선되어야 한다. 독서가 필요한 이유이다. 즉, 글을 잘 쓰려면 먼저 많이 읽어야 한다. 중국 송나라 구양수가 글을 잘 쓰기 위한 요건으로 많이 읽고多讀, 많이 생각하고多商量, 많이 쓰라多作고 말한 이유가 바로 이 때문이다. 특히 독서는 동서고금 사람들의 생각을 읽는 것이다. 이렇게 전방위적인 글 읽기의 과정에서 비판과 수렴을 통해 글쓰기는 활로를 찾게 된다.

흔히 글쓰기가 어렵다고 하는 이유는 다른 사람의 글을 읽지 않기 때문이다. 다른 사람의 글을 읽어 보아야 내가 어떤 생각을 하고 있는지 알게 된다. 또한 아무리 많은 독서를 하였다 하더라도 이를 자신의 생각으로 정리하지 않는다면 자신의 목소리는 존재하지 않는다. 자신의 생각을 논리적으로 구성하여 창의적인 생각을 드러내는 과정이 글쓰기이다. 따라서 많이 생각하고 많이 써 보는 것은 당연한 일이다. 그런 의미에서 영문학자 장영희가 글쓰기의 어려움을 토로하며 쓴 「백지의 도전」은 글을 읽고 써야 하는 이유를 실감나게 알려 주는 글이다. 매일 여러 편의 글을 쓴 그녀도 이렇게나 글쓰기가 어려웠는데 하물며 평범한 우리들은 읽고 또 읽고 쓰고 또 써야 하는 것이 아닐까.

20세기 미국 시인 로버트 프로스트는 "무언가 뭉클하고 목구멍에 뜨거운 것이 치밀 때"면 시를 쓴다고 했다. 19세기 여류시인 에밀리 디킨슨은 "머리 전체가 폭발해 나간 것 같은 느낌일 때" 글을 쓴다고 했다. 위선의 껍데기를 벗고 순수한 마음이 될 때 글이 더 잘 써진다는 말일 것이다. 언감생심, 날 늘 이런 위대한 시인들에 비교하는 것은 아니지만, 나도 가끔 마음이 깨끗하고 어떤 감동을 느낄 때 글이 잘 나오는 듯하다. 그러나 이 험한 세상을 무관심과 무감동으로 단단히 무장하고 살아가면서 그저 마감 시간에 쫓겨 별 감흥도 없이 쓰는 글이니 마음대로 제때에 나와 줄 리가 없다.

알프레드 케이진이라는 문학비평가는 "누구든 글을 쓰는 이유는 스스로를 가르치고 이해하기 위해서, 그래서 결국 자기만족을 위해 글을 쓴다"고 했다. 그러나 이렇게 마감 시간의 고통을 감수하면서까지나 자신을 가르치고 이해하고 만족시키기에는 나는 너무 게으르다. 헨리 밀러는 "세상에 나가서 자신의 신념을 실제로 행동으로 옮길 용기가 없는 사람이 글을 쓴다"고 했지만, 나는 내 신념을 글로 쓰느니

차라리 세상에 나가서 실제로 행동으로 옮길 용기를 부려 보겠다. (중략) 나처럼 지금 글을 써야 하는 독자들이 있다면 미국의 수필가 J.B. 프리스틀리의 지혜를 나누고 싶다.

"애당초 글을 쓰지 않고 살 수 있으면 좋겠지만 꼭 써야 한다면 무조건 써라. 재미없고, 골치 아프고, 아무도 읽어 주지 않아도 그래도 써라. 전혀 희망은 보이지 않고, 남들은 다 온다는 그 '영감'이라는 것이 오지 않아도 그래도 써라. 기분이 좋든 나쁘든 책상에 가서 그 얼음같이 냉혹한 백지의 도전을 받아들여라."

– 장영희, 「백지의 도전」

글쓰기의 효과

글쓰기의 요건이 억지로 갖추려고 해서 갖춰지는 것은 아니다. 글쓰기는 책을 읽고 생각한 연후에 쓰고 싶은 의지가 발현되어야 비로소 시작된다. 이러한 일련의 과정은 유기적이며 자연스럽게 일어나야 하며 이 과정에서 우리는 무언가를 자연스럽게 얻게 되는데 그것은 다음과 같다.

첫째, 창의성과 논리성의 획득이다. 흔히 사람들은 글을 쓰면서 생각하게 되거나, 생각하면서 글을 쓰게 되는 경우가 많다. 그러다보니 글은 생각하는 힘을 제공한다. 생각하려는 끈기를 제공하고 생각의 순서를 생각하게 만든다. 이렇게 글을 쓰다보면 논리의 필요성을 느끼게 되고 타당성을 확보하기 위하여 근거를 찾게 된다. 따라서 글쓰기는 자신의 독특한 목소리를 정리하는 과정에서 타인과 변별적 사유의 실마리를 찾게 되는 시간이다. 이 과정에서 사람들은 나름의 창의성과 논리성을 습득하게 된다. 물론 처음부터 창의성과 논리성이라는 두 마리 토끼를 잡을 수는 없다. 이는 사냥을 많이 한 사냥꾼에게만 허락되는 포획물임을 상기한다면 사냥만큼 글쓰기도 많이 할 수밖에 없다.

둘째, 글을 쓰는 과정에서 나 자신과 소통하게 되고 나아가 타자 및 세계와의 소통을 경험하게 된다.

> 글을 쓴다는 것은 삶을 충만하게 만들고 매혹시키는 유일한 일이었다. 나는 글을 썼다. 글쓰기는 나의 뇌리에서 결코 떠나지 않았다.
>
> – 마르그리트 뒤라스, 『고독한 글쓰기』

『연인』의 작가 마르그리트 뒤라스는 고독한 글쓰기의 과정이야말로 자신이 세상을 살아가는 방법이라고 소개하고 있다. 이는 고독한 글쓰기의 과정이 삶을 충만하게 만든다는 반어적 선언으로, 내면적 고독을 달래며 자신만의 방법으로 세상과 소통하고 있음을 드러내는 것이다. 이렇듯 대부분의 작가들은 글쓰기가 고독하지만 역동적 소통의 방법임을 말하고 있다.

글쓰기의 세 번째 효과는 글을 쓰는 그 자체가 글쓰는 이 자신에게 치유의 과정이 될 수 있다는 것이다. 자신의 이야기로부터 시작하는 글쓰기는 스스로를 마주하며 대화할 수 있는 시간을 제공한다. 글 속에 드러난 자신은 객관적으로 응시할 수 있는 대상이 된다. 이때 자신의 의식 및 무의식에 관련된 단어를 쏟아냄으로써 진정한 자신을 발견하게 된다. 베스트셀러 작가 스티븐 킹이 별장의 도로를 산책하다가 트럭에 부딪혀 교통사고를 당했는데, 여덟 차례의 대수술을 받고 나서 다시 글을 쓰기 시작했을 때 다음과 같이 말했다고 한다.

> 글쓰기가 내 목숨을 살려준 것은 아니지만, 예나 지금이나 한결같이 나를 도와준다. 글쓰기는 내 삶을 더 밝고 즐겁게 만들어 주는 것이다. (중략) 글쓰기란 작품을 읽는 이들의 삶을 풍요롭게 하고 아울러 작가 자신의 삶도 풍요롭게 해 준다.
>
> – 스티븐 킹, 『유혹하는 글쓰기』

치유의 글쓰기는 누구나가 경험할 수 있는 글쓰기로써 삶을 긍정적으로 바라보려는 무의식의 소산이다. 그리고 누군가에게는 긍정적 영감을 나눠 주는 교섭의 과정이기도 하다.

글쓰기란 무엇인가

그렇다면 글쓰기란 무엇일까? 이를 요약적으로 살펴보면 다음과 같이 정리할 수 있다.

첫째, 글쓰기는 글을 쓰는 사람의 생각과 감정의 표현이다. 다시 말해 문자인 글을 통해 자신의 관점으로 지식과 경험을 상대방에게 전달하는 것이다. 글은 시간과 공간의 제약을 넘어 독자에게 효과적으로 내용을 전달할 수 있기에 신중하고도 세심한 노력이 필요한 작업이다. 자신의 생각과 감정에 맞는 정확한 단어를 찾아야 하고, 이에 걸맞은 장르를 선택하고 표현해야 한다. 그러기 위해서는 글을 쓰는 사람이 무엇을 어떻게 전달하려고 하는지, 글의 목적은 무엇인지를 파악하고 있어야 한다. 따라서 글쓰기는 일종의 자기표현이다. 소설가 김연수는 글쓰기가 자기표현임을 아래와 같이 고백하고 있다.

> 영혼을 팔아치울 정도로 괴로운 일이었다면, 그래서 견디지 못하고 그 괴로움을 다른 사람들에게 전가할 지경이었다면, 나는 문학을 하지 않았을 것이다. 나를 완전히 던지는 일을 통해 행복을 얻을 수 있는 다른 일을 찾아 나섰을 것이다. 나는 운명도, 운도 믿지 않는다. 믿는 것은 오직 내 몸과 마음의 상태일 뿐이다. 인간이란 할 수 없는 일은 할 수 없고 할 수 있는 일을 할 수 있는 존재다. 나는 완전히 소진될 때까지 글을 쓸 수 있다. 이건 내가 할 수 있는 일이다. 1968년 프랑스에서 학생운동이 극에 달했던 시절, 바리케이드 안쪽에 씌어진 여러 낙서 중에 'Ten Days of Happiness'라는 글귀가 있었다고 한다.

열흘 동안의 행복. 그 정도면 충분하다. 문학을 하는 이유로도, 살아가거나 사랑하는 이유로도.

— 김연수, 『청춘의 문장들』

작가의 글쓰기의 산물로 만나게 되는 것이 문학이다. 이때 문학을 글로 치환하여 읽을 수 있다. 그는 자신이 소진될 때까지 글을 씀으로써 존재의 이유를 드러내고 있다. 이때 자기표현으로서의 개인적 글쓰기가 공적인 글쓰기로 확장될 때 사회적 담론이 만들어지고, 우리는 자연스럽게 그 담론에 참여하게 된다. 사실을 다루는 글들은 SNS나 네트워크를 통해 소통을 가능케 하기 때문이다. 여기서 우리는 글쓰기의 두 번째 정의를 얻게 된다. 글쓰기는 의사소통을 위한 적극적 행위이다. 이는 앞에서도 언급한 바 있다. 불후의 명문은 시간과 공간의 제약 없이, 오랫동안 동서고금의 사람들에게 회자된다.

국문학 저술가인 정민 교수는 "학문 언어나 대중 언어나 글이란 결국 소통을 전제로 하기에 일방적 강의가 아닌 대화를 전제로 글을 쓰면 대중들은 분명 거기에 답하고 열광"하게 된다고 말한 바 있다. 이는 어려운 학문적 글이라도 여러 사람이 읽을 수 있도록 소통하려는 논자의 의지와 노력이 좋은 글의 요건임을 상기시켜 주는 대목이다.

학회를 통해 발표되는 학문적 글쓰기 또한 소통을 목적으로 한다. 다윈이나 칼 융과 같은 과학자나 심리학자들은 자신의 일기를 자신들의 연구와 연계하여 활용하고 있어 개인적 글쓰기가 공적 담론의 글로 확장 가능함을 보여주고 있다. 한편, 사회적 문제를 다루고 있는 글쓰기는 대중과 지성인들의 의미 있는 실천을 촉발시킴으로써 소통을 이끌어 낸다. 이런 점에서 다음의 글은 가슴과 머리에 울림을 남긴다.

지금 강기훈이라는 이름을 기억하는 이들이 얼마나 될까? 그는 그렇게 잊혀야 할까? 그렇게 된다면 대한민국은 결코 올바른 민주주의를 회복할 수 없다. 정치는 남의 일이거나 나와 상관없는 일이 아니다. 정치는 우리의 삶의 방식을 결정짓는 매우 중요한 요소다. 어째서 인문학에서 최근의 시국사건(?)을 다루느냐고 따질 일이 아니다. 이 사건은 대한민국의 정의가 어떤 지경에 있는지. 그리고 인간의 가치가 얼마나 허술하게 다뤄지고 억압되고 있는지를 가르는 매우 중요하고 상징적인 사건이기 때문이다.

– 김경집, 「강기훈 사건과 김지하」

이 글은 2014년 2월 13일 서울고법 제10형사부가 유서대필 사건의 주인공 강기훈에게 무죄판결을 내리기 전, 대중에게 진실을 호소하는 김경집 교수의 글이다. 김 교수는 당시 대한민국 검찰과 수뇌부들이 조작한 강기훈의 사건을 직시하며 인간의 가치와 인권을 대중에게 묻고 있다. 이렇듯 한 편의 글은 자신의 생각을 때로는 단호하게 대중들과 전달하려는 의도를 분명히 한다.

그 밖에 비즈니스를 위한 글쓰기는 자신의 사업의도를 상대방에게 전달하려는 목적을 갖고 있다. 실제 비즈니스 과정에서 글쓰기는 프레젠테이션으로 연계되어 짧은 시간에 효율적으로 업무의 목적과 결과를 설명해야 한다. 비즈니스 글쓰기의 요체는 핵심 전달이다. 아무리 좋은 아이디어를 가지고 있더라도 설득력 있게 업무 내용을 설명하지 못하면 실패의 원인이 된다. 즉, 설득력 확보를 위해 근거자료를 충분히 제시해야 한다. 이와 같은 실용적 글쓰기는 사업의 실질적 목표 달성과 연계되어 있기에 글쓰기의 목적과 의도를 분명히 해야 한다.

글쓰기의 영역별 특성

글쓰기는 글감에 따라 인문학적 글쓰기, 사회과학적 글쓰기, 과학기술적 글쓰기로 나누어 살펴볼 수 있다. 인문학적 글쓰기가 인간의 삶과 태도에 관심을 갖고 창조적 사상을 만들어가는 글쓰기라면 사회과학적 글쓰기는 사회의 구조와 현상 탐구를 위해 사회과학적 방법을 적용하며 때에 따라서는 인문학적 주제를 덧붙이기도 한다. 반면 과학기술적 글쓰기는 과학기술 분야의 내용을 토대로 전문적 지식이 논리적으로 구성된다. 어느 분야의 글쓰기이든 필자는 글쓰기 과정 속에서 자신과 길항하는 주제와 부딪치며, 자신의 생각을 각자의 개성에 맞게 독자를 설득해 나간다. 이때 필요한 자세는 비판적 사유와 열린 태도이다.

최근 인문학의 위기가 거론되는 와중에도 인문학 강의와 글쓰기의 열풍이 불고 있다. 이러한 관계를 다음 글에서 살펴보기로 하자.

> 인문학 위기의 출발은 정부 정책만이 아니라 대중과의 소통 수단을 잃어버린 인문학 스스로의 담 쌓기와도 무관하지 않다는 생각이다. 인문학자의 보람과 영향력의 근원은 대중과 교감하고 그 대중을 보다 높은 차원으로 안내하고 이끌어갈 수 있는 제대로 된 글쓰기이다. (중략) 요즘 우리 대학에선 글쓰기 교육이 실종되면서 자기 생각을 글로 제대로 풀어내지 못하는 인문학자들이 적지 않다. 인문학이 되살아나려면 대학 안에서 글쓰기 혁명이 일어나야 한다. 고기가 물에서 헤엄치듯 인문학자들이 언어의 바다에서 맘껏 놀 수 있어야 한다.
>
> – 「인문학의 부흥은 제대로 된 글쓰기로부터」, 『중앙일보』, 2006. 9. 21.

인문학은 사람의 마음을 읽는 학문으로 앞서 밝혔듯이 사람들과 소통 그 자체가 중요한 기능이자 소양이다. 그런데 대학 내 제대로 된 인문학과 글쓰기가 실종되었다고 비판하는 신문 사설의 목소리가 우렁차다. 인문학에 대한 기대가 그만큼 크다는 말이다. 또한 인문학을 담보해 내는 제대로 된 글 또한 만나기 어렵다는 이야기이기도 하다.

인문학적 글쓰기는 인간의 삶에 대한 통찰과 사유를 다양한 형태로 표현할 수 있다. 인문학은 인간의 욕망과 철학, 역사와 예술의 문제를 넘어 사회와 세계의 문제로 확장된다. 따라서 인문학적 글쓰기는 사실과 진실의 파악과 규명을 필요로 하다 보니 논리의 중요성이 더욱 요구된다.

사회과학적 글쓰기는 다양한 사회현상과 인간 사이의 상황을 탐구하고, 사회의 작동원리를 밝혀내려는 의도를 담고 있다. 따라서 인문학적 글쓰기보다 많은 통계자료 등 실증적 근거가 필요하며 이를 해석하는 분석적인 능력이 필요한 분야이다. 최근 들어 학문 간의 통섭을 겨냥하는 총체적인 시각이 요구되면서 이렇게 인문학 및 사회과학 영역의 글쓰기는 서로의 영역을 넘나들기도 한다.

다른 한편, 이공계 학생들의 의사소통능력이 사회적으로 요구되면서 과학적 지식을 활용하여 다양한 기술문화 현상을 서술하는 과학기술 글쓰기가 대두되고 있다. 과학 및 IT 기술의 발전 때문에 대중들에게 전문적 이론을 효과적으로 전달하는 글쓰기가 필요해졌기 때문이다.

이렇게 글쓰기는 자신의 생각을 바탕으로 각자가 선택한 전문영역의 지식을 통해 대중과 의미 있는 소통을 이끌어 내며 그 일익을 담당하는 데 의의가 있다.

2 글쓰기의 과정

글이란 모름지기 생각하고 표현하는 것과 관련된 일련의 과정을 통해 탄생한다. 그 과정은 크게 구상과 자료 조사 및 계획으로 이루어진 글쓰기 전 과정pre-writing, 표현 및 내용구성으로 이루어진 글쓰기 과정writing, 그리고 글을 검토하고 수정하는 글쓰기 후 과정post-writing으로 구성된다. 그 중에서 이 단원에서는 글쓰기 전 과정과 글쓰기 후 과정만을 살펴보기로 한다. 글쓰기 과정에 해당하는 구성 및 표현은 글을 쓰는 실질적인 단계이자 기술적인 세부 논의가 필요한 부분이라 이 책의 Ⅰ-3 '글의 구성'과 Ⅰ-5 '표현과 문장'을 통해 구체적으로 학습해 보자. 한편 이 세 과정은 한 편의 글을 완성하기 위해 반드시 거쳐야 하며, 단계별로 수행되는 것이 좋다. 왜냐하면 각 작업은 유기적으로 연결되어 있을뿐더러 앞의 작업은 항상 뒤의 작업이 수행되기 위한 전제 조건이기 때문이다. 그리고 각각의 작업은 다음과 같은 세부 작업을 포함한다.

글쓰기 전 과정

무엇에 관해 쓸 것인지 글의 소재를 선택하고 그것의 어떠한 면을 살필 것인지 글의 주제를 구상하는 일에서부터 글쓰기, 그리고 글쓰기 전 과정은 시작된다. 소재와 주제의 구상 단계 다음에는 자료 조사 과정이 뒤따른다. 소재에 관한 연구사 검토를 통해 기존의 논의 중에 수용할 것과 극복할 것을 선별하고, 다양한 문헌을 참고하여 주제를 규명하기 위한 방법론을 정립한다. 이렇게 구상과 조사 단계가 마무리되면 글을 쓰기 위한 설계도인 개요를 작성하는 것으로 글쓰기 전 과정을 완료한다.

소재의 선정

글의 소재는 미리 주어지는 경우도 있지만, 최근 대학의 전공 또는 교양 강의에서는 학생들이 스스로 찾아내는 것을 독려하는 추세이다. 교육 및 학습 효과를 높이기 위해 교수자가 강의의 주제에 맞춰 소재의 범주를 어느 정도 제한하는 경우가 있더라도 학생들은 그 안에서 자신만의 소재를 발굴해야 한다. 가령 '현대사회와 미디어'라는 강의에서 교수자로부터 현대사회의 미디어를 소개하고 그 특성을 규명하는 글을 써 보자는 제안을 받는다면 우선 현대사회의 다양한 미디어들을 떠올린 뒤, 그 중에 하나 또는 서로 밀접한 연관이 있는 몇 개의 미디어를 글의 소재로 선정해야 한다. 그 과정을 잠깐 예시해 보자. 현대사회를 구성하는 다양한 미디어들, 즉 신문, 라디오, 영화, 텔레비전, 케이블, 인터넷, 팟캐스트, SNS 등을 열거하고 나서 이 중에 하나 또는 몇 개의 미디어를 소재로 선정해야 한다.

소재를 떠올리는 일은 그리 어렵지 않고 중요하지도 않다. 그것들 중에 내 글의 소재를 선택하는 일이 중요하고 따라서 어렵다. 무엇을 선택할 것인가?

소재 선택의 기준은 대학에서의 글쓰기가 무엇인지를 재음미하는 순간 명확해진다. 대학에서의 글쓰기란, 어떤 대상의 의미와 가치를 규명하는 사고와 표현의 행위이다. 따라서 소재 선택의 기준은 의미와 가치를 규명해 볼 만한 것인가 그렇지 않은가이다. 가령 그 자체로 중대한 변화라거나, 어떤 다른 변동과 밀접한 연관이 있는 것, 아니면 전혀 새로운 것이라 소개해 볼 만하다거나 반대로 점차 사라져가는 것이라 다시 조명해 볼 필요가 있는 것이라면 좋다. 예를 들어 인터넷은 양방향 의사소통이 본격화된 미디어라는 점에서, SNS는 사적인 영역과 공적인 영역의 경계가 모호해지는 현대의 사회 변동이 반영되어 있다는 점에서 소재로서의 가치가 있다. 또한 SNS는 젊은 세대를 중심으로 이제 막 급부상한 의사소통 미디어이고, 신문은 지금은 비록 소수의 미디어로 전락했으나 오랫동안 가장 강력한 대중의 미디어였다는 점에서 소재로서 충분한 가치가 있다.

그렇다고 소재가 될 수 있는 자격이 꼭 이런 것에만 국한되지는 않는다. 소재 선택의 더욱 중요한 잣대는 오히려 글을 쓰는 사람의 참여 가능성 여부이다. 즉 평소에 관심이 많다거나 잘 알고 있는 것이 될수록 글을 쓰기가 쉽다. 물론 예상 독자들의 흥미를 유발할 수 있는 것 또한 소재로서의 자격이 충분하다. 관심과 흥미의 차원에서는 그 외에도 여러 사람들이 관심을 갖는 것, 즉 다양한 분야와 미디어에서 관심을 갖고 다루는 것을 소재로 선택하는 것도 좋다. 관심이 집중된 것일수록 그것에 접근하는 관점과 그것에 관한 생각이 다양하다는 것을 뜻하기 때문에 소재로서 더할 나위 없이 좋다.

정리해 보면, 글을 쓰는 사람뿐만 아니라 그 글을 읽는 사람들 또한 관심 있는 것, 그리고 여전히 다양한 관점과 할 말이 많은 것일수록 소재로서의 가치가 높다. 이런 관점에서 볼 때 위의 사례에서 SNS는 다른 어떤 것보다 소재가 될 가능성이 크다. SNS는 현재 대학생들이 가장 많이 참여하는 미디어이자, 세대를 막론하고 관심이 집중된 대상이다. 학문분야에서도 과학기술과 인문사회 모두 중요한 연구의 대상이며, 최근 전 세계적으로 이를 소재로 한 많은 영화들이 만들어지고 있는 추세이기 때문이다. 결국, 누구나 관심을 갖되, 누구나 같은 말을 반복하지 않는 논쟁적인 것을 소재로 선정해야 한다.

좋은 소재의 요건

시의성이 있는 것
재조명이 필요한 것
관심이 집중된 것
흥미를 유발하는 것
논쟁적인 것

주제의 구상

주제란 글의 핵심내용으로서 글의 중심 소재일 뿐만 아니라 그것에 접근하는 태도나 관점, 또는 그것에 관한 글쓴이의 중심 생각을 포함한다. 주제를 정할 때에는 글을 쓰는 사람의 관심사를 먼저 떠올리고 그 중에서 더 깊이 생각해 보고 싶은 내용이나 그에 관한 중심 생각을 명확하고 구체적으로 한정할 필요가 있다. 그래서 주제를 구상하는 절차는 다음과 같이 가주제,

참주제, 주제문으로 점점 한정되고 구체화되는 방향으로 진행된다. 이를 간략히 살펴보면 가주제 단계에서는 소재에 관한 일반적인 생각을 정리하고, 참주제에 관해서는 소재에 관한 특정한 관점을 선택하고, 주제문 단계에서야 비로소 소재에 관한 특정한 관점에서 도출된 글쓴이의 중심 생각을 제시한다.

㉠ 가주제 : 소재에 관한 일반적인 문제의식
㉡ 참주제 : 소재에 관한 특정한 관점
㉢ 주제문 : 특정한 관점에서 도출된 소재에 관한 중심 생각

이 과정을 거쳐 제시된 주제문의 형식은 다음과 같다.

주제문 : A는 B의 관점에서 볼 때 C이다.
(A=소재, B=관점, C=중심 생각)

이때 A는 주제 구상의 전단계인 소재 선정 과정에서 선택된 소재이고, B는 소재의 특정한 면이나 그것에 접근하는 관점, C는 소재의 특정한 면 또는 관점을 경유해 만들어지는 글쓴이의 중심 생각이 된다. 가령 현대사회의 중요한 화두가 된 빅데이터를 글의 소재로 선정한다는 가정에서, 가주제 단계에서는 '빅데이터는 현대인들의 현재 삶을 분석하고 미래의 삶을 예측하는 데 중요한 방법론적 도구이다'라는 일반론을 떠올린다. 그리고 참주제 단계에서는 이것을 논증할 빅데이터의 하위 유형이나 그것에 관한 관점으로서, '빅데이터를 활용한 예술 창작의 문제'로 구체화한다. 그리고 최종적으로 '빅데이터를 활용한 예술 창작은 예술의 규범화 또는 획일화를 유발한다는

점에서 문제적이다'라는 구체적이고 명확한 주제문을 제시하는 것으로 주제 구상을 완성한다. 이렇게 주제를 구상하는 일은 사실 소재를 선정하는 일에서부터 시작되나, 다음 단계인 자료 조사 과정을 통해 구체화된다. 그러나 아이디어를 떠올리는 일반적인 방법 역시 도움이 된다. 글의 주제를 구상하는 데 활용해 봄직한 아이디어 생성 방법은 다음과 같다.

아이디어 생성 방법

① 목록 작성하기

소재를 적고, 일정한 시간 동안 그 소재와 관련하여 머릿속에 떠오르는 단어, 구들을 아무런 제약 없이 적어 나간다. 시간이 종료되면 목록을 검토하면서 서로 관련이 있는 것들을 몇 개의 그룹으로 묶고, 관련이 없거나 덜 중요해 보이는 것들은 지운다.

② 자유연상 쓰기

소재를 적고, 아이디어가 소진될 때까지 소재에 관해 생각나는 것을 문장 단위로 쓴다. 다 쓰고 나서 중요한 문장들에 표시를 하고, 연관된 문장들을 묶어 본다.

③ 다발 짓기

소재를 적고, 그 소재에 관한 일련된 생각들을 하나의 묶음으로 이어 써 보자. 생각의 연쇄가 소진되면 다른 방향에서 또 하나의 묶음을 이어 써 보자. 그 묶음들 중에서 중요한 것, 심도가 깊은 것들을 표시해 보자.

④ 벤다이어그램 만들기

둘 이상의 소재를 적고, 각각의 소재에 해당하는 큰 원을 부분적으로 겹치게 그린 다음, 겹치는 공간에는 공통점을, 그 좌우 공간에는 차이점을 적는다.

⑤ WH 질문하기

소재를 적고, 그 소재에 관해 평소에 궁금한 것들을 질문의 형식으로 작성한다. 소재의 의미와 가치를 규명하는 데 반드시 필요한 질문에 표시를 한다.

이런 절차를 거쳐 주제를 구상할 때 좋은 주제가 되려면 창의성, 객관성, 시의성 등 세 가지 요건을 충족해야 한다. 이는 대학에서의 글쓰기가 지향하는 두 가지 목표인 창의성과 객관성을 만족시키기 위한 방법이며, 더 나아가 현재의 삶에 지속 가능한 개입과 참여의 방법으로서 글쓰기의 존재 의의를 실천하는 방법이다. 즉, 좋은 주제는 새로운 것이거나 다른 시각에서 재조명되는 것이되, 다른 사람들에 의해서도 타당하다고 인정되어야 하며, 아무리 과거의 것이라 해도 현재의 삶과 연관된 것이거나 현재 위치에서 충분히 논의할 가치가 있는 것이어야 한다.

자료 수집과 정리하기

소재와 주제를 정했다면 글을 쓰기에 앞서 관련 자료를 수집하고 정리하는 과정이 필요하다. 어떤 주제에 관해 글을 쓰기 위해서는 그것에 관한 선행 글들은 물론 글의 소재에 관해 새로운 관점을 제시하는 참고문헌 등을 읽어야 한다. 또한 주제를 아직 구상하지 못했다 하더라도 소재에 관한 특정한 관점이나 중심 생각을 구체화하기 위한 방법으로 자료를 조사하는 일은 반드시 필요하다.

대학생에게 요청되는 글이란 응당 독창성과 객관성이 요구된다. 자신의 글이 어떤 점에서 새로우며, 또 그러면서도 보편타당한지를 보여주는 방법은 다른 글들과의 관계 속에서 글을 쓰는 수밖에 없다. 따라서 자료의 수집과 정리는 다른 글들을 정확하게 이해하고, 객관적으로 평가하는 일, 그것을 수용할 것과 지양할 것으로 구분하여 정리하는 일로 구성된다. 그것의 구체적인 작업들을 예시하면 다음과 같다.

디지털 미디어의 발달로 인해 대부분의 학술자료는 데이터베이스DB화되어 있다. 과거에는 한 편의 글을 완성하기 위해 도서관에서 1차 자료가 되는 원 텍스트나 단행본 또는 학술지 등 연속간행물에 실린 논문 등 2차 자료를 찾아 읽어야 했으나, 지금은 간단한 검색을 통해 거의 모든 자료들에 접속하거나 그 자료들을 개인 컴퓨터에 저장할 수 있다. 따라서 자료 조사의 순서를 정해 잘 따르면 조사 자체에 필요한 시간을 단축할 수 있다.

자료 조사의 첫 번째 단계는 자신이 쓰고자 하는 글의 주제와 관련된 최신의 선행 연구를 검토하는 일에서부터 시작한다. 글의 소재나 관점 등을 키워드로 국내외 대학 도서관, 국립중앙도서관, 국회도서관, 학술지 DB 등의 검색창에 입력하여 검색 결과를 얻는 것이 좋다. 선행 연구 자료를 우선 검토해야 하는 이유는 기존의 연구 성과로부터 수용할 것과 지양할 것을 분별해야 하기 때문이기도 하거니와, 선행 연구의 참고문헌 목록으로부터 주제 구상에 필요한 관점이나 방법론의 아이디어를 얻을 수도 있기 때문이다.

글을 쓰기 위해 필요한 자료는 문헌에만 국한된 것은 아니다. 따라서 자료 조사의 두 번째 단계는 문헌 외 자료들을 조사하는 것이다. 예를 들어 인터뷰를 한다거나 설문 조사를 통해 지금-여기의 생생한 자료를 조사할 필요가 있다.

이렇게 자료 조사가 마무리되었다면 수집한 자료들을 정리하는 단계가 자료 조사의 세 번째 단계이다. 이때 중요한 것은 1차 자료와 2차 자료, 그리고 자료 조사자의 생각과 글을 구분하여 정리하는 것이다. 이렇게 하는 이유는 글을 쓸 때 표절의 위험을 예방하기 위해서이다.

그리고 자료를 조사하는 과정에서 항상 염두에 두어야 할 것은 글의 소재 및 주제와 관련 해당 분야 권위자의 문헌이나, 권위 있는 학술지 또는 인용 빈도가 높은 자료를 중심으로 조사하고 정리해야 한다는 점이다.

개요 작성하기

개요는 글의 내용과 순서 등 글의 구조를 미리 계획하는 설계도이다. 개요를 작성할 때 가장 염두에 두어야 할 것은 글의 목적이다. 설명을 목적으로 하는 글의 개요는 설명하려고 하는 대상의 부분과 전체를 일목요연하게 보여주는 차례로, 논증을 목적으로 하는 글에서 개요는 주장과 근거의 논리적 정합성을 확보해야 한다. 또는 문제 해결을 목적으로 하는 글의 개요는 원인과 결과, 문제와 해결 방안이 유기적으로 통합된 구조로 설계되어야 한다.

그 외에도 개요를 작성하는 과정에서 주의해야 할 것은, 바로 개요를 구성하고 있는 여러 가지 항목들의 균형을 유지하는 것이다. 이를 위해서는 분류의 개념에 대한 정확한 이해가 필요하다. 상위 항목으로서의 유개념과 하위 항목으로서의 종개념 사이의 위계질서를 잘 지켜야 한다. 상위 항목은 하위 항목을 모두 아우를 수 있는 것이어야 하며, 상위 항목 또는 하위 항목 사이는 대등해야 한다. 이때 내용뿐만 아니라 기호 역시 통일해야 한다.

글쓰기 과정

글쓰기 과정은 글쓰기 전 과정의 마지막 작업으로 작성한 개요에 맞춰 글의 내용을 구성하는 것을 목표로 한다. 이때 중요하게 염두에 두어야 할 것들이 바로 어휘의 선택이나 문장 구성, 그리고 문단의 구성 및 서론과 본론, 결론의 논리적 배치 등이다. 글을 쓰는 실질적인 단계로서 글쓰기에 대한 막연한 두려움을 불러일으키는 골칫거리처럼 보이지만 글쓰기 전 과정에서 사전 준비가 충실하다면 가장 빠른 속도로 수행할 수 있는 수월한 과정이다. 글쓰기 과정에 대해서는 우리 교재 I-3 '글의 구성'에 상술되어 있으므로 글쓰기 과정의 중요한 부분인 문단쓰기에 대해서 알아보자.

문단이란 서로 관련된 몇 개의 문장이 모여서 '하나의' 중심 생각을 발전시키는 글쓰기의 기본 단위이다. 문단은 그 문단에서 다루는 대상에 관한 중심 생각을 전달하는 주제문과 그것의 근거가 되는 다수의 뒷받침 문장들로 구성된다. 뒷받침 문장은 문단의 화제문과 관련된 구체적인 내용을 담고 있어야 하며, 중심 생각을 부연하거나 강조하는 내용으로 서술되어야 한다. 문단을 바르게 구성하기 위해서는 모든 문장들이 하나의 화제로 수렴되는 통일성을 유지해야 하며, 문장 사이의 관계가 논리적이고 자연스럽게 연결되는 긴밀성을 갖추어야 한다. 문단은 글을 구성하는 가장 기본 단위로서, 문단쓰기 능력은 글쓰기 능력과 직결되어 있다.

글쓰기 후 과정

글쓰기 후 과정은 한 번 완성된 글을 처음부터 다시 읽고 수정하는 다시쓰기(퇴고)이다. 다시쓰기란 단순히 어휘나 문장 단위의 오류를 수정하는 데 그치지 않고, 글의 전체 체재를 바로 잡거나, 논지 전개의 논리성 또는 내용의 적절성 등을 보완하기 위한 적극적인 퇴고 작업까지 포함한다. 다시 한 번 강조하건대 글쓰기 전 과정, 글쓰기 과정, 글쓰기 후 과정 중 어느 단계도 글쓰기의 과정에서 소홀히 취급되어서는 안 된다. 특히 이 다시쓰기는 단순히 '글'이 아닌 '좋은 글'을 쓰기 위해 꼭 필요한 과정이다.

이처럼 한 편의 글이 완성되기 위해서 반드시 필요한 과정이 다시쓰기이다. 글은 고쳐 쓰면 쓸수록 좋아진다. 현재 대학생들이 자신의 글에 만족스럽지 못한 이유 중 하나는 충분히 다시 쓸 과정이 부족하기 때문이기도 하다. 따라서 글을 다듬는 방법을 학습하고 꾸준히 고쳐 쓰는 습관을 갖는다면 자신의 글에 대한 만족도가 더불어 상승한다.

글을 다듬는다고 할 때 가장 먼저 오탈자 수정 및 맞춤법 교정을 떠올리는 사람이 대부분일진대, 글의 구성에 일관성이 있으며 글의 전개가 논리적인가를 먼저 염두에 두는 것이 좋다. 글의 중심 내용과 관련 없는 부분을 덜어 내거나, 논지 전개상 반드시 필요한 정보를 채워 넣는 것, 그리고 긴밀성을 고려해 문장 또는 문단의 배치를 조정하는 것이 다시 쓰는 과정에서 보다 중요한 일이다. 그 다음에 의미를 명확하게 전달할 수 있도록 문장을 간결하게 정리하거나 어휘를 대체하는 것이 올바른 다시쓰기의 순서이다.

다시쓰기를 할 때 자신이 쓴 글을 소리 내서 읽는 방법을 활용해 보는 것도 도움이 된다. 눈으로 읽을 때에는 자신의 문장과 거리가 생기지 않아 오류를 쉽게 발견하기 힘드나, 자신의 문장을 청각으로 수용하면 문장의 호흡이나 맥락 등의 오류가 좀 더 쉽게 발견되기도 한다.

웹툰 〈미생〉의 한 에피소드에서 다시쓰기의 한 사례가 소개된 적이 있다. 그때 인용되었던 문장을 다시 써 보자. 불필요한 문장을 줄이고, 전달하고자 하는 내용을 명확하게 하는 것, 그리고 무엇보다 글쓴이가 주체적으로 문장을 이끌고 글을 구성하는 것이 다시쓰기에서 가장 중요하다.

중동항로와 관련된 특이사항

이슬람 최대 명절 중 하나인 라마단이 지난 8월 18일에 끝났습니다.
따라서 중동항로의 거래량과 실재 적재비율이 다시 늘어날 것으로 보입니다.
(라마단 직원의 실재 적재비율은 95%에 육박했습니다.)
또한 중동항로 선사협의체에서는 2012년 7월 중 컨테이너 당
300달러의 성수기 할증료를 부과할 예정이었으나 이를 유예했습니다.

3 글의 구성

글을 쓸 때 너무나 자명해서 우리가 간혹 잊어버리는 한 가지가 있다. 바로 모든 글은 '시작-중간-끝'의 세 덩어리로 구성된다는 점이다. 시작-중간-끝 부분을 우리는 흔히 다른 말로도 지칭하는데, 시작은 서론이나 도입부 또는 들어가는 말로, 중간은 본문이나 본론으로, 끝은 결론이나 맺는말, 나가는 말 등으로 부른다. 이 세 가지는 글의 유형이 사업제안서가 되었든, 수필 또는 프레젠테이션 발표문이 되었든 서로 다른 목적의 글임에도 불구하고 기본적으로 갖추어야 할 글의 공통 요건이다. 이 장에서는 글의 각 구성마다 염두에 두어야 할 점이 무엇인지 생각해 보고, 그 내용을 구체적으로 살펴본다.

글의 기본 틀

글의 기본 틀	시작 (서론)	• 이야기하고자 하는 바가 무엇인가? (글의 목표와 방향, 내용 구조 및 연구 방법 소개) • 흥미로운 문제 제기인가? (현안 문제와 독자의 관심 유발) • 왜 그것에 대해서 논의하려고 하는가? (맥락과 문제의식 및 논의의 필요성)
	중간 (본론)	• 현안 문제의 전후 사정을 구체적으로 설명하였는가? (논의 대상과 범위, 개념 및 맥락의 상세한 설명) • 주장에 대한 근거와 설명이 제시되어 있는가? (논증의 치밀한 분석과 전개) • 본문의 구성 부분들이 유기적으로 맞물려 있는가? (내용의 전체적 짜임과 체계성)
	끝 (결론)	• 의도한 글의 목표에 도달하였는가? (내용 요약, 연구결과 정리) • 남은 문제 및 해결 방안과 전망이 제시되었는가? (문제 해결의 의의와 대안 제시) • 자기 생각이 총체적으로 드러나는가? (자신의 고유 관점과 함께 강조하기)

시작[서론]

글을 시작할 때 유의할 점

글의 서두를 열기란 쉬운 일이 아니다. 독자는 첫 문장에서부터 주어진 글을 얼마나 관심 있게 읽어낼 것인지를 맘속으로 정할 것이다. 그러나 전혀 겁먹을 필요는 없다. 멋진 글, 훌륭한 기술을 처음부터 욕심낸다면, 글이라는 전체 한 덩어리는 제대로 채워지기 어렵다. 시간을 두고 자문해 보자. 글 속에 다루려는 주제와 의미에 대해서 깊이 고민해 보았는가? 만약 써내려갈 중심 내용에 관해서 자기 스스로 진지한 숙고를 거쳤다면, 서두의 첫 문장은 생각보다 쉽게 써질 것이다.

가령 안락사 허용 문제를 놓고 안락사의 종류와 방법 그리고 여러 사건 예시에 관해서만 생각해 놓았다고 해 보자. 그런데 정작 식물인간의 상태에서 자의적으로나 타의적으로 인간이 맞이하게 될 죽음, 어쩌면 나의 죽음이 될지도 모르는 마지막 순간에 대해 생각해 보지 않았다면, 그러한 글의 시작은 어떠할까? 진중한 성찰 속에 한 걸음 내디디고 쓰는 첫 문장은 그러므로 느리게 쓰인다.

물론 글을 전개하고 결론에 도달하기까지 밟아야 할 여러 단계가 남아 있다. 무엇으로 시작해서 어느 길을 지나 어떤 길을 거쳐, 결국 어디로 당도할 것인가? 주제가 지닌 의미를 글의 진행과정 속에 어떻게 꾸려갈지 고민하는 일은 생각보다 많은 시간을 요한다. 하지만 주제에 대한 반성을 통하여 다수의 내용을 꿰뚫을 수 있는 통일된 개념을 찾아낸다면 이야기는 다르다. 예컨대 안락사의 경우, 안락사를 통한 '죽음'이라는 개념을 잡고 안락사 논쟁의 구체적 의미와 전체 디자인을 구상해 볼 수 있다.

깊이 있게 생각하고, 이를 통해 어렵지 않게 독자에게 다가갈 수 있는 쉬운 문장을 서두에 표현해 보자. 글의 세부주제를 작성해서 본격적으로 써내려가는 작업은 커다란 주제와 주개념에 대한 숙고 후에 조금씩 채우고 가다듬으면 될 일이다.

서론에 들어갈 내용

서론은 의미 없는 단락이 아니다. 본론 앞에 형식적으로 위치하는, 있어도 그만 없어도 그만인 글이 결코 아니다. 서론에도 분명한 임무와 역할이 있다. 글쓴이에게는 글을 읽는 독자가 호기심을 품고 본론으로 들어가도록 이끄는 임무가 있고, 그러한 이유로 서론이 본론에 대한 '도입부' 역할을 지니고 있음을 우리는 상기할 필요가 있다. 즉 서론에도 글쓰기에 갖추어야 할 요소들이 있고 내용 줄기가 있는 것이다. 그러면 글의 다양한 종류와 형태에도 불구하고 서론에 공통으로 담을 내용은 무엇일까?

첫째는 '주장하려는 바가 무엇인가'이다. 기-승-전-결이나 현상 파악-문제 제기-원인 분석-해결 방안-정리의 단계적 글쓰기 방식도 있지만, 보통 핵심 주장을 미리 서론에서 얘기하거나 자기 관점을 밝히며 주장을 명기하면 독자가 내용을 좀 더 쉽게 이해할 수 있다. 하고 싶은 이야기가 글쓴이의 머릿속에 정리되지 않은 채, 처음부터 너무 많은 내용과 주장들이 서론에 등장한다고 생각해 보자. 그러한 서론은 쓰고자 하는 바를 적절하게 드러내지 못한다. 이는 오히려 독자를 혼란스럽게 하는

지름길이다. 이야기가 파편적으로 길어지는 것도 독자를 지루하게 할 가능성이 크다. 또 주제와 관련하여 개인의 경험담을 길게 쓴다든지, 자신의 주관적 이야기를 과도하게 강조하는 것은 장황한 서론을 만들고 만다. 본론에 대한 개략이나 꼭 필요한 배경 설명, 개념 설명이 빠진 서론도 글 전체의 전개 과정을 매끄럽지 못하게 만든다. 서론의 중심 역할은 제시된 본문의 핵심 주장이 무엇인가에 초점을 맞추는 일이다. 만약 주된 내용이 줄기세포 실험과 인간의 정체성 문제를 다루는 것이라면, 전문 개념을 간단하게 해명해 주며 출발하는 것이 쉬운 시작이다. 앞으로 논의하려는 내용의 목표를 뚜렷이 제시하고 자신의 태도와 방향을 밝히며, 더불어 본론의 내용 구조 및 연구 방법에 대한 구분도 명기한다면 중심 잡힌 서론이 될 수 있다.

둘째로 서론은 문제 제기를 흥미롭게 제기할 필요가 있다. 본론에 비해 짧은 양이지만, 독자의 관심을 끌어내고 흥미를 유발하는 물음을 던지기에 서론은 충분한 공간이다. 이때 자연스럽게 독자의 주의를 모으는 방법에는 몇 가지가 있다. 주로 고전의 일부나 유명인의 어록을 가져오는 경우가 흔한데, 예를 들어 "계속 갈망하라, 여전히 우직하게Stay Hungry Stay Foolish!"라는 스티브 잡스의 말은 이제 수많은 사람에게 사랑받는 인용구가 되었다. 문화와 관습에 관련된 주제라면 속담이나 역사적 교훈으로 시작하는 것도 자신감 있는 글의 면모를 보여준다. 아니면 개인적 추억의 단편을 꺼내 오는 문장도 글쓴이의 정직함을 보여주고 글의 참신함을 높인다. 그 밖에 글의 유형에 따라 '대한민국은 스마트폰 천국이다.'와 같이 일상적 현안 문제로부터 출발하는 서론도 생각해 볼 수 있다.

그러나 흥미로운 서론에도 불구하고 주의할 점이 하나 있다.

바로 서론에서 언급한 문제 제기나 주장이 어떻게 해서 나오게 된 것인지, 연구 배경 및 동기를 독자에게 짚어 주는 일이다. 왜 그것을 논하려 하는지, 그 이유를 간단히 설명해 주는 친절한 서론을 기해 보자. 본론에서 중점적으로 이야기하려는 내용의 전후 사정이나 선행 연구, 논의의 중요성 등을 서론에서 언급해 주면 글의 전말을 이해하는 데 도움이 된다. 논의 대상에 대한 문제의식을 밝히면서 앞으로 이어질 논의의 필요성을 강조하는 계기가 되어 주기 때문이다.

서론은 결코 소홀히 다루어야 할 단락이 아니다. 본론에서 이야기할 내용 구조만 언급하고 멋없이 끝나는 단락도 아니다. 짧지만 강한 인상을 남길 수 있는 부분이다. 독자는 전체 글의 흐름을 가늠하는 데 훌륭한 이정표를 갖고 본론으로 넘어갈 수 있다. 조급함 없이, 먼저 주제에 대해서 심도 있는 생각을 정리하자. 그리고 무엇을 중요하게 여겨 이야기할 것인지부터 확정해 무겁지 않은, 여유 있는 서론을 써 보자.

중간[본론]

본론을 전개할 때 유의할 점

본론은 글의 척추와도 같다. 작은 내용이 짜임새 있게 모여 글의 지지기반을 튼튼하게 잡아 주는 부분이 바로 본론이다. 그러나 어떤 이는 본론에 앞서 미리부터 조바심과 부담감을 느낄지도 모르겠다. 서론이나 결론에 비해 차지하는 비중도 상당한 데다 구체적으로 어떤 생각이나 현상 또는 연구·실험 내용 등을 본문에서 논리적으로 펼쳐 나가야 하기 때문이다. 사회적 이슈나 전문분야의 글쓰기라면 관련 개념들은 더욱 늘어날 것이다. 정의와 설명, 분석 및 통계자료와 부가적 해석까지 많은 것들이 본론의 범위로 들어온다. 그러나 전혀 염려할 필요는 없다. 느긋함이 제일 중요하다. 탄탄한 자료 조사를 거쳤고 주제의식이 명확하다면, 준비한 내용을 토대로 '서두름 없이' 전달하고 가다듬는 것에 집중하면 된다.

그런데 서둘지 않고 본론을 쓴다는 것은 무슨 의미일까? 그것은 좋은 글, 훌륭한 논문이나 최고의 자기소개서와 같이 '성공적인' 글을 쓰길 원한다는 생각조차 잊는 것이다. 진정성 있게 성실하게 쓰겠다는 마음의 자세가 기본이다. 여기에는 다음과 같은 몇 가지 요령이 있다.

첫째는 글의 길을 닦아 두는 것이다. 글쓰기에도 통하는 길이 있다. 소제목을 가진 절들이 있고 문단과 단락들이 있다. 거리에 커다란 대로변이 있고 옆으로 들어가는 길, 뒤로 나 있는 작은 골목이 있는 것과 마찬가지이다. 따라서 한 덩어리의 큰 이야기는 몇 개의 중심 문장으로 나누어 표지판을 세워 둔다. 미리 고민해 둔 흥미롭고 좋은 아이디어가 있다면 큰 줄기 역할을 하는 중심 문장에 그 푯말을 세워 두자. 그러면 목적지까지 글을 수월하게 전개할 수 있다. 동시에 주제를 효과적으로 전달하며 글의 논리적 흐름도 자연스럽게 잡아 준다. 그러므로 전체 글 속에 정비한 주요 길들이 제대로 나 있는지부터 점검해 보자.

둘째, 본론은 내용의 전개 속도가 급하지 않아야 한다. 여기에는 점진적으로 문장을 기술하는 주의가 필요한데, 왜일까? 단락마다 내용의 통일성을 견지하는 것이 글을 쓰는 데 매우 중요하기 때문이다. 매 단락에 하나의 핵심 생각을 넣는다고 생각하고 글을 써 보자. 하고 싶은 말을 점진적으로 전달하는 것, 즉 말하고자 하는 중심 내용을 한 문장 한 문장 독자에게 확연하게 보여준다고 생각하면 마음이 가볍다.

예를 들어 다음의 학생 글을 살펴보자. 목표는 인터넷의 선정적이고 자극적인 정보들을 비판하는 것이다.

"사실상 연령에 관계없이 누구나 접속해서 볼 수 있는 개인 인터넷 방송에서 아동 학대 장면을 방송하거나 불법 도박을 홍보하고, 선정적인 장면을 여과 없이 내보내는 일까지 벌어지고 있다. 한 인터넷 방송 진행자는 심야에 자신의 어린 딸과 맥주를 마시는 장면을 방송에 내보내 아동 학대 논란을 불러일으켰고, 한 다른 여성 출연자는 신체 부위를 가감 없이 노출하는가 하면, 불법 사설 도박을 노골적으로 홍보하기도 했다. 이처럼 개인들이 운영하는 인터넷 방송에는 도를 넘은 신체 노출은 물론 폭력과 욕설, 엽기적 행동 등 선정적이고 폭력적인 내용이 넘쳐난다. 왜 이러한 선정적이고 폭력적인 방송들이 증가하는가? 바로 '별풍선'이라는 제도 때문이다."

앞에 기술된 세 문장은 선명한 예시를 통해 이야기가 구체적으로 그려진다. 이야기 진행이 조금씩 앞으로 나아가는 전개방식이다. 그러나 마지막 두 문장은 어떠한가? '별풍선'이 등장하면서 새로운 문제가 들어온다. 비록 흥미롭더라도 새로운 단어가 갑작스레 등장하고 문장 연결이 뚝 끊기게 되면 문장 간에 긴밀성이 떨어진다. 따라서 그 단어를 과감히 버리거나, 왜 그 단어의 언급이 꼭 필요한지를 설명하는 문장을 간단하게라도 넣는다. 아니면 새로운 단락으로 넘어가는 것도 좋다. 내용의 건너뜀 없이, 하나씩 세심하게 표현하는 진행과정이 본론 전개의 필수 요건이다.

마지막으로 느긋한 본론 쓰기는 리듬 있는 글쓰기다. 본론은 무미건조한 설명의 연속이 아니다. 같은 단어, 같은 내용 반복은 더더욱 아니다. 글에도 리듬이라는 것이 있다. '리듬이 있다'는 것은 말이 되풀이되지 않고 내용이 명료하여 이해하기 쉽다는 뜻이다. 같은 내용이나 똑같은 단어의 재등장은 읽는 데 지루함을 낳고 박자감을 떨어뜨린다. 풍부한 어휘 사용이 최선이며, 필요할 경우 유의어나 동의어를 활용하고 여의치 않을 시에는 번거롭더라도 단어를 풀어 설명해 주는 수고를 아끼지 말아야 한다.

또한, 리듬 있는 글쓰기가 되기 위해서는 문장을 짧게 쓰는 것도 중요하다. 한 문장 안에 많은 생각을 넣지 않는 것, 곧 연결사인 '~고', '~데', '~며', '~하는 동안', '~해서', '~할지라도', '~이기는 하지만', '~하거나', '~으로써' 등을 빈번하게 사용하지 않도록 한다. 특히 한 단락에 이음말이 난무한 문장은 글의 가독성을 저하시키고, 많은 내용이 과하게 들어가 이야기를 복잡하게 만든다. 내용이 복잡해지면 글은 결국 엉키고 만다. 단어를 정확히 사용하고 간단명료한 문장을 구사하자.

"항상 떠날 준비를 하라! 상대방에 대해 항상 자유로워라! 떠날 수도 있고 머물 수도 있는 사람만이 누군가의 곁에 머물 수가 있다."(강신주, 『감정수업』) 이처럼 전달할 것을 정직하게 전달하는 글은 짧아도 강력하다. 긴 줄로 이루어진 한 문장이 문장력을 보여주는 것이라고 생각하는 사람들이 적잖지만, 사실 긴 문장으로 명료한 내용을 전달하기가 더 어렵다. 한 문장에 내용 하나씩! 이를 바탕으로 중간 중간에 글의 리듬을 살려 보자. 두 개의 내용도 넣고, 간혹 세 개 이상의 내용을 넣어 글의 장단長短을 살려 보자. 글에 장단이 있으면 읽는 이도 즐겁다. 여러 줄의 긴 문장 쓰기와 유려한 문체 구사는 그 과정 속에 자연스럽게 신장될 수 있다.

서두름 없는 글쓰기에 도달하기까지는 오랜 시간이 걸린다. 각 절과 매 단락, 낱낱의 문장을 전개하는 일은 마치 하나의 물방울 위에 또 하나의 물방울을 올리는 일과도 유사하다. 조금씩 내용을 이어 가는 과정을 밟아야 하기에 많은 인내심도 필요하다. 포기하지 말고 꼼꼼한 글, 찬찬한 본론이 되도록 노력을 기울여 보자.

본론에 들어갈 내용

본론은 글의 핵심 부분이다. 자신의 의견을 논리적으로 전개하면서 서론에서 제기한 문제나 연구 목적 또는 결과 예측을 실제로 풀어가는 곳이다. 본론에는 물론 많은 내용을 담을 수 있다. 하지만 많은 자료 중에 꼭 담아야 할 내용을 선별하고 전달하고자 하는 내용을 명확하게, 일관성 있게 유기적으로 담아내는 것이 중요하다.

이때, 가장 먼저 생각해야 할 것은 논의할 대상을 분명히 밝혔는가이다. 대개 논증을 요하는 논설문이나 논문 또는 연구 보고서 등의 경우, 앞서 제기한 논의 대상과 범위가 무엇인지 구체적으로 밝혀 두는 것이 좋다. 혹여 독자가 수용하기에 어려운 개념이면 관련 개념들과 함께 중심 개념을 확실하게 정의하고 본문을 펼쳐가는 것이 좋다. 현상이나 구체적 연구 방법을 이해하기 쉽게 만들고, 실험의 경우 설명 과정도 명확해지는 장점이 있다. 논의 대상을 상세하게 기술하는 과정은 현안 문제에 대한 사건의 전후 사정과 앞뒤 맥락을 자세히 설명함으로써도 가능한데, 기행문이나 일기, 자기소개서, 역사보고서, 답사기, 사건 기사문 등의 서사 및 묘사를 활용하는 글의 경우

효과적이다. 문화와 사회·역사적 맥락에 대한 설명이 들어간 글은 본론의 몰입도를 더욱 높이기 때문이다.

매 단락에 근거를 제시하고 설명을 제시하는지도 유념할 일이다. 주장이 아무리 좋더라도 이를 지탱해 주는 문장이 없거나 있더라도 타당하지 않으며, 객관적이지 못한 문장은 글의 흐름을 깨뜨린다. 이유 제시 및 앞뒤 사정 설명이 없는 문장은 주장과의 연결고리 역할을 하지 못함으로써 글의 호소력을 떨어뜨린다. 그러므로 읽는 이가 쉽게 잘 알아볼 수 있도록 사려 있는 설명을 덧붙여둔다. 또한, 필요하다면 다루는 내용의 특징을 고려해 치밀한 서술과 정확한 분석이 수행되어야만 하는 경우도 있다. 실험 내용이 주를 이루는 글이라면 구체적 실험과정과 결과를 분석하여 제시한다. 글의 종류가 특정 문제를 논하는 글이라면 사안과 이야기 줄기에 따라 여러 각도에서 근거를 고찰하고 주장을 타당하게 증명해 나간다. 근거 있는 주장, 논거 있는 전개가 내용에 충실한 본론을 만든다.

논지를 간명하게 전달할 때, 우리가 잊지 말아야 할 한 가지가 더 있다. 바로 각 절의 유기성이다. 본론을 이루는 매 절에는 글쓴이가 담고자 하는 기본 내용이 있다. 그리고 그 세부 이야기들은 하나의 절 속에서 궁극적으로 전달하고자 하는 의미를 띤다. 따라서 작은 부분들이 전체 중심 생각에 비추어 제 위치에서 제대로 맞물려 있는지, 주제적인 측면에서 제목을 포함한 서론-본론-결론의 구성 줄기가 매끄러운지, 특히 내용상 작은 부분들이 균형 있게 정합적으로 잘 짜여 있는지 점검해 봄이 바람직하다. 설문조사나 문헌 조사, 실험 결과 및 고찰 내용을 제시할 때에도 글의 목적에 맞는지, 밀접하게 관련된 내용들이 조화롭게 한 덩어리의 글을 이루는지 염두에 두며 쓰도록 하자. 하나의 살아 있는 유기체처럼 각 내용이 전체 안에 모순 없이 자리해야 글은 유기적이다. 서로 충돌되는 단락이나 상반된 다른 내용의 주장, 모호한 문장과 불필요한 구절 등이 없도록 글의 총체적 관계를 고려하는 것이 중요하다.

논의 대상을 분명히 하면서 구체적 맥락을 풀어 주는 본론은 글의 명확한 중심을 잡아 준다. 결론에 도달하는 길이 충분한 설명과 근거로 이루어진 본문은 일관성 있는 주장을 논리적으로 펼쳐 낸다. 내용의 전체적 짜임을 고려한 본론이 된다면 체계적인 글로 도약할 수 있다. 쓰는 사람도 읽는 사람도 생각을 따라가기 어렵지 않은 본론 작성에 심혈을 기울여 보자.

끝[결론]

글을 마칠 때 유의할 점

결론은 본문 내용을 형식적으로 요약하는 부분이 아니다. 단지 주요 문장만 골라 반복해서 보여주는 결론은 밋밋하고 따분하기까지 하다. 상투적 내용과 반복만으로는 앞에 길게 설명한 자신의 글이 무슨 특성을 띠는지, 어떤 고유한 의미가 있는지 독자에게 알릴 길이 없다. 근거의 충분성과 자료의 확실성이 본론에서 확보되고 논지가 명확하다면, 결론에서는 자신의 개성을 살리며 자기 뜻을 힘주어 말하는 것이 좋다.

이때 자기 관점에서 전체 의미를 스스로 도출해 보는 시도가 무엇보다 중요하다. 끈기를 갖고, 본론을 거쳐 진행한 오랜 이야기가 자기 나름의 위치에서 어떤 의의를 지니는지, 어떤 새로운 관점을 보여주는지 시간을 들여 써 보자. 자연과학 분야의 연구제안서나 실험보고서일지라도 기존 결과물과 다를 바 없는 결론인지, 같거나 다르다면 그 결과가 무엇을 의미하는지 결론에서 좀 더 생각해 보는 탐구 정신이 필요하다. 처음 예견했던 결론이 안 나왔더라도 시행한 실험 자료가 어떤 점에서 중요한지, 또는 남들과 비슷한 평범한 주장을 담은 글이지만 어떤 연구 방법의 측면에서 자신의 논증이 변별력 있는지 스스로 길을 내어 보는 것이다. 그래서 앞서 전개한 글의 궁극적 의미가 무엇인지를 통찰해 보고 이를 한 문장으로 녹여내 보는 도전을 해 보는 것도 좋다. 그러한 결론은 글 전체를 빛나게 할 것이다. 만약 본론 내용을 멋지게 종합할 수 있는 유명인의 한마디를 발견했다면 적절히 인용해 봄직도 하다. 독자의 재인식을 일깨울 수 있는 글이 되도록 마지막까지 노력을 아끼지 말자.

결론에 들어갈 내용

결론은 글의 마무리인 만큼 덩치 큰 새로운 내용, 전에 없었던 거대한 개념을 등장시키는 모험을 감행할 필요가 없다. 본론에서 주장하는 바를 강조하고 다시 한 번 재확인하는 데 주안점을 두기로 한다. 앞에 논증하지 않은 사실이나 관련성 적은 내용을 언급하는 것은 글의 논지를 흐리게 만들기 쉽다. 따라서 다음의 기본 요건들이 충족되었는지 살펴보자.

설명 위주의 글은 본문 내용을 압축하여 요약하며 장황하지 않게 주제를 강조한다. 연구보고서는 서론에서 밝힌 내용을 확인하고 연구 결과를 정리한다. 비판 · 논쟁형 논설문과 마찬가지로 문제점과 원인 분석이 앞에 기술되었다면, 연구보고서의 결론에도 구체적이고 실현 가능한 해결 방안을 함께 제시하는 것이 설득력 있다. 단, 문제점-원인-해결 방안은 서로 연결되는 내용이어야 한다. 실험 및 조사보고서의 경우, 실험하고 조사한 결과를 한눈에 파악할 수 있도록 수치와 도표, 막대·선·원 그래프 등을 활용하여 효과적으로 제시해 둔다. 또한, 실험보고서의 최종 주장이 예상 결과와 기대성과에 맞는지 판단하여 과장 없이 사실대로 기술하는 것도 중요하다. 조사보고서는 수집한 자료를 바탕으로 앞으로의 동향과 전망 등을 객관적으로 예측한다.

그러나 결론에서 가장 근본적인 것은 단순 요약정리에 있지 않음을 상기하자. 위 사항들을 언급하는 정도에 그치지 않고 자신의 고유한 관점이 드러나면서 독자에게 의미가 될 수 있는 결론을 제시하면, 깊은 인상을 남길 수 있다. 결론에 들어가는 여러 사항과 내용들이 종국에 무엇을 뜻하는지 다시 한 번 숙고해 보자. 공감 가는 독창적인 결론이 글 전체를 더욱 돋보이게 할 것이다.

4 글쓰기의 기법

독자들을 설득하기 위해, 혹은 독자들에게 어떤 내용을 잘 전달하기 위해 여러 글쓰기 기법들이 요긴하게 쓰인다. 쓰고자 하는 글의 목적과 성격에 따라, 어떤 기법이 더 빈번히 사용되고 다른 기법은 잘 사용되지 않거나 아예 사용되지 않는 경우도 있지만, 대체로 많이 사용되는 기법들을 알아 두고 필요할 때에 자유롭게 써 보도록 하자.

논증

논증은 근거들을 갖춘 주장 체계이다. 가령, "오늘은 영희가 학교에 올 것이다. 왜냐하면 영희는 오늘 나와 학교에서 약속이 있고 그것을 지킬 것이기 때문이다"는 하나의 논증이다. 앞 문장을 통해 영희가 학교에 올 것이라는 주장을 하고 뒤 문장을 통해 그 주장의 근거를 제시하고 있기 때문이다. 이때 '주장'은 누구나 받아들이는 확립된 지식이 아니다. '주장'은 그것을 받아들일지 말지에 대해 사람들의 의견이 갈릴 때에, 사람들을 설득하기 위해 근거를 갖추어 제시되는 내용을 일컫는다.

논증은 크게 연역 논증과 귀납 논증으로 나뉜다. 연역 논증은 전제들의 내용이 실제로 참인지 거짓인지 여부와 상관없이 전제근거가 참일 경우 결론주장이 반드시 참일 수밖에 없는 구조를 가진 논증을 말한다. 예를 들면, "모든 사람은 죽는다. 소크라테스는 사람이다. 따라서 소크라테스는 죽는다"는 연역 논증이다. 귀납 논증은 전제들이 상당히 높은 개연성을 갖고 결론을 지지해 주는 형태의 논증을 말한다. 전제들이 참이라고 해서 결론이 100% 참인 것은 아니지만, 전제들이 참이라고 할 경우 결론이 참일 가능성이 매우 높아지는 그런 논증이 귀납 논증이다. 예를 들면, "지금까지 발견된 백조는 모두 하얬다. 따라서 오늘 내가 동물원에서 보게 될 백조 역시 하얄 것이다"는 귀납 논증이다.

이렇게 논증들이 가장 많이 사용되는 유형의 글은 바로 학술 논문이다. 논문 자체가 하나의 주장을 향해 여러 학술적 근거들이 제시되는 글이라 할 수 있다. 학술 논문 외에 신문 사설, 혹은 개인적 주장을 담은 에세이에도 이런 논증 기법이 활용된다.

설명

설명은 넓은 의미로 볼 때, 이미 입증되었고 정립된 어떤 사물, 원리, 현상 등에 관한 전반적인 정보들을, 그것을 모르는 이들이 이해할 수 있도록 제시하는 모든 형태의 기법을 말한다. 그리고 좁은 의미로 볼 때, 설명은 어떤 사물, 원리, 현상 등의 원인을 밝히는 것, 그리고 그 인과관계를 제시하는 것을 말한다. 주로 과학에서 '설명'은 이런 좁은 의미로 쓰인다. 여기서는 인과관계를 밝히는 의미, 즉 좁은 의미의 설명 기법을 소개하겠다.

원인을 나타내는 내용에는 흔히 "~하기 때문이다"를 붙인다. 따라서 "~하기 때문이다"가 포함된 문장이 있으면, 그 글은 인과관계를 설명한다고 봐야 한다. 하지만 유의해야 할 것이 있다. "~때문이다"는 어떤 주장을 지지할 이유나 근거를 제시할 때 붙는 말이기도 하다. 그래서 우리는 "~때문이다"가 포함된 문장이 있으면 그것이 논증인지 인과설명인지 구분할 수 있어야 한다. 예를 들어, "우리 일행은 저녁도 안 되어 모두 배가 부른 상태였다. 이미 모두가 각자 삼인분의 식사를 했기 때문이다"는 설명이다. 앞 문장은 결과이고, 뒤 문장은 원인을 나타낸다. 이는 우리 일행이 이미 배가 불러 있는 현상에 대해 그 이유를 알려 주고 있다. 이 사건의 원인과 결과는 이미 정립된 사실이며 이러한 사실을 있는 그대로 나타내어 제시해 주는 것이 설명이다.

반면, 누군가 "그들은 모두 배가 부른 상태일 것이다. 왜냐하면 점심때에 모두가 각자 삼인분의 식사를 했기 때문이다"라는 글을 쓸 경우 이는 논증에 해당한다. 그들이 배가 부른 상태일지 아닐지에 대해 사람들은 확신할 수 없는 상태에서, 배가 부른 상태일 것이라는 주장을 근거를 대어 제시하기 때문이다. 물론, 이 주장을 하기 위해 어떤 인체 생리학적인 인과관계 원리에 대한 언급이 필요하다. 하지만 어디까지나 논증은 이 인과관계를 근거로 활용하고 있는 것이다. 한편, 설명은 이 인과관계를 있는 그대로 제시하는 것을 의미한다.

분류

분류는 일관성 없이 낱낱이 제시된 것들을 일정한 기준 하에 나누어 모으는 것을 의미한다. 어떤 기준을 갖고 분류하느냐에 따라 그 대상들이 달리 모일 수 있고 독자에게 달리 인상을 줄 수 있다. 가령, 비행기, 새, 여객선, 나무를 어떤 기준 하에 분류한다고 해 보자. 비행기와 새를 한 범주 하에 묶고, 여객선과 나무를 한 범주 하에 묶어서 양자를 분류할 수도 있다. 이럴 경우 전자는 하늘을 날아가는 것, 후자는 물에 떠서 가는 것이라고 기준을 잡은 것으로 보인다. 하지만 비행기와 여객선을 하나로, 새와 나무를 하나로 묶어 양자를 분류할 수도 있다. 이럴 경우 전자는 사람이 만든 인공물, 후자는 자연물이라는 기준을 통해 분류된다. 이렇듯 어떤 기준을 갖고 분류를 하는가에 따라 여러 정보들이 특정한 인상을 주며 전달될 수 있다. 보다 좋은 글을 쓰기 위해서는, 분류 기법을 쓸 때 그 분류의 기준을 독자에게 제시하고 때로는 그 기준을 쓰는 이유를 설득할 필요가 있다.

그리고 분류를 할 때에 중요한 것은 분류하는 범주들의 위상이 서로 동등해야 하고, 범주들 간에는 어떤 관계가 있어야 한다는 것이다. 가령 과일의 범주와 채소의 범주는 동등하다. 하지만, 과일의 범주와 식물의 범주는 동등하지 않다. 따라서 과일의 범주와 식물의 범주를 사용한 분류는 좋지 않다. 그리고 가령 어떤 이가 어떤 항목들을 '과일'이라는 범주 하에 놓고, 다른 항목들을 '불법행위'라는 범주 하에 놓고, 또 다른 항목을 '한국적인 것'이라는 범주 하에 놓았다고 해 보자. '과일'과 '불법행위'와 '한국적인 것'이라는 범주들은 서로 무관하다. 따라서 이는 좋은 분류가 아니다.

비교와 대조

비교와 대조 기법은 넓은 의미의 설명의 한 방식으로서 많이 활용된다. A와 B 양자를 비교한다는 것은, A와 B가 가진 성질 중에 같은 점과 다른 점을 모두 열거하여 보여주는 것을 의미한다. 이때 체계적인 비교를 위해 범주를 나누어 분류 기법을 활용하면 더욱 좋다. 가령, A와 B가 가진 '가'의 측면의 성질들과 '나'의 측면의 성질들, '다'의 측면의 성질들을 분류하여, 그 측면에 있어 A와 B의 같은 점과 다른 점을 제시하는 것이다.

대조는 비교 기법과 크게 다르지 않으나, 차이점을 더 부각시켜서 양자의 특징을 명확하게 드러내는 기법을 말한다. 가령, "A는 ~한 반면, B는 ~하다"라고 제시하면 A와 B를 각각 설명했을 때보다 각각의 특징이 더 분명하게 드러나며 독자의 이해를 돕는다. 분류 기법과 마찬가지로, 비교와 대조도 기준을 정해서 해야 하며, 이러한 기준을 정한 이유도 독자에게 알리는 것이 좋다. 가령, 관계 단절의 효과를 실험하는 어떤 심리실험에 참여하는 여러 집단에서 보이는 현상을 비교해 본다고 해 보자. 그 여러 집단이 보이는 현상에 대해 신체적 변화의 측면(심박수, 혈압 등), 정서적 변화의 측면(우울감, 절망감 등), 가치관 변화의 측면, 경제적 능력 변화의 측면과 같은 비교 기준을 제시했다고 해 보자. 이때 독자는 관계 단절의 효과에 관해서 왜 경제적 능력 변화의 기준이 도입되어야 하는지 의아해 할 수도 있다. 글쓴이가 일방적으로 비교 기준을 제시하는 것보다는 그런 비교 기준을 사용하는 이유와 목적에 대해 제시해 주는 것이 더 바람직하다고 할 수 있다.

비교와 대조 방식에는 두 가지 형태가 있다. 하나는 블록 패턴이고, 다른 하나는 교체 패턴이다. 세계의 여러 대도시를 비교한다고 해 보자. 블록 패턴은 서울의 면적, 인구, 산업, 주거환경, 범죄율, 경제자립도를 소개하고, 뉴욕의 면적, 인구, 산업, 주거환경, 범죄율, 경제자립도를 소개하고, 도쿄의 면적 등등을 소개하는 방식이다. 한편, 교체 패턴은 면적이란 항목 하에 서울·뉴욕·도쿄 등의 면적을 소개하고, 인구 항목 하에 서울·뉴욕·도쿄 등의 인구를 소개하고, 산업 항목 하에 서울·뉴욕·도쿄 등의 산업을 소개하는 방식이다.

비교 대상(가령, 서울·뉴욕·도쿄)의 각각 하위 항목(면적, 인구, 산업 등)에 포함된 내용이 적을 경우 블록 패턴이 간결하게 제시되어 독자들이 한눈에 정보를 파악하기 좋고, 그 내용이 많을 경우에는 교체 패턴이 좀 더 체계적으로 정보를 정리해서 보여주기 때문에 더 좋다. 혹은 비교 내용의 적고 많음에 상관없이, 독자들이 어떤 것에 더 많은 관심이 있는가를 고려하여 블록 패턴을 활용할지, 교체 패턴을 활용할지 정하는 것도 좋다. 가령, 도시 전체에 관심이 많은 이에게는 위의 예에서 블록 패턴이 좋고, 도시 자체보다는 특정 항목, 가령, 산업에 관심이 많은 이에게는 위의 예에서 교체 패턴이 좋을 것이다. 글 쓰는 이는 독자의 관심사를 반영하여 두 방식 중에 효과적인 것을 선택해야 한다.

정의

정의란 어떤 개념이나 용어의 기본적인 뜻을 정하는 것을 의미한다. 글의 주요 개념, 용어 등을 정의하지 않으면, 글을 쓰는 자신도 글을 읽는 독자도 혼란스러울 경우가 많다. 정의를 내리는 기본적인 방식은 정의되는 대상피정의항을 유개념과 종차의 결합정의항으로 규정하는 것이다. 가령, '침대는 취침하기에 알맞게 만든 가구'라고 해 보자. 여기서 피정의항은 '침대'이고 정의항은 '취침하기에 알맞게 만든 가구'이다. 정의항에 나타난 유개념은 '가구'이고 종차는 '취침하기에 알맞게 만든 것'이다. 침대는 가구 중에서도 취침하기에 알맞게 만들어져 있는 특징을 지닌 가구라는 것이다. 정의는 이 방식을 기본으로 하되 다양한 형태로 제시될 수 있으니 그것들을 알아보고 적합한 경우에 잘 쓰도록 하자.

정의는 쓰임의 목적에 따라 구분될 수 있다. 일상적 의사소통을 위해서는 사전적 정의를, 모호한 개념을 실증적인 결과를 토대로 규정하고자 할 때 조작적 정의를, 학문 공동체에서 특정한 개념이나 대상을 학문적인 이론적 배경을 담아 지칭하고자 할 때 이론적 정의를 활용한다. 새로운 사물이나 현상을 가리키기 위해 동시대인들이 임시적으로 약속해서 쓰고자 할 때는 약정적 정의를, 구체적인 기준이 필요할 때에는 명료화 정의를 활용한다. 정의는 기본적으로 객관적, 중립적이어야 한다. 하지만 의도적으로 정의의 방식을 도입해서 자신의 주관적 태도를 표현할 목적으로 활용되는 설득적 정의도 있다.

사전적 정의lexical definition

공식적으로 그리고 가장 일반적으로 수용되는 의미를 사용한다. 사전적 정의를 잘 내리기 위한 몇 가지 조건들이 있다. 첫째, 정의항이 피정의항을 포함하게 되면 순환이 발생하기에 피하는 것이 좋다. 둘째, 정의항은 피정의항보다 너무 넓거나 좁은 의미를 나타내어서는 안 된다. 셋째, 부정적으로 표현되기보다 긍정적으로 표현되는 것이 좋다. 가령, "'전쟁'이란 평화롭지 않은 상태"라고 하기보다는 "'전쟁'은 국가나 사회 단위들이 서로 무력을 동원하여 싸우는 상태"라고 하는 것이 좋다. 넷째, 비유적이거나 애매하거나 주관적 평가가 담긴 표현은 좋지 않다.

조작적 정의operational definition

과학 분야에서 활용하는 정의 방식으로서, 어떤 조작이나 실험을 거치고 난 후 산출되는 결과를 개념처럼 사용하는 방식이다. 가령, "'자신감'이란 지적, 신체적, 능력적 측면에서 평균의 성인이 자신이 수행할 수 있는 문제 수준의 120% 이상의 난이도를 가진 문제를 보고 그것에 대한 도전의사를 비치고 해결을 장담하는 심리상태"라고 정의하는 것이다.

이론적 정의theoretical definition

어떤 과학적 이론을 배경으로 하여 관찰되는 사물이나 현상에 대해 그 이론의 개념들을 써서 내리는 정의 방식이다. 가령, "원자"란, "물질의 기본 구성단위이며 원자핵과 전자로 이루어진 입자"를 말한다. 이 정의에는 원자를 세상의 기본 입자로 인정하고 그 원리를 다루는 물리학 이론이 배경으로 나타난다.

약정적 정의stipulative definition

정의되지 않은 새로운 물건이나 현상이 어떤 사회 안에 도입될 때에, 그 사회 구성원들이 그것을 지칭하기 위해 약속하는 정의가 약정적 정의이다. 어떤 단어는 일반적으로 오래 사용되어 오고 그 만큼의 많은 시간 속의 사람들의 활용되고 있어 단시간에 어떤 사회구성원들에 의해 그 의미를 새로 정하거나 바꾸기 어렵다. 하지만 새로운 물건, 현상들은 이런 개념의 역사에 묶일 필요가 없이 그 시간대의 사회 구성원들에게 알려져야 하므로, 약정적 정의를 가질 수 있다.

명료화 정의precising definition

명료화한다는 것은 경계선이 드러나 있지 않고 모호한 것을 구체화한다는 것이다. 명료화 정의란, 어떤 구분선과 경계선을 만들어 대상을 구체화하여 뜻을 전달하는 정의이다. 가령, "산"은 "지표로부터 100m 이상으로 솟아 있는 땅"을 말한다. "높이 솟아 있는 땅"이라고 하면 "구릉"과 구분이 가지 않을 것이므로, 구체적인 척도를 제시하여 그 범위를 알려 대상을 정해 놓는 것이 명료화 정의이다.

설득적 정의persuasive definition

설득을 목적으로 어떤 개념의 뜻을 제시하는 정의 방식이다. 가령, "햇볕정책"을 "북한이 군사준비를 하도록 남한이 물자를 펴주는 정책” 혹은 “동족을 위한 사랑을 실천하는 정책”이라고 정의하는 것이다. 글쓴이의 주관적인 관점이 실려 있는 정의이며, 독자는 이 점을 알아채는 것이 좋다.

예시

예시란, 구체적인 상황, 사건 등을 들어 글쓴이가 말하고자 하는 요점에 대한 이해를 돕는 글쓰기 기법이다. 이것이 실제 사건이든, 예를 들기 위해 구성된 사건이든 상관없다. 예시가 적절히 사용된 글은 독자에게 글쓴이의 의도를 친근하고 생기 있게 전달한다. 가령, 감정 노동자의 애로사항을 글로 쓰면서 다산 콜센터에서 민원을 처리하는 직원이 겪은 에피소드를 제시하면 독자들은 감정 노동의 현실에 대해 좀 더 생생하게 느낄 수 있다.

묘사

묘사는 어떤 대상이나 현상을 있는 그대로 상세하게 기술하여 표현하는 글쓰기 기법이다. 이 기법은 특정 대상에 대한 객관적인 정보를 알려 주는 것에 목표를 두는 경우 앞에서 제시한 ‘설명’의 효과와 유사해진다. 이와 달리 정지된 시간 속에 놓여 있는 특정 대상에 대한 관찰자의 주관적인 느낌을 감각적으로 전달하는 것에 목표를 두는 경우가 일반적 의미의 묘사에 해당한다. 이때 독자는 글쓴이가 표현한, 대상에 대한 지배적인 인상을 공유하게 된다. 다시 말해 글쓴이가 대상을 사실적으로 세밀하게 재현하여 독자로 하여금 자신과 유사한 이미지나 분위기를 연상할 수 있도록 만들어야 한다. 이를 위해서는 글쓴이가 대상에 대한 관찰력과 지배적 인상을 효과적으로 드러낼 수 있는 매개물을 선택할 수 있는 능력을 갖추어야 한다.

서사

묘사가 시간의 흐름과 상관없이 정지된 순간의 어떤 대상을 그려내는 것이라면, 서사는 시간의 흐름이라는 중요한 축을 가지고 행위를 제시하는 글쓰기 기법이다. 주의해야 할 것은 바위와 같은 무생물도 시간의 흐름에 따른 변화를 겪지만 거기에는 서사가 없다는 것이다. 서사는 의도를 갖고 행위할 수 있는 행위주체가 있어야 하고 그 행위주체가 어떤 장애물을 만나 갈등하며 전진하는 구조로 이루어져야 한다. 여기에는 시작과 중간 그리고 끝으로 나누어지는 사건들의 인과적인 결합이 전제되어 있다. 일정 시간 동안에 있었던 사실들에 대한 기술은 설명에 해당한다. '왕이 죽었다. 왕비가 죽었다'는 별개의 사실일 뿐이다. 이 두 사실이 하나의 서사가 되기 위해서는 두 사실 사이의 인과관계가 성립되어야만 한다. 예컨대 왕의 죽음이 왕비에게 큰 충격을 일으켜 왕비도 죽게 되었다면, 왕의 죽음은 단순한 사실이 아니라 다음 상황을 촉발시키는 사건이 된다. 이때 두 사실은 사건으로 그 위상이 변하게 된다. 사건은 인물의 상황에 의미 있는 변화가 일어나는 것, 하나의 행위에 의해 그 전과 후의 상태가 변화되는 것을 의미한다. 사건이 시간순서대로 제시될 경우 이야기라 하고 심리적 인과관계에 의해 그 순서가 변형되어 제시되는 경우를 서사라 한다.

과정 제시

서사가 시간의 흐름 속에서 이야기를 하는 기법인 반면, 과정 제시는 시간이라는 계기를 담고 있지만 이야기를 담고 있지 않고 어떤 목적을 이루기 위한 단계들을 제시하는 기법이다. 요리법이나 제품 조립 설명 등에 있어 활용되기도 하고, 어떤 상태에 이르는 이론적 단계들을 제시하고 분석할 때 활용되기도 한다. 그 전 단계, 후 단계에 비약 없이 연결되도록 각 단계들을 제시해야 좋은 과정 제시라 할 수 있다.

5 표현과 문장

글쓰기를 할 때 정확한 표현과 바른 문장을 쓰는 것은 중요하다. 왜냐하면 필자의 생각을 독자에게 완전하게 전달하기 위해서는 정확한 표현을 쓰고 바른 문장을 사용하는 것이 필요하기 때문이다. 물론 글을 실제로 쓸 때는 어휘나 문장에 대한 문제가 생각했던 만큼 큰 영향을 미치는 것만은 아니다. 우리는 글의 중심 생각, 즉 주제가 무엇이고, 그 주제를 설득력 있게 제시하는가 등과 같은 글에 담긴 내용이, 글의 형식적 측면인 어휘나 문장보다 더 중요하다고 생각하기에 그러하다. 그렇지만 부적절한 어휘나 부정확한 문장을 쓴 글은 독자에게 신뢰를 얻기란 쉽지 않다. 또한 글을 잘 쓰는 필자치고 어휘나 문장의 사용을 하찮게 취급하는 필자도 없다. 따라서 좋은 글을 쓰기 위해서는 정확한 어휘와 바른 문장에 대한 적절한 규칙을 학습할 필요가 있다.

정확한 어휘의 사용

글쓰기는 정확한 어휘를 사용하는 것으로부터 시작된다. 정확한 어휘를 사용하기 위해서는 필요한 어휘만 쓰고 불필요한 어휘는 줄이고, 문맥에 적합한 어휘를 골라 쓰며, 영어나 한자의 의미도 제대로 파악해야 한다.

① 현 정부는 '남북 경제 통일'의 비전을 제시했다.
→ 현 정부는 '남북 경제 통일'의 전망을 제시했다.

예를 들어, 우리는 일상생활에서 '비전'이란 단어를 많이 사용한다. 그런데 '비전을 제시하다'라는 표현은 정확한 것일까? 우리가 '전망'이나 '이상'의 뜻으로 흔히 쓰는 '비전'과 영어 'vision'의 의미는 상당히 다르다. 영어 'vision'의 사전적 의미는 '시력'뿐만 아니라 '환상, 상상, 환영, 환각' 등이다. 즉, 우리가 말하는 '비전'은 '시력'이나 '환영'과 같은 뜻으로 쓴 것이 아니라 '전망'이나 '이상'의 의미로 사용한 것이기 때문에 '비전을 제시하다'라는 표현은 잘못된 것이다.

② 김○○ 국가안보실장은 판문점 회담으로 유명세를 탔다.
→ 김○○ 국가안보실장은 판문점 회담으로 유명세를 치렀다.

또한 우리는 여러 매체를 통해서 "김○○은 유명세를 탔다"라는 말을 자주 듣는다. 그런데 '김○○은 유명세를 탔다'라는 말은 정확한 표현일까? '유명세有名稅'는 '세상에 이름이 널리 알려져 있는 탓으로 당하는 불편이나 곤욕을 속되게 이르는 말'로, '유명해서 당하는 불편이나 곤욕'을 '세금'에 비유해서 쓴 것이다. 이런 뜻이기에, '유명세를 타다'나 '유명세를 떨치다'

가 아니라 '유명세를 치르다'나 '유명세가 따르다'가 바른 표현이다.

주어와 서술어의 호응

문장은 주어와 서술어, 목적어 등의 문장 성분들로 만들어진다. 이런 문장의 성분들은 마음대로 생략해서는 안 되며, 적절한 호응 관계를 이뤄야 한다. 특히 문장의 기본 구조는 '주어-서술어' 관계이다. 주술 관계는 'A(주어)는 무엇이다(서술어)'나 'A(주어)는 어찌하다(서술어)', 'A(주어)는 어떠하다(서술어)'로 이루어진다. 이런 주어와 서술어는 서로 일치해야 의미가 제대로 전달된다. 또한 우리는 문장을 쓸 때, 주어와 서술어의 호응하는지 뿐만 아니라 목적어와 서술어가 호응하는지, 부사어와 서술어가 호응하는지 등을 하나하나 점검해야 한다.

① 현 정부의 발표에 대한 여론은 입장에 따라 각자 다른 생각을 가지고 있다.
→ 현 정부의 발표에 대한 여론은 입장에 따라 각기 달리 이해되고 있다.
② 한번 오염된 환경이 다시 깨끗해지려면, 많은 비용과 노력, 그리고 긴 시간이 든다.
→ 한번 오염된 한경이 다시 깨끗해지려면, 많은 비용과 노력이 들고, 긴 시간이 걸린다.

문장의 기본 구조를 제대로 갖추기 위해서는 무엇보다도 주술 호응이 중요하다. ①의 문장에서 '여론은~'과 '~가지고 있다'는 주어와 서술어가 호응되지 않는다. 이 문장의 주어인 '여론'은 생각을 가질 수 없기 때문에, 상태를 나타내는 서술어를 사용해야 한다. 따라서 ①의 문장은 '현 정부의 발표에 대한 여론은 입장에 따라 각기 달리 이해되고 있다'로 고쳐야 한다. ②에서 '시간이 든다'는 표현은 자연스럽지 못하다. '많은 비용과 노력'은 '드는' 것이지만 '시간'은 '걸린다'와 호응한다. 따라서 ②의 문장은 '한번 오염된 환경이 다시 깨끗해지려면, 많은 비용과 노력이 들고, 긴 시간이 걸린다'로 수정해야 한다.

'수식어 + 피수식어'의 위치

국어에서 수식하는 말수식어은 수식하고자 하는 말피수식어 앞에 놓인다. 수식어는 바로 뒤에 위치한 피수식어를 꾸밀 때 의미가 명확해진다. 즉, 한 문장에서 수식어의 위치와 그 한계는 명확해야 한다. 그렇지 않을 경우에는 혼란을 일으킨다. 수식어가 어떤 말을 꾸며 주는지 모르거나 두 가지 이상을 꾸며 주는 것으로 볼 수 있을 때, 문장은 모호해진다. 이를 막기 위해서는 수식어는 피수식어의 바로 앞에 두는 것이 좋다.

① 우리는 더 자유롭기 위해 열심히 책을 읽는다.
→ 우리는 자유롭기 위해 더 열심히 책을 읽는다.
② 하지만 실제 평점을 올리기란 쉬운 게 아니다.
→ 하지만 평점을 올리기란 실제 쉬운 게 아니다.

수식 관계는 명확해야 한다. ① 문장의 수식어 '더'는 피수식어 '열심히' 앞에 놓일 때 문장의 의미가 확실해진다. ② 문장의 수식어 '실제'도 피수식어 '쉬운 게 아니다' 앞에 놓으면 '쉬운 게 아니다'만 꾸미게 되어 문장의 의미가 명확해진다.

조사의 사용

조사는 체언이나 부사, 어미 등에 붙어 그 말과 다른 말과의 문법적 관계를 표시한다. 조사에는 주격 조사, 목적격 조사, 관형격 조사, 부사격 조사, 서술격 조사 등이 있다. 글을 쓰다 보면 이런 조사를 잘못 쓰는 경우가 적지 않다. 특히 관형격 조사 '-의'를 잘못 사용하는 경우가 흔한데, 이를 적절하게 사용하지 않으면 독자들은 문장의 의미를 쉽게 파악할 수 없다. 문장을 쓸 때 조사 하나하나에도 주의를 기울이는 습관이 필요하다.

① 이 강산을 잘 아끼고 보살펴 <u>후손에</u> 물려주어야 한다.
→ 이 강산을 잘 아끼고 보살펴 <u>후손에게</u> 물려주어야 한다.
② 수입 원자재 <u>가격의 하락</u>으로 제조업이 되살아나고 있다.
→ 수입 원자재 <u>가격이 하락하여</u> 제조업이 되살아나고 있다.

우리는 조사를 쓸 때 '-에'와 '-에게'를 잘못 쓰는 경우가 가끔 있다. ①은 '-에게'를 써야 할 것을 '-에'로 잘못 쓴 예이다. 어떤 행동이 미치는 대상을 나타날 때 그 대상이 사람이나 동물 같은 유정물이면 '-에게'를 쓰고, 나무나 건물 같은 무정물이면 '-에'를 써야 한다. 조사는 문장에서 역할을 결정하는 중요한 요소이다. '-이/-가'를 쓰이느냐, '-을/-를'이 쓰이느냐에 따라 문장의 의미가 달라진다. ②는 조사 '-의'를 잘못 쓴 예이다. '원자재 가격의 하락'은 형식상으로 명사꼴을 하고 있지만, 의미상으로는 '원자재 가격이 하락하다'라는 의미이다. ② 문장은 주격 조사 '-이'가 관형격 조사 '-의'로 쓰인 경우이다. 이렇게 잘못된 조사의 사용은 독자가 의미를 제대로 파악할 수 없게 만든다.

어미의 사용

어미는 동사나 형용사에 붙어 단어의 문법적 기능을 나타낸다. 즉, 전성 어미 '-ㄴ, -ㄹ'은 형용사나 동사를 수식어로 만들어 주며, '-고, -니까' 등의 연결 어미는 동사나 형용사가 문장을 연결할 수 있게 해 주고, '-다, -아라' 등의 종결 어미는 문장을 끝맺게 해 준다. 잘못된 어미를 쓸 때 글 전체의 의미를 왜곡하는 경우도 종종 있다. 문장을 쓸 때에는 정확한 어미를 사용해야 한다.

① 밤도 늦었고 이제 그만 일어나야겠다.
→ 밤도 늦었으니까 이제 그만 일어나야겠다.
② 오늘도 해가 떠서 내일도 해가 뜰 거야.
→ 오늘도 해가 떴으니까 내일도 해가 뜰 거야.

① 문장은 '밤이 늦었다'와 '이제 그만 일어나야겠다'를 '-고'로 단순하게 연결해 놓았다. '주어-서술어' 사이에 논리적 관계는 전혀 드러나지 않는다. '밤이 늦었다'는 '이제 그만 일어나야겠다'의 이유를 나타내므로 '-고'를 '-니까'로 수정돼야 한다. ② 문장은 '오늘 해가 뜬다'가 '내일 해가 뜬다'의 필연적인 원인이 아니라 '내일 해가 뜬다'라고 판단한 근거가 되므로 '-어서' 대신 '-니까'를 써야 한다.

문장의 접속

우리가 쓰는 대부분의 문장은 여러 개의 홑문장이 모여 이루어진 겹문장이다. 문장과 문장이 대등하게 연결되는 방식을 문장의 접속이라고 한다. 접속문을 만들 때는 연결 어미 사용에 주의해야 한다. 연결 어미를 잘못 사용하면 새로 만들어진 접속문은 문법에 어긋난 문장이 된다. 또한 접속문을 만들 때는 두 개의 단문이 유사한 성격의 문장이어야 한다.

① 시민 단체들은 법적 대응 방침과 재발 방지 대책을 요구했다.
→ 시민 단체들은 법적 대응 방침을 밝히고 재발 방지 대책을 요구했다.
② 숲은 푸름 그 자체만으로도 정신적 위안과 마음을 안정시켜 주는 효과가 있다.
→ 숲은 푸름 그 자체만으로도 정신적 위안과 마음의 안정을 주는 효과가 있다.

① 문장은 '법적 대응 방침'이 '요구하다'와 호응하지 않으므로 다른 서술어가 필요하다. 이 문장은 '시민 단체들은 법적 대응 방침을 밝히고 재발 방지 대책을 요구했다'로 고쳐야 한다. ② 문장은 '정신적 위안'이라는 명사구와 '마음을 안정시켜 주다'라는 절이 병치되어 자연스럽지 않다. 뒷부분을 구로 바꾸어 '숲은 푸름 그 자체만으로도 정신적 위안과 마음의 안정을 주는 효과가 있다'로 수정하는 것이 좋다.

피동 표현의 남용

피동被動은 '주체가 다른 힘에 의하여 움직이는 동사의 성질'을 말한다. 피동 표현은 주어가 다른 주체에 의해서 어떤 동작을 당함을 표현하는 것이다. 여기서 파생적 피동 표현은 능동사의 어간에 피동 접미사 '-이-, -히-, -리-, -기-', '-되다'의 결합으로 실현되고, 통사적 피동 표현은 능동사의 어간에 '-게 되다, -어지다'의 결합으로 실현된다. 능동 표현은 생각이나 증명, 주장 등과 같은 필자나 주체의 판단이나 행위가 중심이 된다면, 피동 표현은 객관적인 상황 보고나 진술 등이 중심이 된다. 국어에서 피동 표현은 주어가 무생물과 같이 능동적 주체가 아닐 때 사용된다. 특히 피동사에 '-어지다'를 붙인 이중 피동은 피해야 한다. 이중 피동은 아무 의미 없이 피동을 반복한 것으로 국어 문법에 어긋난다. 피동 표현을 쓸 때는 세심한 주의가 필요하다.

① 김○○ 교수가 쓴 연구서는 많은 대학생들에게 <u>읽혀졌다</u>.
→ 김○○ 교수가 쓴 연구서는 많은 대학생들에게 <u>읽혔다</u>.
② '미네르바'라고 <u>불리어지는</u> 논객이 '허위 사실 유포죄'로 구속되었다.
→ '미네르바'라고 <u>불리는</u> 논객이 '허위 사실 유포죄'로 구속되었다.

① 문장에서 '읽혀지다'는 '읽다'의 피동형인 '읽히다'에 다시 '-어지다'라는 피동 표현을 반복한 것이다. 이 문장은 '읽히다'만 가지고도 충분히 피동의 의미를 나타낼 수 있기 때문에, '김○○ 교수가 쓴 연구서는 많은 대학생들에게 읽혔다'라고 써야 한다. 또한 ② 문장의 '불리어지는'은 '불리는'으로 고쳐야 한다. 이런 이중 피동은 피해야 한다. 왜냐하면 이중 피동은 중복된 표현이며, 국어 문법에도 어긋나기 때문이다.

모호한 문장의 사용

한 문장은 하나의 의미를 담아야 한다. 여러 가지로 복잡한 내용을 글로 쓰다 보면 문장의 구조를 분석할 수 없을 정도로 모호해지는 경우가 많다. 이렇게도 해석되고 저렇게도 해석되는 문장은 글을 읽는 독자에게 혼란을 일으킨다. 또한 글을 읽는 독자가 그 글의 내용을 오해할 수도 있다. 우리는 글을 다 쓴 다음에 문장 하나하나를 살펴 모호한 의미를 담은 문장을 찾아 바르게 고쳐야 한다.

① 나는 어제 한근문을 무척 좋아하는 동생의 친구를 만났다.
→ 나는 어제 한근문을 무척 좋아하는 동생의, 친구를 만났다.(동생이 한근문을 좋아하다)
또는 나는 어제 동생의, 한근문을 무척 좋아하는 친구를 만났다.(동생의 친구가 한근문을 좋아하다)
② 남편은 나보다 서근철을 더 좋아한다.
→ 남편은 내가 서근철을 좋아하는 것보다 더 서근철을 좋아한다.
또는 남편은 나를 좋아하는 것보다 서근철을 더 좋아한다.

① 문장은 동생이 한근문을 좋아하는 것인지, 동생의 친구가 한근문을 좋아하는 것인지가 분명하지 않다. '동생이 한근문을 좋아하다'일 경우는 '나는 어제 한근문을 무척 좋아하는 동생의, 친구를 만났다'로 써야 하고, '동생의 친구가 한근문을 좋아하다'의 경우는 '나는 어제 동생의, 한근문을 무척 좋아하는 친구를 만났다'로 문장을 고쳐야 한다. ② 문장도 남편이 내가 서근칠을 좋아하는 것보다 더 서근철을 좋아하는 것인지, 남편이 나를 좋아하는 것보다 서근철을 더 좋아하는 것인지 비교 대상이 모호하다. ②문장은 '남편은 내가 서근철을 좋아하는 것보다 더 서근철을 좋아한다'나 '남편은 나를 좋아하는 것보다 서근철을 더 좋아한다'로 수정해야 한다.

번역 투 문장의 사용

국어의 어순에 맞지 않는 문장이나 영어와 일본어 등을 직역한 번역 투의 문장은 삼가야 한다.

① 그 사람은 선각자에 다름 아니다.
→ 그 사람은 선각자나 다름없다.
또는 그 사람은 선각자라 할 만하다.
② 불조심하는 것은 아무리 강조해도 지나치지 않는다.
→ 불조심은 늘 강조해야 한다.
또는 언제나 불조심해야 한다.
또는 불조심함은 당연하다.

우리는 일본어의 번역 투 문장을 쓰는 경우가 종종 있다. ①의 '~에 다름 아니다'나 '~에 값하다'는 일본어를 직역한 것으로 '~이나 다름없다', '~라 할 만하다' 정도로 고치는 것이 좋다. 또한 ②의 경우처럼 우리는 영어의 관용구를 번역한 표현을 쓰기도 한다. '아무리 ~해도 지나치지 않다'는 'It is not too much to ~'를 직역한 것으로 '언제나 ~해야 한다', '~함이 당연하다'로 수정할 수 있다.

6 글쓰기의 윤리

글은 언제나 어떤 목표를 이루기 위해 쓰인다. 글은 지식과 생각을 전달하기 위해, 연구 결과를 발표하기 위해, 감동을 주기 위해, 사랑을 얻기 위해, 좋은 학점을 받기 위해, 혹은 자기 생각을 정리하기 위해 쓰인다. 그러나 글에 있어서 중요한 것은 그 목표를 달성하는 것뿐 아니라, 그 목표를 올바른 길을 통해 달성하는 것이다. 이를 위해 필요한 것이 글쓰기의 윤리이다.

그래서 글쓰기는 때로는 외롭고 힘겨운 노동이다. 글을 쓴다는 것은 자신이 알고 있는 것과 자신이 생각하는 것을 거짓 없이, 그것도 오로지 자신의 힘으로 드러내는 일이기 때문이다. 따라서 이처럼 외롭고 힘겨운 노동을 하노라면, 누구나 조금 더 쉽게 목표에 도달하기 위하여 올바르지 않은 길을 선택하고 싶은 유혹에 빠지게 된다. 글쓰기에 있어서 올바르지 않은 길이란, 자신이 알고 있는 것과 자신이 생각하는 것을 진실하게 드러내지 않는 것이다. 그리고 그러한 그릇된 글쓰기에서 가장 극단적인 방식이 바로 다른 사람의 지식과 생각을 자신의 지식과 생각인 양 내보이는 것, 즉 표절이다.

이러한 유혹은 너무 강하기 때문에, 세상에 널리 알려진 학자나 문학가도 이러한 유혹에서 벗어나기 어렵다. 우리를 놀라게 하는 무수한 표절 사건들은 사실 그리 놀라운 일이 아니다. 이러한 유혹은 글을 쓰는 사람이라면 누구에게나 나타나기 때문이다. 그러나 글을 쓰는 사람이 모두 이러한 유혹에 굴복하는 것은 아니다. 그렇다면 어떤 사람은 이런 유혹에 굴복하고 어떤 사람은 이를 이겨낼 수 있는 까닭은 무엇일까? 물론 이는 글 쓰는 사람의 도덕성에 달려 있겠으나, 올바른 도덕성을 쌓는 문제는 너무도 복잡하고 어려운 일이기에 여기에서 다룰 수는 없다.

윤리적 글쓰기를 위해 지금 우리에게 특히 중요한 것은 표절이 무엇인가에 대한 올바른 지식을 습득하고 윤리적 글쓰기의 습관을 들이는 것이다. 특히 대학생들은 표절에 대한 무지 때문에 글쓰기 윤리를 위반하는 경우가 많기 때문이다. 여기에서는 표절에 대해 정확한 이해를 할 수 있도록 특히 대학생들의 보고서나 논문 등에서 흔히 나타나는 표절사례를 중심으로 설명할 것이다.

윤리적 글쓰기

윤리적 글쓰기란 글쓰기에 있어서 부정행위를 저지르지 않음을 말한다. 부정행위에는 여러 유형이 있으나 대학생의 글쓰기에 있어 크게 문제가 되는 것은 다음 세 가지이다.

㉠ 위조 : 존재하지 않는 연구 결과를 허위로 만들어 내는 행위
㉡ 변조 : 연구 결과를 왜곡하는 행위
㉢ 표절 : 다른 사람의 아이디어, 문장, 연구 결과 등을 적절한 출처 표시 및 인용 없이 사용하는 행위

이 중에서 위조와 변조는 특히 조사나 실험 결과에 기초하여 글쓰기를 하는 사회과학이나 자연과학분야에서 많이 일어나는 경향이 있지만, 표절은 인문학, 사회과학, 자연과학 등 모든 분야에서 일어난다.

이 중에서 표절은 인터넷을 통한 자료 검색이 용이해진 환경 때문에 더욱 자주 일어나고 있다. 학생들은 인터넷 등에서 상품으로 판매되는 보고서나 논문을 구입하여 그대로 제출하거나 일부를 표절하여 제출하는 경우가 있다. 또한 다른 학생의 보고서나 논문, 혹은 자신이 다른 수업에서 제출했던 보고서나 논문을 다른 수업에서 그대로 제출하는 경우도 있다.

표절에는 다음과 같은 유형이 있다.

㉠ 문장 표절 : 타인의 글이나 핵심 개념 등을 아무런 인용 표시와 출처 표시 없이 자신의 글에 포함시키는 경우
㉡ 짜깁기 표절 : 타인의 여러 글을 인용 표시와 출처 표시 없이 필요한 곳에 군데군데 붙여 글을 만드는 경우
㉢ 말 바꾸어 쓰기 표절 : 타인의 글을 사소하게 표현만 달리하여 다시 써서 이용하는 경우
㉣ 잘못된 전문 인용 : 타인의 글을 인용표시 없이 출처만 밝히고 이용하는 경우
㉤ 포괄적 인용 : 인용한 각각의 글에 인용 표시를 하지 않고, 문단 앞에 포괄적으로 출처만 밝히는 경우
㉥ 데이터 표절 : 타인의 데이터(그림, 표, 그래프 등)를 내 것처럼 인지되게 하거나 내 것과 구분되지 않게 사용하는 경우

표절 사례

타인의 글의 핵심 개념이나 고유 표현 등을 인용 표시 없이 사용

문구나 문장이 아니라 한 단어일지라도, 그 단어가 다른 저자의 특유의 개념이나 표현일 경우에는 인용 표시 없이 사용해서는 안 된다. 단, 일반적인 개념이나 이미 많이 쓰여서 정립된 개념은 인용 표시를 할 필요가 없다.

예시 인간은 자신의 의식 상태 하에서 스스로가 주도적으로 모든 결정을 한다고 생각하지만, 사실 우리는 유전자의 생존 전략대로 살아가는 일종의 생존 기계라 할 수 있다.

해설 "생존 기계"는 리처드 도킨스가 『이기적 유전자』 68쪽에서 제시한 인간에 대한 은유적 개념이다. 이렇게 저자가 독특하게 사용한 용어나 핵심 개념은 인용 표시를 하고 출처를 밝혀야 한다.

수정 인간은 자신의 의식 상태 하에서 스스로가 주도적으로 모든 결정을 한다고 생각하지만, 사실 우리는 유전자의 생존 전략대로 살아가는 일종의 "생존 기계"[1]라 할 수 있다.

1) 리처드 도킨스, 홍영남·이상임 역, 『이기적 유전자』, 을유문화사, 2010, 68쪽.

타인의 여러 글들을 인용 표시와 출처 표시 없이 필요한 곳에 군데군데 붙이기

타인의 여러 글들을 인용 표시와 출처 표시 없이 군데군데 붙여 사용하는 것은 짜깁기 표절이다.

예시 과학은 이론에 중립적인 관찰자들의 순수한 관찰로 이뤄진 이론체계로 보기 어렵다. 과학활동도 다른 인간 활동들과 마찬가지로 인간들의 관점이 투영된 활동이기 때문이다. <u>어느 시대의 어느 전문 분야를 면밀히 역사적으로 고찰해보면 다양한 이론들의 개념적, 관찰적 그리고 기기적 응용에서의 그들 이론의 되풀이되는 유사-표준형의 설명들이 나타난다. 이것들은 교재, 강의와 실험 실습에 구현된 과학자 사회의 패러다임들이다.</u> 또한 <u>쿤에 따르면, 이론들에 대한 평가는 지역의 역사적 환경에 의해 결정된다. 쿤은 이론과 관찰의 관계에 관해 분석하면서, 관찰들을 수집하는 어떠한 방식도 이론 중립적이고 객관적으로 행해질 수 없기 때문에 이론들이 자료에 영향을 미칠 수밖에 없다는 점을 제시하고 있다.</u> 이렇게 볼 때, 우리가 한의학을 아직 과학으로서 인정하지 않는 서양의학 중심적 관점은 매우 협소한 과학관을 대변하고 있다고 판단할 수 있다.

해설 첫 번째 줄친 부분은 토마스 쿤의 『과학혁명의 구조』 내용의 일부를 그대로 가지고 왔고, 두 번째 줄친 부분은 제임스 래디먼의 『과학철학의 이해』 내용의 일부를 그대로 가지고 온 것이다. 이 글 전체는 첫 번째 문장과 마지막 문장을 제외하고는 모두 여러 기존 저작물들의 내용을 군데군데 가져와 붙인 것이며 이는 짜깁기 표절에 해당한다. 직접인용이나 간접인용을 활용하여 제시해야 한다.

타인의 글을 사소하게 표현만 달리하여 다시 써서 이용

타인이 쓴 글의 내용을 제시하고 싶을 때, 그 글의 구조와 완전히 다른 글로 그 내용을 제시해야 한다. 글의 구조는 거의 같으면서 동의어나 유의어로 대체하는 방식은 타인의 글을 부당하게 이용하는 것이다.

[예시] 물질을 이루는 기본입자들이 발견되면서 그로 인해 그것들 간의 상호 관계가 하나하나 밝혀지게 되었다. 이를 바탕으로 물질의 본성은 그 물질들을 이루는 입자들 사이에서 벌어지는 상호작용을 규명해서 밝혀야 한다는 입장이 등장하게 되었다.

[해설] 이 글은 다음 글을 사소하게 표현만 달리해서 이용한 것이다. “물질을 구성하는 기본입자들의 발견을 계기로 그것들 간의 상호 관계가 추적됨에 따라, 물질의 본질이 그것들을 구성하는 입자들 간의 상호작용을 통해 파악되어져야 한다는 입장이 형성되어 나오게 되었다.” 여기에서는 원문의 “구성하는”을 “이루는”이라는 동의어로 고쳤으며 “기본입자들의 발견을 계기로”를 “기본입자들이 발견되면서”이라는 표현으로 사소하게 고쳐서 표현하였다. 이러한 식의 표현은 출처를 밝혔어도 간접인용 원칙에 어긋난다. 표절을 피하기 위해서는 출처를 밝혀야 하고, 간접 인용으로 이용하려면 문장 구조가 아예 다른 표현으로 고쳐야 한다.

[수정] 물질의 본성이 물질 자체에 속해 있다기보다 물질의 최소 단위 입자들이 서로 상호 작용하는 양태에서 비롯한다는 생각은 물질을 이루는 최소 단위 입자들이 관찰되고 난 이후에 진전을 이루었다.

타인의 글을 인용 표시 없이 출처만 밝히고 이용

타인의 글을 그대로 사용할 때, 출처를 밝혔다고 해도 어느 부분이 인용된 부분인지 정확히 명시해 주어야 한다.

예시 유전자 지도를 이용하여 흥미 있는 유전자와 가깝게 연관된 RFLP marker를 탐색하여, 간접적인 선발에 이용될 뿐 아니라, 고도로 세밀화된 RFLP 지도를 이용한 map-based gene cloning을 할 수 있게 된다.[1)]

1) 이석하, 「콩의 유전자지도 작성 및 그 이용」, 『한국육종학회지』 28권 5호, 1996, 14쪽.

해설 위 글은 출처를 밝혔어도 인용된 부분에 인용 표시(따옴표)를 하지 않았으므로 다음과 같이 수정해야 한다.

수정 "유전자 지도를 이용하여 흥미 있는 유전자와 가깝게 연관된 RFLP marker를 탐색하여, 간접적인 선발에 이용될 뿐 아니라, 고도로 세밀화된 RFLP 지도를 이용한 map-based gene cloning을 할 수 있게 된다."[1)]

1) 이석하, 「콩의 유전자지도 작성 및 그 이용」, 『한국육종학회지』 28권 5호, 1996, 14쪽.

인용한 각각의 글에 인용표시를 하지 않고, 문단 앞에 포괄적으로 출처만 밝히기

한 출처에 있는 여러 글들을 인용하고자 할 경우, 출처를 문단 앞에서 포괄적으로 한 번만 밝혀서는 안 된다.

예시 스티븐 제이 굴드는 그의 유명한 대중과학저서 『풀하우스』에서, 생물학적 진화에 대하여 진보적 관점을 덧붙이는 것에 대해 다음과 같이 회의적으로 대응한다.[1)]

환경이 생물에 진보적인 변화를 일으키는 방향으로 계속 변해간다면 자연선택에 의한 진보를 어느 정도 기대할 수 있다. 그러나 그것은 불가능하다. 어느 지역에서건 지역적인 환경의 변화는 지질학적 연대에 따라 무작위적으로 일어난다.

이러한 이유에서 다윈은 자연선택의 〈핵심적인 메커니즘〉에 의한 진보를 부정했다. 이러한 과정은 그 지역 생물의 적응을 일으킬 뿐이다. 생물들의 적응이 감탄할 정도로 훌륭하기는 하지만 그렇다고 전반적인 진보성을 보이는 것은 아니다.

---

1) 스티븐 제이 굴드, 이명희 역, 『풀하우스』, 사이언스북스, 2002, 194쪽.

해설 위의 글은 문단 앞에 출처를 밝혔지만 그 이후에 나오는 내용의 글 각각에도 인용표시를 해야 한다.

수정 스티븐 제이 굴드는 그의 유명한 대중과학저서 『풀하우스』에서, 생물학적 진화에 대하여 진보적 관점을 덧붙이는 것에 대해 다음과 같이 회의적으로 대응한다.[1)]

"환경이 생물에 진보적인 변화를 일으키는 방향으로 계속 변해간다면 자연선택에 의한 진보를 어느 정도 기대할 수 있다. 그러나 그것은 불가능하다. 어느 지역에서건 지역적인 환경의 변화는 지질학적 연대에 따라 무작위적으로 일어난다."[2)]

"이러한 이유에서 다윈은 자연선택의 〈핵심적인 메커니즘〉에 의한 진보를 부정했다. 이러한 과정은 그 지역 생물의 적응을 일으킬 뿐이다. 생물들의 적응이 감탄할 정도로

훌륭하기는 하지만 그렇다고 전반적인 진보성을 보이는
것은 아니다."[3]

---

1) 스티븐 제이 굴드, 이명희 역, 『풀하우스』, 사이언스북스, 2002, 194쪽.

2) 같은 곳.

3) 같은 곳.

타인의 데이터(그림, 표, 그래프 등)를 내 것처럼 보일 수 있게 하거나 내 것과 구분되지 않게 사용

내가 만든 데이터가 아닌 타인의 데이터에는 반드시 출처를 밝혀야 한다.

예시 〈표 2〉 소득5분위별 자산분포(2011년) (단위: 만원)

항목	전체	1분위	2분위	3분위	4분위	5분위
총자산	29,765	10,846	16,130	22,813	33,732	65,281
부채총액	8,289	4,400	4,595	5,637	7,879	15,530
순자산	24,560	9,401	13,381	18,963	27,779	53,258

해설 위 표는 출처가 밝혀져 있지 않다. 출처를 밝혀 내가 만든 표가 아님을 나타내어야 한다.

수정 〈표 2〉 소득5분위별 자산분포(2011년) (단위: 만원)

항목	전체	1분위	2분위	3분위	4분위	5분위
총자산	29,765	10,846	16,130	22,813	33,732	65,281
부채총액	8,289	4,400	4,595	5,637	7,879	15,530
순자산	24,560	9,401	13,381	18,963	27,779	53,258

출처: 통계청, 2011년 가계금융조사 결과

글쓰기 윤리 서약

국내외 여러 대학에서는 윤리적 글쓰기를 위해 보고서나 논문에 다음과 같은 윤리 서약을 첨부하고 있다. 글쓰기 윤리를 준수함을 스스로 다짐하기 위해 과제물 앞장에 윤리 서약을 첨부하도록 하자.

글쓰기 윤리 서약

- 여기 제출하는
  ____은/는
  나(우리) 자신이 부정한 수단 없이 작성한 것입니다.
- 나(우리)는 이를 다른 사람에게서 받거나 구매하지 않았으며 이미 다른 곳에 제출한 적이 없습니다.
- 나(우리)는 문장이나 아이디어를 다른 곳에서 가져온 경우에는 그 출처를 정확하게 밝혔고, 이때 그 내용을 위조하거나 변조하지 않았습니다.
- 나(우리)는 연구 결과를 위조하거나 변조하지 않았습니다.
- 나(우리)는 연구와 글쓰기에 참여하지 않은 사람을 저자로 명기하지 않았습니다.

년 월 일

제출자 :

(서명)

(서명)

(서명)

(서명)

(서명)

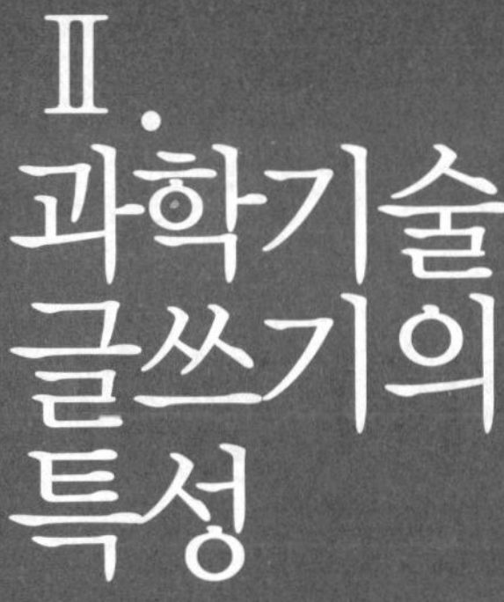

Ⅱ. 과학기술 글쓰기의 특성

글을 쓴다는 것은 삶을 충만하게 만들고 매혹시키는 유일한 일이었다. 나는 글을 썼다. 글쓰기는 나의 뇌리에서 결코 떠나지 않았다.

– 마르그리트 뒤라스, 『고독한 글쓰기』

1 과학기술 글쓰기의 정의

사물인터넷(IoT)에서 쓰나미까지 우리의 삶에서 과학기술이 차지하는 비중은 꽤나 크며, 앞으로도 빠른 속도로 확대될 전망이다. 그러나 정작 이 과학기술을 둘러싼 지식과 정보의 소통은 매우 제한적으로만 이루어진다. 과학기술 글쓰기는 물론 일차적으로 과학기술 분야 전문가들 사이의 의사소통을 위한 최적의 수단이다. 그래서 과학기술 글쓰기는 해당 분야의 전문가들이 오래되었거나 최신의 학문적 성과를 공유하고 비판하며, 새로운 가설을 논증과정을 통해 증명하고 수를 매개로 하는 논리를 제안하는 행위이다. 그런데 과학기술 글쓰기가 이러한 일차원적 정의에만 안주할 경우, 그 결과로서의 글은 지금까지 그래왔던 것보다 훨씬 더 수식이나 전문용어가 암호나 미로처럼 얽힌 생경한 것이 되어 버릴 우려가 크다. 이것이 왜 문제인가.

각 전공 영역의 글쓰기가 그렇듯 과학기술 글쓰기 역시 그 분야에서 사용하는 용어나 의사소통 규칙을 따르는 것은 자연스러운 일이다. 그런데 현재 우리는 첨단의 과학기술로 둘러

싸여 살고 있으면서도 정작 과학과 기술에 대해 관심이 없거나 무지하다. 과학과 기술에 무관심한 우리를 자책하거나, 누군가에게 무지한 우리를 비웃어도 된다는 빌미를 제공하려는 것은 아니다. 이 말은 바꿔 말하면, 우리 삶 깊숙이 침투해 있는 과학기술이 정작 스스로 그 모습을 드러내는 일에는 인색하다는 뜻이 되기도 한다. 과학기술이 스스로 모습을 드러낼 수는 없으니, 그 일은 과학기술자의 몫이다. 현재의 과학기술이 고도의 집적물이기에 일반 대중에게 모습을 드러내기란 쉽지 않다고 말하는 과학기술자가 있을는지 모른다. 그러나 보다 근본적인 문제는 과학기술 전문가들이 언젠가부터 대중과의 소통을 당연하다는 듯이 외면하기 시작했다는 점이다. 당장에는 지극히 좋으나 실체를 알 수 없는 과학기술과의 위험한 동거, 과학기술 글쓰기가 단순히 견고한 규칙에 갇힌 전문가들의 의사소통 수단 너머 정확하고 간결하며 흥미로운 형식으로 대중과 대화적 관계를 만드는 접점에도 한껏 주의를 기울여야 하는 이유이다.

과학기술 글쓰기를 '과학기술 관련 내용을 화제로 삼아 정보를 전달하거나, 체계적인 논증 방법을 활용하여 글쓴이의 의견을 제시하는 글쓰기'로 정의하는 것은 아무리 정확하고 여전히 유의미한 표현이라 해도 만족스럽지 못하다. 따라서 우리는 과학기술 글쓰기를 누가 누구에게 쓰는가, 어떤 목적으로 쓰는가, 어디에 어떻게 쓰는가 등 쓰기의 주체와 목적, 그리고 미디어 등의 다층적 관계를 기준으로 다음과 같이 재정의하고자 한다.

첫째, 과학기술 글쓰기는 과학기술 전문가가 그들 사이에서 과학기술 관련 지식과 정보를 공유하거나 비전문 대중에게

전달하는 것을 목적으로 하는 의사소통 행위이다.

과학기술자들이 수행하는 일의 상당 부분은 글쓰는 일과 연관되어 있다. 이들이 하는 주요 업무는 연구계획서 및 보고서 작성, 실험이나 조사의 수행, 강의 및 학생 지도를 비롯한 교육 활동, 논문 작성이나 학회 발표와 같은 학술 활동 등인데 모두 글쓰기를 빼놓고 생각할 수 없는 것들이다. 구체적으로 그들은 날마다 글쓰기를 통해 연구계획서, 실험노트, 연구보고서, 학위논문, 학술지 논문이나 이론서 등과 같은 과학 전문 논저뿐만 아니라, 이메일, 사용설명서, 특허출원서, 기획서, 제품사양서 등 기술적인 글들을 발표하고 그것들을 통해 세상과 소통한다. 그런데 유의해야 할 것은, 과학이든 기술공학이든 이제는 더 이상 자신의 전공 분야에만 고립된 전문가가 설 자리가 점점 줄어든다는 점이다. 학제적 접근의 중요성이 강조되면서 과학기술 전공자에게 인접 학문과 소통할 수 있는 융복합 능력이 절실히 요구된다.

학문적인 의사소통 행위로서 과학기술 글쓰기는 전문가를 독자로 상정하기 때문에 우선은 각 전공 영역의 규칙들을 준수하는 것이 마땅하다. 그러나 위와 같은 환경 변화에 따라 과학기술 글쓰기는 분과학문 또는 학문장을 넘어서는 순간 같은 내용이라 할지라도 비전문가를 고려한 형식으로 전환되어야 한다. 이런 책임은 비단 최근의 것만은 아니다. 오래전부터 과학이론이 실제로 적용되고, 기술이 개발되기 위해서는 정부나 기업으로부터 지원을 받아야 할 뿐더러, 특히 기술의 경우 상용화 과정에서 기업, 그리고 최후에는 시장과 소비자에게 선택받기 위해 그들을 설득해 왔다. 현재의 과학기술 글쓰기는 '과학 기술과 사회(STS, Science Technology & Society)'라는 현대사회의 중요한 변화에 참여해야 한다. 과학자들이 만들어낸 연구 결과물은 단순히 과학자들 사이에서 공유되는 것뿐 아니라 사회와 구성원들의 생활과 직결되는 경우가 더욱 다양해짐에 따라, 과학기술 글쓰기는 이 네트워크를 유연하게 매개하는 방법론적 모델 개발에 신중해야 한다.

둘째, 과학기술 글쓰기는 유사-전문가나 비전문 대중이 과학기술 정보를 전달 또는 해석을 목적으로 하는 자기 반영적이고 성찰적인 글쓰기 행위이다.

그렇기 때문에 과학기술 글쓰기는 넓은 의미에서 일종의 과학기술 저널리즘을 지향해야 한다. 과학기술 저널리즘이란 과학기술적 발견 등 과학기술 시스템 자체가 제공하는 뉴스를 비롯하여 일상생활에서 발생할 수 있는 위험 요소나 자연재해에 대한 보도 등을 포함하는 글쓰기이다. 이런 글쓰기의 주체는 대체로 기자 등 저널리스트가 되는 경우가 많다. 이럴 경우 자칫 언론의 기존 관습에 의해 자행되어 온 의제설정이나 프레이밍 등 대중 미디어의 고질적인 풍토병에 갇힐 수 있다. 그러나 과학기술 글쓰기의 지향태로서 저널리즘은 이러한 풍토병으로부터 스스로를 경계하고, 정확한 사실과 시민들에게 반드시 필요한 과학기술 지식과 정보를 전달하려는 노력의 산물이다.

특히 요즘처럼 다양한 미디어가 상존하는 경우 과학기술 저널리즘은 시의성과 공정성의 두 축을 만족시켜야 할 의무가 있다. 주류 미디어가 과학기술 지식과 정보의 생산 및 유통을 독점하는 상황이 해체되었다는 사실만으로 만족할 수는 없다. 미디어, 즉 채널이 많아질수록 과학기술 저널리즘은 수용자들이 당장 반드시 필요하고 객관적인 과학기술 지식과 정보를 받아들일 수 있도록 현재의 사실을 있는 그대로 제공하려는 노력에 더욱 주의를 기울여야 한다. 따라서 저널리즘을 지향하는 과학기술 글쓰기에서 가장 중요하게 고려되어야 하는 것은 정확한 사실을 명확하게 전달하는 것, 또 그 사실 자체가 독자로 하여금 사회 변화와 그 변화의 방향성을 파악하는 데 도움을 줄 수 있어야 한다는 점이다.

셋째, 과학기술 글쓰기는 논문이나 책을 통한 의사소통 이외에도 저널리즘이나 SNS 등 뉴미디어를 대상으로 하는 새로운 대중 참여의 모델이다.

위의 첫째와 둘째를 종합해 볼 때, 과학기술 글쓰기는 어떠한 과학기술적 사실들이 알 가치가 있는지, 그리고 과학기술 이슈들이 미디어에 어떻게 투영되어 전달되는지를 적극적으로 고려할 필요가 있다. 과학기술 글쓰기는 이제 더 이상 과학기술자 자신들의 학문적 또는 기술적 업적만을 다지는 도구가 아니라 과학기술의 대중화를 실천하기 위한 중요한 실험 단계에 직면해 있다. 글쓰기의 역사를 검토해 보면 글쓰기는 미디어 환경과 밀접한 관련이 있다. 과학기술 고도 발전의 산물이라고 할 수 있는 디지털 미디어로 인해 사람들 사이의 의사소통은 더욱 역동적이고 따라서 중요한 사회적 행위가 되어가고 있다. 이제 읽고 쓰는 일이 누구에게나 자연스러운 행위가 되어 버렸다. 현재 우리의 삶은 특별한 사람이 읽고 쓰는 사회로부터 누구나 읽고 쓰는 사회로 이월되었다.

이런 변화를 과학기술 또한 비켜가기 힘들다. 과학기술의 지식이나 정보를 생산하고 배급하고 소비하는 사람은 말 그대로 누구나이다. 이런 중대한 변화의 장에서 과학기술 글쓰기의 주체로서 우리가 유의해야 할 것은 사실과 의견을 분명하게 구분하는 것이다. 과학기술 글쓰기는 과학기술 지식들을 어떻게 시민들에게 전달하고, 자연재해와 전염병 발병 같은 위기 시에 시민들의 대응 행동을 올바르게 견인하는 것은 물론, 일반 시민들이 과학기술적 토론과 정책 과정에 관심을 갖게 하는 대중 참여의 새로운 모델로 재정의되어야 한다. 따라서 과학기술 글쓰기는 발표 매체와 형식에 따라 글의 수준을 결정하고, 여러 계층의 다양한 독자를 상정하고 그들과 소통할 수 있는 내용과 형식을 기획할 필요가 있다.

이상의 내용을 통해 볼 때, 과학기술 탐구의 결과는 모든 영역의 과학기술 전문가와 비전문 대중에게 완전하게 개방됨으로써 끊임없는 비판적 검증의 대상이 되어야 한다. 과학기술 분야의 연구가 지식으로 인정받고 기술로 개발되기까지의 모든 과정에서 과학기술자 내부, 또는 필요에 따라서는 외부와의 적극적인 의사소통이 무엇보다 중요하다. 과학기술 글쓰기는 이 과정에서 정확하고 간결하게 소통하기 위해 존재한다. 과학기술이 숫자를 언어로 사용하기는 하지만, 근본적인 소통은 일상적인 언어로 이루어진다. 과학적 글쓰기는 수의 논리를 말로 바꾸고, 그것을 다시 문자언어로 표현하는 행위이다.

2 과학기술 글쓰기의 특징

과학적 양식

과학기술 글쓰기는 관습적으로 정해진 양식에 맞춰 구성되는 것이 일반적이다. 그 양식이란 것 자체가 과학기술 글쓰기에 필요한 논증이나 설명 등에 최적화된 근본적인 체계이다. 과학기술 글쓰기에서 가장 핵심이 되는 원칙은 이 과학적 양식에 맞춰 글을 구성하는 것이다. 넓은 의미에서 과학적 양식은 주장에 대한 논증 혹은 객관화를 염두에 두고 과학적이고 논리적으로 글을 구성하는 것과 관련이 있다. 따라서 과학적 양식은 연구의 대상에 대한 문제의식과 연구방향에 대한 소개, 재료와 방법론, 관찰 결과 그리고 결과에 관한 토론으로 구성되는 것이 일반적이며, 여기에 참고문헌 목록을 첨부하는 것으로 한 편의 글을 완성한다.

명확하고 간결한 표현

일반적으로 모든 글쓰기에서 표현은 명확하고 간결해야 한다. 정확한 어휘를 사용하고 명료하게 문장을 구성해야 한다. 그런데 과학기술 글쓰기는 학문의 특성상 그 자체로 전문성을 지닐 수밖에 없다. 과학이라는 외래 학문과 우리 고유의 언어적 상황 때문에 과학기술 글쓰기에는 전문용어 외에도 한자어나 외래어 등을 사용해야 하는 경우도 허다하다. 이런 특성 때문에 과학기술 글쓰기는 오히려 읽기 쉽도록 작성해야 한다. 그 방법으로 우선 문장의 구조를 단순하게 유지해야 한다. 다음으로는 명확하게 정의된 용어를 일관되게 사용하는 것이 중요하다. 문장의 구조가 단순하면 할수록 문장 자체의 문법적 오류 가능성을 줄일 수 있을 뿐더러 전달하고자 하는 내용이 명확해진다. 또한 언어란 중의성, 즉 애매성이나 모호성을 띨 수 있으므로 글에서 사용하는 어휘의 의미를 한정해 주는 것으로 이를 예방할 수 있다.

전문용어의 적절한 사용

과학적 글쓰기에서의 언어는 과학기술자를 비롯한 관련 전문가들이 사용하는 전문용어와 이에 호응하는 술어로 구성된다. 일반적인 글쓰기에서는 독자의 흥미를 돋우기 위해 다양한 표현이 허용되지만 과학기술 글쓰기에서는 같은 의미를 뜻한다면 하나의 용어를 통일해서 표현하는 것이 좋다. 다만 전문용어를 전문용어로 서술하는 문제만은 경계할 필요가 있다. 학문적 글쓰기란 전문용어의 탑을 쌓아올리는 과정이 아니라, 전문용어를 일상어로 풀어내는 과정이다. 과학기술 글쓰기는 특히 외국어와 약어 등 전문용어의 사용이 빈번할진대, 그에 맞게 일상적인 언어로 풀이해주는 것이 필요하다.

독자를 고려한 표현과 구성

과학기술 글쓰기는 독자를 과학기술 전문가로 한정할 필요는 없다. 글의 내용에 따라 독자를 예상하고 그들이 가장 명확하고 효과적으로 이해할 수 있도록 글의 어휘, 문장, 분량이나 형식 등을 선별해야 한다. 가령 실험보고서의 경우 담당 교수나 타인이 주요 독자가 되므로, 정확한 표현과 완결된 형식을 갖추는 것이 좋다. 전문가를 독자로 상정하는 연구 논문 등의 글쓰기 외에 연구계획서처럼 심사위원과 행정인력이 주된 독자층이 되는 경우나 에세이나 칼럼처럼 비전문 대중이 독자층이 되는 경우도 있다. 따라서 이런 글을 쓸 때에는 내용의 우수성뿐만 아니라 연구의 중요성이나 응용 가능성에 대한 강조, 때로는 독자들의 흥미를 유발하기 위한 표현과 구성을 고려해 볼 필요가 있다.

자료의 시각화

과학기술 글쓰기의 핵심적인 기법 중 하나는 모식도, 표, 그래프 등을 독자에게 시각적으로 보여줌으로써 내용의 이해를 돕는 일러스트레이션이다. 이 자료의 시각화 문제는 과학기술 글쓰기의 고유한 특징이기 때문에 이 책의 II-4, '연구내용의 시각화'에서 상세히 살펴보기로 한다.

과학적 흥미성

흥미로운 글이 모두 좋은 글이라고 할 수는 없으나, 좋은 글 중에는 흥미로운 글들이 꽤 많다. 과학기술 글쓰기 역시 흥미의 요소들을 일부러 외면할 필요는 없다. 과학적 흥미성이란 첫째, 새로운 정보와 지식을 담고 있는 내용의 창의성으로부터 비롯된다. 이전에는 알지 못했던 새로운 사실을 밝혀내거나, 기존에 사실로 받아들였던 내용이 잘못되었음을 증명하는 것에서 과학적 흥미성이 유발된다. 그렇다고 해서 모든 과학기술 글쓰기가 이전과는 전혀 다른 새로운 내용을 담아내야 한다는 것은 아니다. 다만, 이미 알려진 가설에 대해 새로운 방법론을 시도하는 것, 기존의 연구 결과와 상이한 점을 관찰하여 그 이유를 논하는 것, 기존의 연구 결과를 강화하는 것, 기존의 방법론을 새로운 대상에 적용하는 것, 두 가지 이상의 현상 사이에서 새로운 연관성을 밝히는 것 등도 창의적인 글로 만드는 방법이다. 둘째, 글 속에 풍부한 정보가 들어 있어야 흥미롭다. 그리고 이 정보는 그래프나 표, 그리고 묘사적 설명을 통해 구체적으로 제시되어야 한다. 셋째, 글의 각 구성요소들이 엄밀한 논리적 연결성을 갖고 있어서 독자가 글의 논리적 전개를 따라가다 보면 결론에 자연스럽게 도달할 수 있어야 한다. 즉 과학기술 글쓰기는 독자가 글의 다음 논리가 무엇이고, 어떤 방식으로 증명할 것인지 등을 충분히 예측할 수 있도록 구성되어야 흥미로운 글이 될 수 있다.

수사학적 방법

정확한 과학적 지식과 정보 전달을 위해 간결하고 명확하게 글을 쓰는 일은 매우 중요하다. 다만 단문 중심으로 단순한 사실을 나열하면 글이 자칫 밋밋해질 우려가 있다. 따라서 좋은 글을 구성하기 위한 수사학적 조건들, 예를 들어 통일성unity, 응집성coherence, 강조emphasis 등을 염두에 둘 필요가 있다. 저자의 논지를 일관되게 유지하기 위해 글의 부분들이 논리 또는 인과성으로 연결되는 것, 중요한 의미를 지닌 부분을 강조하는 것 등은 과학기술 글쓰기가 고려해야 하는 글쓰기의 수사학 같은 것이다.

3 과학기술 글쓰기의 전망

사회학자가 과학이론을 인용해 현대사회에 관한 분석과 전망을 서술한 짧은 글 한 편을 읽어보자.

오랫동안 인간은 자신의 생활을 구성하는 기준이 되는 틀을 만들어야 할 필요성을 느껴왔다. 일상생활에서 마주치는 '어떻게'와 '왜'를 설명할 질서를 확립해야 할 필요성은 모든 사회에서 발견되는 문화형성의 필수요소였던 것이다. 어떤 사회의 세계관에서든 가장 재미있는 것은 이러한 세계관이 자신의 행동방식이나 현실인식방법에 어떻게 영향을 미치고 있는가를 구성원 대부분이 의식하지 못한다는 사실이다. 즉 세계관이란 것은 아무도 거기에 의문을 제기하지 않을 만큼 어릴 적부터 사람들의 마음속에 철저히 내재되어 있는 것이다.

대부분의 미국인들은 지식과 기술이 축적됨에 따라 세계는 더욱 가치 있는 방향으로 전진해간다고 믿는다. 우리는 또한 개인은 독립된 완결체로서 존재하며, 자연에는 질서가 있고 과학적 관찰은 객관적이며, 인간은 항상 사유재산을 추구해왔고, 개인간 경쟁은 항상 있어왔다고 믿는다. 사실, 이 모든 것들은 '인간 본성'의 일부이며 따라서 변할 수 없는 것으로 간주되었다. 그러나 이는 사실과 다르다. 다른 사회, 다른 문명 그리고 역사상 다른 시점에 서 있는 사람들은 이러한 특성이 인간의 본성이라는 주장에 동의하지 않을 수도 있다. 이것이 세계관이 가지는 힘이다. 세계관은 우리의 현실인식과정에 너무나도 강력한 힘을 발휘하고 있기 때문에 우리는 세상을 바라보는 다른 시각도 있음을 전혀 상상하지 못한다.

현대의 세계관이 형성된 것은 약 400년 전의 일이다. 물론 세월이 지나면서 수없이 수정되고 개선되었지만 초기의 골격은 아직도 유지되고 있다. 그러니까 우리는 아직도 17세기 뉴턴의 기계론적 우주관의 영향 아래 살고 있는 것이다. 사실 뉴턴 역학의 복잡한 여러 측면을 제대로 설명할 수 있는 사람은 백에 하나도 안 될 것이다. 그러나 뉴턴 역학의 그림자는 우리의 행동 하나하나에 영향을 미치고 있다.

엔트로피 법칙! 이제 새로운 세계관이 떠오르고 있다. 이 세계관은 역사를 구성하는 틀로서의 기계론을 결국 대치하게 될 것이다. 아인슈타인은 엔트로피를 "모든 과학에 있어 제1법칙"이라고 주장했다. 아서 에딩턴Arthur Edington 경은 이 법칙이 "전 우주를 통틀어 최상의 형이상학적 법칙"이라고 말했다. 엔트로피 법칙은 열역학 제2법칙이다. 제1법칙은 우주 안의 모든 물질과 에너지는 불변하며, 따라서 창조될 수도 없다고 가르친다. 단지 그 형태만 바뀔 뿐이다. 제2법칙(엔트로피 법칙)은 물질과 에너지는 한 방향으로만 변한다고 규정한다. 즉, 유용한 상태에서 무용한 상태로, 획득가능한 상태에서 획득불가능한 상태로, 질서 있는 상태에서 무질서한 상태로만 변한다는 것이다.

본질적으로 제2법칙이 의미하는 바는 이렇다. 우주 안의 모든 것은 일정한 구조와 가치로 시작해서 무질서한 혼돈과 낭비의 상태로 나아가며, 이 방향을 거꾸로 되돌리는 것은 불가능하다. 엔트로피란 우주 내 어떤 시스템에 존재하는 유용한 에너지가 무용한 형태로 바뀌는 정도를 재는 척도이다. 엔트로피 법칙에 따르면 지구상이건 우주건 어디서든 질서를 창조하기 위해서는 더 큰 무질서를 만들어내야만 한다.

독자 여러분은 이 사실들을 일단 받아들여야 한다. 적어도 우리가 현대의 세계관을 완전히 해부하고 엔트로피 패러다임의 숨겨진 의미를 완전히 이해하기 전까지는 말이다. 먼저 엔트로피 법칙은 역사가 진보의 과정이라는 가설뿐만 아니라 과학과 기술이 질서 있는 세계를 창조할 것이라는 가설을 파괴한다. 로마 카톨릭 교회의 중세 기독교 세계관이 매우 설득력 있는 뉴턴의 우주관으로 대치되었듯이 이제 엔트로피 법칙이 당시의 뉴턴 역학만큼이나 강력한 설득력으로 오늘날의 세계관을 뛰어넘는다.

- 제레미 리프킨, 이창희 역, 『엔트로피』, 19-21쪽.

이 글을 쓴 제레미 리프킨은 과학기술의 변화가 경제, 노동시장, 사회 그리고 환경에 어떤 영향을 미치는지를 분석해 온 사회학자이다. 특히 이 글은 1980년대 전지구적 고도의 성장기에 당시의 현재에 대한 진지한 충고를 담고 있는 글이다. 그리고 그 일에 오래된 과학이론인 열역학 제2법칙 '엔트로피 법칙'을 앞세우고 있다. 이 글에서 엔트로피 법칙은 단순히 과거의 과학이론에 머물지 않고 현재의 생동하는 세계관으로 승격된다. 이 글을 읽다보면 우연히 과학기술의 오래된 전망과 맞닥뜨리게 된다. 과학기술은 더 이상 분과학문의 고착된 지식이나 정보 따위가 아니다. 따라서 과학기술 글쓰기는 과학기술이 그 허물어진 경계를 자유롭게 넘나들게 하는 데 반드시 기여해야 한다.

그래서 과학기술 글쓰기는 과학기술의 발달은 물론이거니와 과학기술 대중화에 기여해야 하는 책임이 있다. 과학기술 이론을 체계적으로 집적함으로써 후속 연구의 토대를 제공해야 한다. 과학기술의 성과를 대중에게 알기 쉽게 전달함으로써 그들에게 과학기술을 효율적으로 활용할 수 있는 기회와 축적된 지식과 정보를 바탕으로 과학적 토론과 정책 과정에 참여하도록 유도하는 과학기술 리터러시 증대의 모델이 되어야 한다. 그래서 과학기술 글쓰기가 학술적 목적을 지니는가 아니면 대중적 목적을 지니는가에 따라 표현 및 구성에 변화를 줄 필요가 있다. 가령 학술적 과학기술 글쓰기는 무미건조한 기술적 표현과 표준화된 구성을 취해야 마땅하나, 대중적 과학기술 글쓰기라면 수사적인 표현이나 이야기 구성을 일부러 염두에 둘 필요도 있다.

마지막으로 위에 인용된 '엔트로피 법칙'에 비추어 볼 때, 과학기술의 발전은 재해와 재난의 증가와 짝패이다. 과학기술 글쓰기는 과학기술의 성과를 알리는 데 안주할 것이 아니라, 성과의 이면에 대한 지속적인 성찰로 나아가야 한다. 과학기술 글쓰기는 대중에게 필요한 정보를 전달하고, 참여의 공간을 제공하며, 새로운 삶을 기획하기 위한 적극적인 커뮤니케이션의 창이 될 필요가 있다.

4 연구내용의 시각화

과학기술 글쓰기에서는 학술논문, 실험보고서 등의 상당 부분을 차지하는 데이터를 효율적으로 보여주기 위하여 표, 그래프, 그림, 사진 등을 적절하게 활용하여야 한다. 주로 수치 변화를 다룬다는 과학기술 글쓰기의 특성 때문에, 특히 표와 그래프의 사용 빈도가 높다. 따라서 언어적으로 서술된 형태보다 표, 그래프 등의 시각자료로 제시하는 것이 효과적일 경우 시각자료를 사용하는 것이 좋다. 더불어 의사 전달력의 측면에서도 시각자료는 문장보다 뛰어나다.

이를 위해서는 표와 그래프의 용례를 파악하고 정확하게 사용해야 한다.

표는 주로 데이터 전체를 정확하게 제시하려는 경우에 사용한다. 표에는 다음과 같은 장점이 있다.

- 제한된 공간에 방대한 양의 데이터를 볼 수 있다.
- 항목별로 상세하게 비교할 수 있다.
- 개별 데이터 값을 정확하게 볼 수 있다.

- 개별 데이터 값을 쉽게 찾아볼 수 있다.

이에 비해 그래프는 주로 데이터 중에서 중요한 부분을 부각시키거나 데이터의 추세나 상관관계 등을 부각시킬 수 있다. 그래프에는 다음과 같은 장점이 있다.

- 데이터의 추세, 상관관계, 유형 등이 부각되므로 쉽게 요점을 파악할 수 있다.
- 주어진 데이터 값을 토대로 다음 단계를 쉽게 예측할 수 있다.
- 복잡하고 많은 데이터를 쉽게 이해할 수 있다.

시각자료 유형 선택

먼저 글의 내용이 시각자료로 제시하기 적합한 내용을 담고 있는지를 확인해야 한다. 중요하지 않은 것까지 시각적 자료로 표현하면 독자가 무엇이 중요한지를 판단하기 어렵기 때문이다. 따라서 시각자료로 제시하고자 하는 내용이 중요하고 핵심적인 내용인지에 대한 고려가 필요하다.

그 다음에 고려할 점은 다양한 시각자료 유형 중 효과적인 것을 선택하는 것이다. 아래의 〈표 1〉에서 제시하는 것처럼, 시각자료는 유형에 따라 장점과 단점이 다르다. 표는 그래프보다 정확도가 높고 객관적인 반면, 메시지 전달력은 떨어진다. 반면 그래프는 항목별 차이나 추이를 표현하는 데 효과적인 반면, 정확도가 떨어지고 다수 정보를 자세히 나타내기 어렵다.

그래프에는 여러 종류가 있으므로, 사용 목적에 따라 적절한 형태를 선택해야 한다. 가령, 어떤 통계 값의 늘고 준 데 대한 비교에는 막대나 선으로 나타낸 그래프가 적당하고, 가격 변동

등 한 가지 지표를 나타낸 경우에는 꺾은선 그래프가 알맞으며, 백분율을 이용하는 것이 편리한 때에는 원 그래프가 좋다.

〈표 1〉 시각자료 유형별 특성

<table>
<tr><th>유형</th><th>장점</th><th>단점</th><th>예시</th></tr>
<tr><td>표</td><td>• 여러 개의 정보를 종합하여 제시하는데 효과적이다.
• 정확도와 객관도가 높다.</td><td>• 메시지 전달력이 다른 시각자료에 비해 약하다.</td><td><table><tr><th>구분</th><th>광역</th><th>상세역</th></tr><tr><td>적용모델</td><td>SWAN</td><td>SWAN</td></tr><tr><td>적용스펙트럼</td><td>JONSWAP 스펙트럼</td><td>JONSWAP 스펙트럼</td></tr><tr><td>계산영역</td><td>65km × 60km</td><td>18km × 15.42km</td></tr><tr><td>격자크기</td><td>100m</td><td>20m</td></tr><tr><td>격자수</td><td>651 × 601개</td><td>901 × 772</td></tr><tr><td>경계조건</td><td>심해설계파</td><td>광역 계산결과 이용</td></tr></table>〈표 1〉 각 영역별 격자정보</td></tr>
<tr><td>그래프</td><td>• 항목별 차이를 비교하고 추이를 살펴보기 용이함
• 막대 그래프, 선 그래프, 꺾은선 그래프, 원 그래프 등을 목적에 따라 적절히 활용할 수 있다.</td><td>• 정확도가 다른 시각자료에 비해 약하다.
• 다수의 정보를 동시적으로 제시하는 것이 표보다 어렵다.</td><td>[그림 1] 기체의 종류와 선속도의 관계</td></tr>
<tr><td>그림</td><td>• 다양한 종류의 관계를 표현하는데 효과적이다.</td><td>• 제시하고자 하는 바를 명확하게 구조화하지 않으면 독자가 이해하기 어려울 수 있다.</td><td>Porous Layer Open Tube
Wall Coated Open Tube
[그림 2] Column : Capability Column</td></tr>
<tr><td>사진</td><td>• 실물에 대한 구체적 모습을 보여주는데 적합하다.</td><td>• 여러 개의 정보를 제시하기 어렵다.
• 사진에 대한 별도의 설명이 필요하다.</td><td>[그림 3] 알람시계 제작 과정</td></tr>
</table>

시각자료 제시 요령

간단명료한 제시

시각자료는 한눈에 알 수 있게 최대한 간단명료해야 한다. 표의 경우 항목이 5개 이상 넘어가면 전달 효과가 떨어진다. 그래프의 경우에도 여러 개의 항목을 제시하다 보면 제시하는 수치 등의 전달력이 떨어질 수 있다. 따라서 한눈에 알아볼 수 있게 정보량을 적정하게 제한해야 한다.

대량의 정보는 여러 도표로 나누어 제시

하나의 시각자료에 많은 정보량을 담으면 독자가 정보를 이해하는 데 어려움이 있다. 이 경우에는 여러 개의 표 등으로 구분하여 제시하는 것이 좋다.

목적에 합당한 기준

서술자는 자신의 주장을 효과적으로 전달할 수 있는 시각자료를 제시해야 한다. 여기에서는 시각자료의 종류를 선택하는 것도 중요하지만, 시각자료를 작성하는 기준도 중요하다. 기준을 어떻게 설정하는지에 따라서 시각자료가 주는 메시지가 달라지기 때문이다.

독자에게 익숙한 형태 취하기

이공계 학생들은 데이터를 도표화할 때 소프트웨어 프로그램을 이용하는 경우가 많다. 그런데 프로그램에서 산출하는 이미지를 그대로 보고서 등에 삽입하는 경우 독자가 이해하기 어려울 수도 있다. 따라서 독자에게 익숙한 도표 형태가 무엇인지를 고려할 필요가 있다. 이를 위하여 프로그램으로 도표를 산출하고, 독자가 이해하기 용이한 형태로 가공, 수정하는 작업이 필요하다.

순서대로 번호 붙이기

작업을 하다보면 표와 그림의 번호의 순서가 맞지 않는 경우가 많다. 보고서 등을 최종 제출하기 전에 표와 그림의 번호가 순서대로 기재되어 있는지 반드시 확인해야 한다.

시각자료 설명

시각자료를 제시할 때 그에 대한 설명을 본문에 제시하여야 독자가 명확히 이해할 수 있다. 따라서 도표에 대한 설명을 본문에 반드시 기술하여야 한다.

적절한 제목과 제목 위치

시각자료에 적절한 제목을 다는 것은 중요하다. 그러나 시각자료에 대한 설명이 본문에 있다는 생각 때문에, 시각자료에 제목을 달아야 함을 깨닫지 못하는 경우가 종종 있다. 시각자료에 적절한 제목을 반드시 달아야 함을 상기할 필요가 있다.

또한 시각자료 제목의 위치도 중요하다. 표의 경우 일반적으로 표의 왼쪽 상단에 '〈표 1〉 제목'을 놓는다. 그림의 경우에는 일반적으로 그림의 왼쪽 하단에 '[그림 1] 제목'을 놓는다. 보고서의 성격이나 학과에서 사용하는 관례에 따라 다소 달라질 수도 있지만, 중요한 것은 표와 그림의 제목을 달 때 적절한 위치가 있다는 점이다. 글의 제출처가 어디냐에 따라 제목 위치가 달라질 수 있으므로, 이를 확인하고 제목을 적절한 곳에 놓아야 한다.

수치 단위 통일

독자에게 일관된 정보를 제시해야, 독자의 이해도를 높이고 정보의 오류를 줄일 수 있다. 과학기술 글쓰기의 경우 수치를 사용하는 경우가 많은데, 이때 단위를 통일하지 않아 혼란을 주는 경우가 있다. 하나의 시각자료에 포함된 수치의 단위는 통일하는 것이 좋다.

시각자료 중 특정 부분 강조

시각자료에 많은 정보를 담게 되면 이해하기 어려워진다. 필요할 경우 특정 부분을 강조함으로써 정보에 대한 이해도를 높일 수 있다.

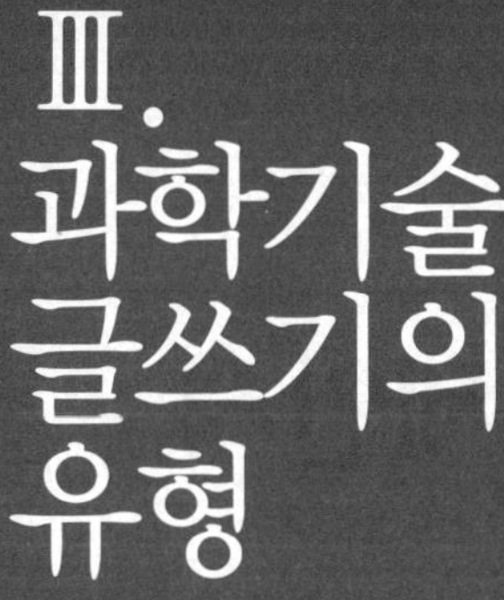

Ⅲ. 과학기술 글쓰기의 유형

글쓰기가 내 목숨을 살려준 것은 아니지만, 예나 지금이나 한결같이 나를 도와준다. 글쓰기는 내 삶을 더 밝고 즐겁게 만들어 주는 것이다. (중략) 글쓰기란 작품을 읽는 이들의 삶을 풍요롭게 하고 아울러 작가 자신의 삶도 풍요롭게 해준다.

– 스티븐 킹, 『유혹하는 글쓰기』

1 연구계획서 및 제안서

연구계획서 및 제안서의 의미

연구계획서는 연구를 본격적으로 수행하기 전에 마련하는 연구의 구체적 설계도이다. 연구 주제를 예각화하는 한편, 어떤 연구 방법을 통하여 어떤 결과에 이를지, 그 과정을 치밀하게 계획해 청사진으로 그려보는 작업이라고 할 수 있다. 연구계획서에는 무엇보다 실현성 있고 정확도 있는 연구 제시가 중요하다. 이를 기하기 위해서 연구계획서는 연구 절차의 체계적 단계를 꾀하는데, 연구의 목적과 배경 이론 및 가설 등의 연구 절차에 맞게 설계를 단단히 하고 점검하는 것이 그 하나다. 조직적 연구 설계는 연구 도중 실제 있을 수 있는 불필요한 진행과 결점을 미리 찾게 할 뿐만 아니라 실수의 확률을 줄여주는 이점이 있다. 다른 한편으로 연구계획서는 학생과 지도 교수, 연구자와 관련 기관 사이에 정보 전달의 수단이 된다. 문서를 통해 사전 의사소통을 시도하기 때문에 자료수집 과정이나 연구준비 과정에서 빚어질 수 있는 시행착오와 작업의 비효율성을 줄이고, 의견조율 및 협약에 있어 서로의 생각을 좀 더 명확히 확인할 수 있다.

이러한 유용함과 쓰임새로 인하여, 연구계획서는 오늘날 여러 곳에서 확장·요구되는 추세다. 학부 강의에서 실행되는 일반 연구계획서나 실험 연구계획서뿐만 아니라, 학과 특성에 따라 논문 작성 이전에 이미 학사 졸업논문 계획서를 요구하기도 한다. 대학원 입학을 앞둔 경우라면, 자연히 깊이 있는 연구를 위해서 석사과정 연구계획서 또는 박사과정 연구계획서를 제출하는 것이 필수다. 대학이나 대학원 입학에는 일반적으로 학업계획서가 요구되는 반면, 전공 및 과학기술 관련 취업 전선에서는 취업 활동계획서가 상당히 중요하다. 학술 분야에는 교육 연구계획서나 교수 연구계획서를 요구하기도 하며, 장학재단으로부터 장학금 신청을 목표로 한다면 세부 연구계획서를 작성해야 한다. 마찬가지로 환경 또는 사교육, 일자리 등의 현안 정책 문제 연구에 대한 지원금 신청을 염두한다면, 그에 대한 해결책과 전망을 포함, 연구기간과 예산까지 계획된 연구제안서를 제출한다. 물론, 특정 연구기관이 기업과 연계하여 새로운 기술개발을 기획하는 경우, 기술제안서 또는 사업기획서 제출이 필수요건이다.

그러므로 쉬이 짐작할 수 있듯, 연구계획서와 연구제안서는 글의 목표를 좀 더 멀리 두고 작성할 필요가 있다. 연구 골자에 대한 명확한 내용을 부각시켜, 보는 이가 글 전체의 윤곽을 파악함과 동시에 정작 왜 그 연구가 꼭 수행되어야만 하는지를 납득시킬 필요가 있다. 작성자가 계획하고 제안한 내용이 어떤 독창적 아이디어와 전략을 가지고 있으며, 어떤 신뢰 있는 연구방법을 통하여 의미 있고도 중요한 연구 성과에 도달하게 될지를 학문적으로나 사회적으로 설득해 보여주어야 한다. 필연적

■ 일반 연구계획서

1. 연구 주제
2. 연구 목적
3. 연구 가설
4. 연구 방법
5. 연구 범위
6. 참고문헌

■ 실험 연구계획서

1. 연구 주제
2. 연구 목적
3. 이론적 배경
4. 연구원리 및 가설
5. 연구 방법
6. 예상 결과 및 시사점
7. 참고문헌

■ 제안서

1. 서두
    1) 제출문
    2) 표제지
    3) 초록
    4) 목차
2. 본문
    1) 서론
    2) 과제의 배경
    3) 과제 수행 방법
    4) 결론
    5) 보유 장비
    6) 인적사항
    7) 예산
3. 부록
    1) 참고문헌
    2) 세부 사항 첨부

이유와 연구방법, 예상결과 제시는 연구의 승인과 타인의 지원을 이끌어내는데 결정적 역할을 할 수 있음을 잊지 말자.

그렇다면 설득력 있는, 나아가 다른 사람의 협력까지도 이끌어낼 수 있는 연구계획서는 어떻게 쓰는 것일까? 먼저 용도에 따라 연구계획서는 크게 일반 연구계획서와 실험 연구계획서, 두 가지로 구분된다. 그에 들어갈 주요 내용 구성은 다음과 같다.

공모기관에서 요구하는 수행과제의 경우, 제안서는 기관의 특성과 과제 성격에 따라 형태가 다양하다. 제안서의 세부 항목은 부분 변동이 있을 수 있지만, 대체로 들어갈 항목은 다음과 같다.

작성 시 염두에 두어야 할 사항

제목

연구계획서 및 제안서를 구체적으로 작성해나갈 때에는 우리가 유의해야 할 몇 가지 사항들이 있다. 제일 먼저 유의할 점은 제목과 주제 부분이다. 제목은 연구내용을 포괄하는 전체 주제가 담긴 것이어야 한다. 또한, 부제목을 기재하지 않되, 큰 제목만으로도 연구목표가 쉽게 짐작될 수 있는 명료한 제목이 좋다. 가급적 '……에 관한 연구' 또는 '……에 관한 고찰' 등의 표현은 제목에서 피하기로 한다.

주제

주제는 '무엇에 핵심을 두고 쓸 것인가?'에 관한 물음이다. 작성 분량에 상관없이 많은 것을 담기보다 하나의 주제에 초점 맞춰야 헤매지 않는 글이 된다. 이야기가 장황하거나 횡설수설한 글은 주제의식이 불명확함을 의미한다. 그러므로 먼저, 다루려는 주제가 자신에게 흥미로운 주제인지를 진지하게 생각해보자. 연구 수행의 명확한 이유가 쓰는 사람에게는 분명해야 할 것이다. 또한, 고려할 것은 다음과 같다. 충분한 자료와 함께 뒷받침할 수 있는 주제인가? 접근 가능한 주제인가? 나아가 해결 가능한 주제인가? 이러한 내용을 미리 파악해둔다. 시간적 제약과 접근성을 고려하여 자신이 능히 해낼 수 있는 이론 활용도 살펴둔다. 연구윤리에 어긋나지 않되, 자료와 비용, 장비 등의 겸비가 뒤따르는 주제 선택이 합리적이다. 특히 실용성을 추구하는 제안서의 경우라면, 연구 주제의 성격도 검토해봄 직하다. 연구 내용이 장기적 측면에서 학술에 기여하는 것인지, 실제 당면문제 해결에 도움을 주는 것인지 방향을 설정해 주제를 선택해야 연구의 의의도 쉽게 찾을 수 있다. 또한, 어느 정도 범위에 걸쳐 주제를 다룰 것인지 결정하는 일도 대단히 중요하다. 비록 연관 범위가 다소 넓을지라도, 만약 문제의식이 분명하기만 하다면 연구의 중심을 잡는 데 문제 되지 않는다. 관련 분야 중에서 다룰 부분을 특정하게, 즉 구체적으로 정확하게 잡으면 오히려 자신의 독창성을 살리는 주제가 된다. 하지만 막연한 문제의식을 가지고 모호한 주제 설정을 시도한다면, 계획서는 처음부터 설득력을 잃고 만다. 당연히 목적도 없이 범위가 지나치게 포괄적인 주제는 의미 있는 결과를 기대하기 어렵다.

목적

연구의 목적 부분에는 문제점의 명확한 제시와 문제 해결을 위한 가설 제시가 논리적으로 기술되어야 한다. 목적 기술은 체계적인 생각 위에 작성한다. 즉 자신이 제기하는 문제의 지점이 정확히 어디에서 비롯된 것인지, 그래서 어떤 근거하에, 어떤 논리적 가설을 본인이 제안하는지를 밝혀 서술하는 형태가 바람직하다. 이때 전문용어는 읽고 이해하기에 까다롭지 않은, 쉬운 방식으로 언급되어야 하며, 내용상 난해하거나 불필요한 부분은 목적 기술에서 과감히 빠져야 한다.

이론 및 과제의 배경 설명

문제 제시와 가설 제시는 역사 · 사회적 배경에 대한 인식에서 비롯된다. 나아가 문제 제시와 가설 제시는 지금까지 다른 연구자들이 같은 문제 혹은 유사문제를 다뤄온 '연구사적 맥락'에서 생겨난다. 그러므로 이론 및 과제 배경을 구체화할 때에는 계획하고 있는 주제가 어떤 연구배경 속에 나온 것인지를 밝혀, 문제점이 무엇인가를 분명히 기술하는 데 주안점을 둔다. 구체적으로 들어갈 내용은 다음과 같다. 먼저 기존 연구에 대한 평가와 더불어 문제 해결에 실마리가 되어주는 주요 문헌을 함께 기술한다. 또한, 문제 해결을 위한 접근 방법의 적합성을 설명하여 연구의 타당성과 정당성을 확보한다. 관건은 연구·제안에 대한 논리적 문제의식과 그에 대한 자신의 꼼꼼한 준비성 증명이다. 작성자는 주요 이론 및 선행 연구를 분석하고 종합하고 본격적으로 다루려는 문제가 현재 얼마만큼 이루어졌으며,

최근 어느 과정을 지나, 앞으로 어느 단계로 나아가고 있는지, 기존 연구의 한계점을 지적한다. 이는 주제적 맥락을 짚어 연구의 필요성을 쉽게 알리고, 어느 정도 탄탄하게 준비된 문헌 고찰에 입각한 연구인지를 알리는 계기가 된다. 또한 읽는 이로 하여금 연구 제안자가 얼마만큼 분명하고 창의성 있는 문제의식을 갖고 연구에 임하는지를 가늠하게 하는 지표가 되어준다. 이론 및 과제의 배경 설명은 결코 소홀히 볼 일이 아니다.

연구 및 과제 수행방법

이 항목은 '연구 및 과제를 어떤 방법, 어떤 과정으로 수행할 것인가?'에 대한 내용이다. 출발점은 전체 연구에 대한 개괄 및 골격제시이다. 다음으로 자료 수집방법을 제시하고 연구 대상과 소재 혹은 연구 재료, 시료, 기구 등을 명시한다. 준비한 자료를 바탕으로 통계를 사용한다면, 통계를 통한 주장과 근거를 명확히 하고 어떤 방식의 통계 방법을 택할 것인지, 그 안에 어떤 사항들을 넣은 분석법을 사용할 것인지 밝혀두도록 한다. 실험계획서인 경우, 구체적인 실험 절차와 측정방법, 횟수 및 세부 실험조건, 운전방법, 실험수행자 등을 빠짐없이 기술하도록 한다. 무엇보다 진행방법 기술에는, 앞에 제시한 연구목적(예상 결론)을 잊지 말아야 하는데, 즉 자신이 설정한 가설(가정)이 구체적으로 어떤 부분 부분의 과정을 거쳐, 어떤 지점을 지나 전개되는지 또 그것이 어떤 해결을 시도하는 방법으로 나아가는지를 차례차례 풀어 보여주는 과정이라 생각하면 쉽다. 신뢰할 수 있는 통계자료, 설문지, 실험을 활용하면서 관련된 공식자료의 출처를 밝혀 논의의 객관성을 높이는 것도 필요하다. 다른 연구자들이 취한 방법과 본인이 취한 방법의 차별성 기술과 왜 그 방법을 사용하는 것인지에 대한 해명도 언급되어야 한다. 그 밖에 연구 진행에 걸리는 기간(시간), 단계별 일정, 예산, 보유 장비, 장소 등에 대한 자세한 명기와 과제 수행자들의 전문성을 증명할 만한 내용 등을 추가한다면 더욱 합리적이고 실현성 높은 계획·제안서가 될 것이다.

연구결과 및 시사점

이 항목은 '무엇에 도달하고 무엇을 고찰할 수 있는가?'에 관한 부분이다. 연구계획서 및 제안서에서 사실 이 부분은 아직 확정된 내용이 아니다. 하지만 앞에 논증한 방법을 통해서 예상되는 결과를 충분히 도출하고 예측할 수 있다. 연구 과정을 통해 확인하고자 한 현상 및 이론, 사실들에 대한 종합과 그 내용이 처음 제시한 목적에 일치하는지 확인한다. 또한, 주제와 관련지어 수행성과가 무엇이 될지 결정적 요인과 함께 주의를 환기함으로써 연구의 필요성을 부각한다. 유의할 점은 그동안 기술한 내용 요약이 이 대목의 중심이어서는 안 된다는 것이다. 작성자의 연구가 어떤 맥락에서 어떤 의미나 효용성을 지니는지를 객관적인 관점에서 여러 각도로 고찰해 보자. 이때, 연구 수행에 대한 기대와 한계 언급에 있어서는 새로운 대안제시와 앞으로의 연구동향, 전망 등을 넣는 것이 바람직하다.

참고문헌

계획서 및 제안서 작성에 도움을 준 문헌들은 그 출처를 빠짐없이 기재해야 한다. 참고문헌을 만들 때는 제출하고자 하는 기관 또는 전공 분야에서 요구하는 형식을 따른다. 간혹 자신의 방식대로 또는 비통일적으로 문헌을 작성하는 경우가 있다. 계획서를 완료하기 전에, 반드시 과제기관이 제시한 기본양식과 편집규정을 확인해 보고 그에 맞게 작성하자. 각종 문헌은 가장 최근 문헌을 인용하는 것을 원칙으로 한다. 또한, 인터넷으로부터 얻은 정보인용은 중요한 내용만 남기고 본문에서 최소화하고 그 주소를 참고문헌 형식에 맞게 기재한다. 문헌구분은 국내문헌, 국외문헌, 논문 및 보고서, 잡지, 인터넷 사이트 등으로, 또는 일차문헌, 이차문헌, 국내문헌, 외국문헌 순 등으로 나눈다.

부록

부록은 제안서(연구계획서)를 깊이 있게 이해할 수 있도록 돕기 위해 첨부하는 문서다. 본문의 주된 내용에 해당하지는 않지만, 부록을 첨부함으로써 본문이 더욱 명확해지고 상세해질 수 있다. 참여 확인서, 동의서를 비롯하여 부록에는 그림, 사진, 도안, 설문 조사지의 구체적 문항표, 관련 사례 모음, 관련 통계, 관련 법규, 경과 회의록 등이 들어갈 수 있다. 또는 실험의 표준단위, 기준표, 관련 공식, 계산법, 실험 장비 목록, 실험 후기 등을 추가하기도 한다. 부록의 위치는 모든 글의 마지막 부분에 자리하고, 내용의 특성에 따라 '부록 1', '부록 2', '부록 3'으로 표기해 구분할 수 있다.

학습활동

다음 글은 실제 수업에서 작성한 연구계획서이다. 이 글을 읽고, 개선할 부분에 대해 논의해 보자.

노이즈 캔슬링, 사운드 마스킹 시스템에 의한 소음환경 개선

1. 서 론

1.1 문제제기 및 주제 선정 배경

많은 학생들이 공부하는 도서관에서는 조용한 환경이 필수적이다. 하지만 도서관의 외관이나 좌석, 이용 시스템 같은 부분들은 계속해서 나아지고 있으나 소음에 관한 문제는 여전히 많은 학생들의 불만으로 남아있다. 공부를 할 때 시각은 한 곳에 고정되어 있지만, 청각은 열려 있는 상태이므로 공부하는 학생들에게는 소음이 큰 스트레스로 다가온다.

이러한 소음 문제를 해결하는 데에는 여러 가지 방안이 있을 수 있다. 본 논문에서는 이를 위해 몇 가지 소음 문제 해결 방안을 찾아본 결과 '노이즈 캔슬링' 기법과 '사운드 마스킹' 기법, 그리고 흡음재나 차음재의 사용 등을 찾을 수 있었다. 특히 '노이즈 캔슬링' 기법과 '사운드 마스킹' 기법은 소리 자체의 음파 자체를 제어하는 기술로서 이를 통해 소음 감소 효과를 기대할 수 있다. 본 연구는 음파를 제어하는 이 두 가지 방법이 소음 감소에 얼마나 효과적인 영향력을 갖는지에 대해 각 방안의 비교를 통해 연구해볼 계획이다.

1.2 기존연구

우선 기존연구는 크게 2가지를 찾을 수 있었다. 첫 번째로, '노이즈 캔슬링' 기법에 관한 연구는 「노이즈 캔슬링 기술을 활용한 서울대학교 강의실의 외부 소음 감소에 관한 연구」가 있다. 이 논문에서는 노이즈 캔슬링 기능을 가진 기계의 사용을 통해 직접적인 dB 감소의 정도를 측정하였다. 이 논문에서는 18dB 정도의 소음의 환경에서 약 1~2dB 정도의 소음을 감소시킨 바가 있다. 두 번째로, '사운드 마스킹' 기법의 경우에는 상명대학교의 「사운드 마스킹 시스템 도입을 통한 도서관 열람환경 개선」으로, 상명대학교 중앙도서관의 사례를 중심으로 사운드의 효과에 대해 연구를 진행한 논문이다. 이 논문에서도 설문 및 실험을 토대로 감소 효과를 보았다.

1.3 연구의 목적 및 의의

기존 연구들은 단 하나의 기법을 사용하여 "소음 감소 방안을 연구하였다." 그러나 하나의 기법만 사용하였을 경우, 감소 효과가 있다고 하더라도 그 정도를 제대로 가늠할 수 없는 단점이 존재할 수 있다. 따라서 본 논문에서는 이러한 각각의 연구에서의 기법들을 모두 사용하여 하나의 실험체계를 이용해 그 효과를 비교해볼 계획이다. 이것은 기존에 진행되지 않았던 실험을 같은 환경에서 진행함으로써 통합적으로 정리하는 데 의의가 있다. 이를 통해 소음 감소 방안 중 공부를 하는 환경에 있어서 도움이 되는 것은 어떤 것인지 좀 더 구체적으로 파악할 수 있을 것이다.

2. 이론적 배경

2.1 노이즈 캔슬링

일반적으로 소음을 줄이는 방법은 흡음재나 방음재 등을 이용하는 방법이 가장 값싸고 효과적인 방법이다. 그러나 이러한 방법들은 소음의 제거에 한계가 있다. 또한 여러 재료의 설치에 따른 불편한 점이 생기기 마련이다. 그리하여 대체 방법으로 나온 것이 Active Noise Canceling(ANC) 기술이다. 이 기술은 독일계 미국인인 폴 루그 교수가 1930년대에 발표한 그의 논문 "the process of silencing sound oscillations." 에 기초한다. 노이즈 캔슬링의 기본 개념은 사용자가 원치 않은 소음을 자체적으로 발생시켜 원치 않은 소음을 들리지 않게 만드는 것이다. 기술의 원리는 무척이나 간단하다. 음향 기기에서 출력이 되는 소리는 가만히 두고, 외부에서 들어오는 규칙적인 소음의 반대 파형을 만들어내, 소음을 상쇄시켜 외부 소음을 '0'으로 만드는 것이다.

노이즈 캔슬링 기술은 MP3 플레이어를 사용하는 사람들이 많아지면서 각광을 받게 되었지만, 원래 기술 목적은 산업 현장에서 지속적으로 발생하는 소음으로부터 귀를 보호하기 위한 것으로 현재의 사용 목적과는 또 사뭇 다르다. 하지만 음향과 소음을 구분하여 사용자가 원하는 소리를 듣기 위한 원론적인 부분은 동일하다.

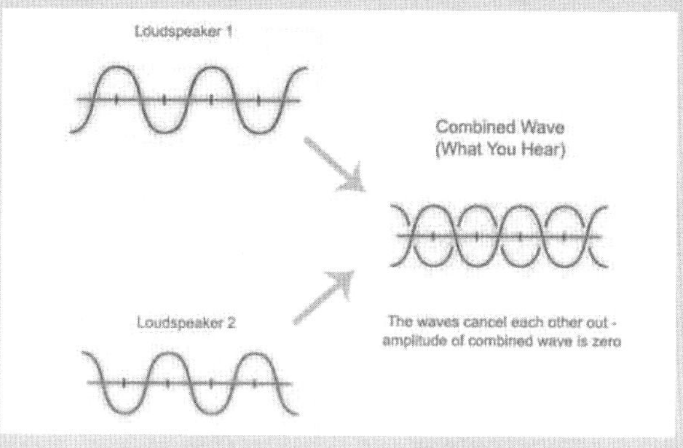

그림. 노이즈 캔슬링의 원리

2.2 사운드 마스킹 시스템(Sound Masking Systems)의 정의

사운드 마스킹 시스템은 실내・외의 소음을 컨트롤하는 방법의 한 종류이며, 일반적으로 사용되는 차음(Blocking sound), 흡음(Covering sound) 등의 방법과는 그 개념이 다르다. 즉 차음, 흡음의 방법이 단순히 소리를 차단하거나 흡수시켜 소음 자체를 없애려는 원리라면 사운드 마스킹 시스템은 주파수를 이용한 소음 중화의 원리를 이용하여 불필요한 소음을 효과적으로 제어하는 것이다. 비가 올 때 사방이 조용하게 느껴지는 것, TV를 보면서 선풍기를 켜면 TV의 소리가 잘 들리지 않는 것 등은 사운드 마스킹의 단적인 예라고 할 수 있다.

2.3 사운드 마스킹 시스템의 효과

사운드 마스킹은 나누어진 공간(파티션, 가구, 벽으로 분리된 공간)이나 5m 이상 떨어진 곳으로는 소리가 진달되기 어렵게 만든다. 또한 이러한 주변 소음에 내한 차폐는 물론, 주변 소음에 대한 인지력을 약화해 주의력과 집중력을 증가시켜준다.

3. 연구방법

3.1 효과 검증

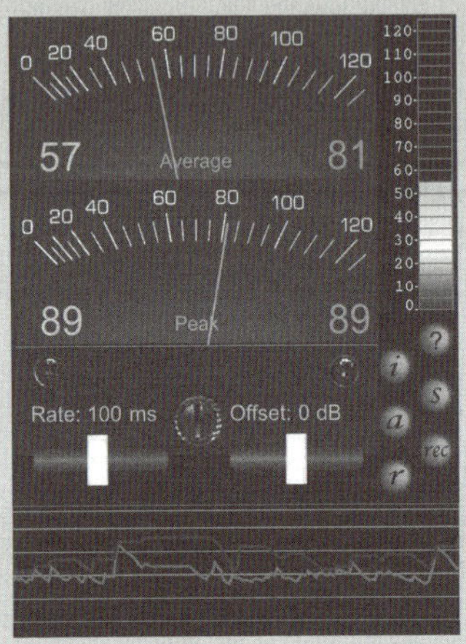

그림 1. 소음측정기 'Decibel Ultra' 어플리케이션.

사운드 마스킹과 노이즈 캔슬링의 효과를 각각 검증하기 위해 각각의 기술을 적용하기 전후의 소음 양상을 관찰할 필요가 있다. 우선 사운드 마스킹과 노이즈 캔슬링의 특성상 각각의 기술이 직접적인 소음 감소 효과를 가져오는지 살펴보기 위해, 즉 소음 데시벨을 실제로 줄일 수 있는지 파악하기 위해 소음측정기를 이용한다. 이때 소음측정기로는 아이폰 어플리케이션인 'Decibel Ultra'를 사용한다. 하지만 실질적인 소음 감소 효과의 여부를 측정하는 것이 곧바로 체감 효과를 입증해내는 것은 아니다. 따라서 소음 측정 후에는 피실험자를 대상으로 소음 감소에 대한 체감 효과에 대하여 설문 조사를 시행한다.

효과적인 분석을 위해 실험 장소인 공대 2층 컴퓨터실의 피실험자 20여 명을 표본으로 삼고, 각각의 소음 감소 기술을 사용하기 전과 후를 비교하여 어떤 차이를 느꼈는지 조사한다. 이와 더불어 설문조사 양식과 방법에 관련하여 김화영(1985), 장창용(2001)을 참고한다.

4. 예상 결과

노이즈 캔슬링, 사운드 마스킹 시스템 모두 소음으로부터의 방해를 줄여주는 데 도움이 될 것이다. 두 방법 모두 별도의 기계를 사용함으로써 능동적으로 소음에 대처한다는 공통점을 갖고 있지만, 근본적으로 소음에 대처하는 방법이 다르기 때문에 어떤 방법이 무조건 옳다고 할 수는 없을 것이다. 노이즈 캔슬링은 소음의 절대치를 줄여줌으로써 집중력 향상에 도움을 줄 것이고, 사운드 마스킹 시스템은 소음의 절대치에는 큰 영향을 주지 못하지만, 상대적으로 피실험자가 소음을 느끼지 못하게 함으로써 집중력에 도움을 주는 것이다. 둘 중 어떤 방법이 더 효과적일지는 실험을 통해서 그 결과를 정리해야 알 수 있는 사실이기에 최종 논문까지 남겨두기로 한다.

5. 참고문헌 및 참고자료

김경민, 「백색소음이 ADHD 아동의 주의집중과 과제수행에 미치는 영향」, 『정서・학습장애연구』 제26권 제3호, 한국정서・행동장애아교육학회, 2010.

김성철 외 2명, 「소음이 과제수행에 미치는 영향에 관한 연구」, 건국대학교 산업공학과, 2010.

김지환, 「사운드마스킹 시스템 도입을 통한 도서관 열람환경 개선」, 『사대도협회지』 제11집

김화영, 「단어지각에 있어서 주의집중과 지각 : 부적점화 효과를 중심으로」, 서울대학교, 1985.

몽태랑인터내셔날 http://www.soundmasking.co.kr/index.php

서울대학교 환경소음진동연구센터 http://www.cenvr.or.kr/~cenvr/board/?mid=main

장창용, 「뇌파 조절을 통한 집중력 훈련이 테니스 경기 수행력에 미치는 영향」, 서울대학교 대학원, 2001.

진양수 외 2명, 「노이즈 캔슬링 기술을 활용한 서울대학교 강의실의 외부 소음 감소에 관한 연구」, 2010.

2 연구보고서 및 실험보고서

보고서의 정의와 유형

보고서는 특정 주제에 대한 조사, 연구, 실험, 학습 내용, 업무현황 등을 보고하는 문서이다. 보고 목적에 따라 보고서에는 보통 그동안 얻은 성과물과 사실들을 수록한다. 그러나 주목할 것은 보고서의 역할이 단순 정보전달에 머물지 않는다는 점이다. 결과적 측면에서 실태자료와 지식을 정리하고 기록함은 물론 취합한 정보를 종합, 고찰하는 데까지 보고내용이 이루어진다. 훌륭한 보고서는 형식을 갖춰 한눈에 수행한 내용을 파악하게 할 뿐만 아니라, 분석을 통한 정보의 체계적 분류를 보여준다. 그리고 여기에 머물지 않고, 이를 통해 수합한 자료가 뜻하는 의미제시 곧 결과물로부터 파급되는 영향이 무엇인지까지 수요자의 판단에 도움이 되도록 전반적 흐름에 대한 해석을 제시한다. 때에 따라 결재권자를 고려하여 작성자는 맥락에 맞게 명확한 판단과 메시지, 추진전략을 보여줄 수도 있다.

보고서에 포함된 내용은 사실과 의견을 구분한다. 최대한 정확성을 기해야 하기 때문이다. 또한 조작되거나 꾸며진 사실도 없어야 한다. 객관성에 입각해 불필요한 정보 없이, 중심이 명확한 보고서를 기할 필요가 있다. 읽는 사람 대부분은 평가자의 입장에 있는 전문가가 많다. 그리고 일반적으로 소속된 분야에서 상향적으로 보고서가 전달되는 경우가 많다. 관건은 보고자가 최종 전달하고자 하는 주제와 목적을 분명히 알고, 핵심 항목과 충분한 근거들을 입증하는 글줄기를 만드는 것이다. 그럴 때 전문가를 포함해 사전지식이 없이 보고서를 처음 본 사람도 내용을 쉽게 이해하고 동의할 수 있다.

보고서의 종류는 매우 다양하다. 먼저 결과와 성과를 전달함에 있어 비슷비슷한 내용이더라도 분량에 차이가 있는데, 크게는 20쪽 안팎을 요구하는 긴 보고서가 있고 1쪽 분량의 짧은 보고서 또는 2~5쪽 정도의 보고서가 있다. 목적과 용도에 따라서는 결과보고서, 조사보고서, 분석보고서, 진행보고서, 현황보고서, 진척보고서, 경과보고서, 대책보고서, 검토보고서, 점검보고서, 정책보고서, 행사보고서, 정리보고서, 쪽지(메모)보고서 등 갈래가 여러 가지다. 업무에 따라서는 출장보고서, 기획보고서를 작성하기도 한다. 공공기관이나 기업에서는 수시보고서 외에도 일일보고서, 주간·월간·연간의 분기보고서와 정기보고서를 작성한다. 과제project를 진행하는 경우, 중간보고서와 최종보고서 제출이 있으며, 그 밖에 초·중·고 학생들은 수행평가를 위해서 자유탐구보고서, 과학탐구보고서, 견학보고서, 관찰보고서 등을 작성한다. 이 절에서는 대학생들에게 도움이 되는 보고서의 기본 형태, 연구보고서와 실험보고서, 두 가지를 살펴본다.

연구보고서의 의미와 작성법

연구보고서는 말 그대로 연구를 진행해 얻은 결과를 보고하는 문서이다. 보고서의 주된 내용은 계획하고 추진한 연구내용, 실행 결과를 보고하는 일이다. 계획했던 내용에 어느 정도 부합하는지 진척상황을 점검하거나 집행결과를 평가하기 위해 주로 활용된다. 대학부서에서 과제를 수행할 때, 대학교수가 학생들과 연구를 진행하거나 특정 연구 주제를 주문했을 때, 또는 특정 기관과 기업의 재정지원이 있을 때, 석・박사학위 장학금을 받았을 때도 연구보고서는 요구된다. 그 외에 기업연구보고서, 간호연구보고서, 사회연구보고서, 역사연구보고서, 과학연구보고서, 미술연구보고서, 초등학교연구보고서, 직업연구보고서, 사례연구보고서, 현장연구보고서 등이 있다.

연구보고서를 작성할 때에는 다음의 기본 원칙을 준수하도록 한다.

① 목적의 분명함(단, 문제의식이 들어간 목적제시)
② 사실 위주의 간결성(간단명료한 문장과 명확한 내용기술)
③ 정보의 포괄성(자료가 충분하고 결정적으로 누락된 내용이 없어야 함)
④ 목차와 항목에 따른 논리적 일관성(근거와 주장에 따른 논리적 내용 배열과 일관된 의미전개)
⑤ 자료의 객관성과 정확성(구체적 통계 숫자와 검증된 도표, 정확한 법령명 및 법조항 표기와 출처 표기)
⑥ 다각적인 분석(충분한 논의 과정을 통해 깊이 있게 분석한 추진배경, 추진근거, 추진 취지, 현황과 실태, 문제점과 대책, 대응방안, 기대활용 방안 등의 기술)
⑦ 연구 보고서를 읽는 사람의 의중 파악(연구의 활용가치와 부가가치, 시간과 인력, 경비에 대한 투자가치 등)

⑧ 존대어가 아닌 평서체 사용('~이다', '~하다'의 표현)
⑨ 수행한 연구 내용이 앞서 계획한 내용과 다른 부분이 있을 때는 타당한 이유와 함께 기술하고, 목적을 미달성했을 경우에는 사유서를 제출하기

연구보고서의 내용전개 순서는 종류에 따라 차이가 있을 수 있으므로 제시된 일정 양식에 맞게 항목에 따라 기술하도록 한다. 연구보고서의 일반적 구성은 다음과 같다.

■ **연구보고서**

1. 표지
2. 목차
3. 요약
4. 서론
5. 본론
6. 결론
7. 참고문헌

작성 시 염두에 두어야 할 사항

표지

표지에는 연구보고서의 제목을 맨 위에 기재하고 그 아래 수행 과제의 이름을 기재한다. 그리고 수신자명, 보고자명(또는 연구책임자 이름), 보고자의 소속과 제출 연월일을 간단한 표 항목에 넣어 명시한다.

목차

목차는 연구보고서의 전체 조직을 보여준다. 주요 내용이 무엇인지를 제목별로 명시해 연구 구성에 대한 빠른 정보를 독자에게 제공하고, 이로써 보고서의 사전 이해를 돕는다. 목차에는 연구보고서의 본문에 들어갈 내용을 제목별로 정리하고 쪽수를 기재한다. 보통 각 장의 큰 제목은 1., 2. 방식로, 절의 소제목은 1.1., 1.2. 방식으로 표기한다. 아니면 I., II./1., 2., /1), 2) 방식으로 표기할 수도 있다. 목차에는 참고문헌 외에도 도표와 그림이 있을 경우, 표 목차와 그림 목차를 기재한다.

요약

요약은 보고서에 들어간 주요 내용과 수행 연구 결과를 압축적으로 기술하는 곳이다. 일반적으로 요약에는 주제의 정당성, 연구 목표, 사용된 방법론, 핵심어 등을 서술하고 명기한다. 하지만 핵심은 실행한 연구 결과를 통해서 발견한 결론과 도달한 성과를 쉽게 전달하는 데 있다. 따라서 현실적 기대효과, 향후 진행 방향에 대한 내용도 요약에 포함된다. 분량은 보통 1매를 넘지 않고 500~1,000자 이내 요약을 요구하는 경우가 많다. 간혹 항목에 따라 2,000자 이내 작성을 요구하는 요약문도 있다.

서론

서론은 보고서의 구도를 명확히 하면서 전달할 내용을 어렵지 않게 안내하는 부분이다. 전체 연구 기획을 정의하고 연구의 이유와 목적(왜)을 분명히 밝혀 연구의 의의를 소개한다. 또한 연구범위를 한정하고 연구대상이 무엇인지를 서론에 확정한다. 만약 종래 있던 연구를 비판하면서 자신의 발전된 연구 방법론(어떻게)을 서론에 개진한다면 독자의 흥미도는 높아진다. 주안점은 서론에 제기한 문제를 연구자가 어떤 방식과 경로로 풀어내는지 이를 간략하게 서술하는 데 있다는 점을 잊지 말자.

본론

본론은 서론에 제기한 문제의 답을 찾아가는 과정으로 이를 체계적으로 제시하는 부분이다. 따라서 본론은 단순 연구 수행의 과정을 보여주는 데 그치지 않는다. 충분한 자료를 바탕으로 분석한 결과를 구분된 근거에 따라 제시함으로써 자신의 주장을 논증해가는 곳이 본론이다. 이때 주요 문제를 부각시킬 수 있는, 쟁점 있는 제목구성과 논리적 전개가 중요하다. 즉 문제의 논리적 난점을 지적하여 사실 및 핵심을 명백히 밝힘으로써 연구 결과를 기술해간다. 이는 본론이 다루고 있는 이야기의 중심을 쉽게 파악하게 하며, 동시에 독자에게 흥미진진한 내용 줄기를 제공한다. 연구보고서에 들어가는 연구자료는 문제에 상응하는 긴밀한 자료여야 한다. 현상을 분석한 내용(1차 해석)이 담겨야 하고, 또 그에 대한 조사 방법과 이유도 부가적으로(2차 논의) 설명되어야 한다. 목적에 적합한 선별된 자료(수치표, 그림, 사진 등)는 비교, 대조를 통해 확연히 알 수 있도록 배열하는데, 여기에는 컴퓨터를 이용한 다양한 통계 기법을 사용하는 것이 효과적이다.

결론

결론은 앞서 논의한 내용을 간추리고 종합하는 부분이다. 독자가 마지막에 연구보고서의 의의를 재인식하도록 목적과 방법을 다시 확인하며 결과를 정리하도록 한다. 그러나 종합된 결과가 함의하는 내용을 좀 더 깊이 있게 다룸으로써 — 단, 앞에 기술한 내용과 무관한 개념이나 화제는 제외 — 최종결론을 도출하는 시도를 한다. 이때 고찰과 해석이 들어가는 결론은 연구가 주는 시사점과 함께 응용방안을 포함한다. 그리고 방법적 한계 때문에 못다 한 부분을 스스로 밝혀 차후(후속) 연구 과제에 대한 모색과 새로운 발전방향을 제안한다.

참고문헌

참고문헌 목록은 연구보고서에서 언급한 문헌을 기록한다. 참고문헌의 정확한 출처표기는 자신을 포함한 다른 연구자들의 지적 재산권을 보호함과 동시에 연구자들의 노고에 대한 인정과 감사의 표시이기도 하다. 구체적 참고문헌의 분류와 배열순서는 학술지 형태를 참고하거나 앞에 기술한 연구계획서 및 제안서 말미의 '참고문헌'을 반영하도록 한다.

실험보고서의 의미와 작성법

실험은 일정 조건하에 특정 가설을 설정한 후, 결과를 미리 생각하고 확인하는 작업이다. 실험보고서는 실험한 사실(즉, 실험노트)에 근거하여 예상 결과와 가설을 검증하고 실험에 있었던 상세한 과정을 기록한 문서다. 실험으로 얻어진 결과분석은 기존의 이론 비교 및 대조를 통하여 이미 있었던 이론을 뒷받침하거나 반증하는 데 사용된다. 또는 새로운 이론과 가설을 정립하는 데 사용된다. 따라서 넓은 의미의 실험보고서는 과학적 문제를 구체적 실험을 통해서 제기하고 해결하는 학술적 의미를 지닌다. 반면 흔히 대학에서 이공계 학생들에게 요구하는 실험보고서는 좁은 의미에 가깝다. 전문분야나 연구기관에서 작성하는 실험보고서는 분명한 학술성과 실용을 목적으로 이루어지지만, 대학과제(소위 리포트) 형태의 실험보고서는 오히려 실험의 기본 형태를 익히는 데 의의가 있다. 탐구의 기본 능력을 탄탄히 하고 과학이라는 학문 활동의 기초를 닦는 데 목표가 있는 것이다. 이는 물론 사회에 나갔을 때 필요한 실험의 기초를 훈련하고 다양한 연구에 활용하기 위한 준비단계이기도 하다.

그러므로 과학적 실험보고서를 쓸 때는 다음과 같은 관점에서 탐구능력을 키우도록 하자.

- 실험하려는 문제가 무엇인지 충분히 이해하고 공부했는가?(실험에서의 정확한 문제 인식)
- 과학적 의문을 해결하기 위한 가설설정이 검증 가능한 형태로 기술되었는가?(실험의 명확한 목적 인식)
- 실험을 설계함에 있어 문제 해결에 필요한 자료와 변인의 통제방안, 실험장치 배치 등이 알맞게 구성되었는가?(실험에 적합한 설계 능력)
- 실험 · 관찰에 있어 오차 없는 측정방법, 실험의 기기나 재료의 안전한 사용법을 알고 있을 뿐만 아니라, 실험절차를 스스로 즉 자율적으로 구성할 수 있는가?(실험의 수행 능력)
- 수집한 자료를 조직화한 도표나 그래프로 나타내며 정확하게 분석하고 추리, 예측하는가?(자료의 해석 능력)
- 실험 자료를 조작하지 않으며, 다른 이의 말과 자기 말을 구분하였는가?

(실험의 정직성)

- 여러 실험 결과를 종합하여 일반적인 결론을 도출할 수 있는가?(결론의 도출능력)
- 가설에 부합하는 결론인지 여부를 판단하고 가설의 타당성 및 실험의 한계성 그리고 다른 실험들과의 차이점 등을 기술하였는가?(결론에 대한 이해와 판단)

실험보고서를 작성할 때 중요한 것은 무엇보다 전공 양식에 맞게 작성하는 일이다. 일반적으로 실험보고서에 해당하는 공통된 체제와 항목을 살펴보자.

■ 실험보고서

1. 서두
   1) 표지
   2) 제목
   3) 차례
   4) 그림 · 표 목록
2. 본문
   1) 서론
   2) 실험 목적
   3) 실험 이론
   4) 실험 장치 및 방법
   5) 실험 결과
   6) 결과 논의 및 고찰
   7) 최종 평가와 결론
3. 마무리
   1) 참고문헌
   2) 부록

작성 시 염두에 두어야 할 사항

표지

표지는 보고서의 맨 앞에 위치한다. 무엇을 실험한 것인지 내용을 압축하여 제목을 상단에 기재한다. 하단에는 과목명, 실험 시간과 장소, 학과, 학번, 실험자 이름, 제출일, 담당 교수 등을 표기해 둔다. 전체적으로 반듯하고 깔끔한 인상을 줄 수 있는 표지를 작성하도록 한다.

서론

서론에서는 보고서의 전체 개요가 한눈에 들어와야 한다. 실험 보고서의 작성 배경과 목적, 가설 및 실험 대상과 범위, 실험방법 등을 간략하게 서술하고 선행 연구를 비롯한 관련 문헌조사를 통하여 실험의 의미와 문제점을 기술한다.

실험 목적

목적에는 무엇을 실험・조사하고 확인하려는지가 구체적으로 나타나야 한다. 목적은 간단명료하게 표현하되, 실험교재에 나와 있는 내용을 참고하여 자신의 개념과 문장으로 재정리하는 방식이 바람직하다.

실험 이론

이론 기술에서는 실험에 관련한 주 이론을 서술하고 그에 담긴 핵심 원리를 짚어낸다. 실험 이론은, 어떤 이론적 배경과 방법 속에 자신의 실험이 근간을 두고 있으며, 또 어떤 실험결과가 이를 바탕으로 타당하게 설명될 수 있는지를 밝히는 중요한 근거가 된다.

실험 장치 및 방법

실험에 필요한 재료와 시약, 장비 및 실험 순서를 자세히 기록함으로써 탐구과정이 잘 드러나는 것이 주요하다. 실험 과정을 찍은 사진이나 사용한 기구 및 조작에 대한 그림을 첨부하는 것이 그에 효율적이다. 특히 실험에 필요한 기구 목록과 실험 장치 및 실험의 일정 조건, 처리 방법, 실험 횟수 등을 정확하게 기재할 필요가 있다. 실험하는 동안 연속해서 바꿀 수 있는 변인과 단계적으로 바꿀 수 있는 변인을 정리해두고, 측정 도구와 측정 범위를 미리 확정해두는 것도 중요하다. 시간대 순으로 또는 실험 순번에 따라 측정할 것과 관찰할 것을 통해 대조구가 있는지도 점검해본다. 동일한 실험을 재차 실행할 경우 각 실험에 있어 개선된 사항을 기록하고, 만약 실험 도중 잘못된 점이 있다면 어떻게 해서 그렇게 된 것인지 세부 과정과 이유를 첨가한다.

실험 결과

탐구결과를 쉽게 알아볼 수 있도록 조사한 내용을 체계적으로 요약한다. 결과는 가능하면 도표와 원형·막대·꺾은 선 그래프, 그림 등의 시각적 자료를 이용해 변화 내용이 무엇인지 논리적으로 확연하게 파악할 수 있도록 한다. 이때 결과자료 제시는, 실험이 어떤 조치과정을 통해 문제에 접근했고 해결해나갔는지를 보여주는 것에 초점을 둔다. 그 과정을 보여주는 방편으로 관찰의 구체적 사항이나 수학·통계의 수 값들을 쉬운 설명과 함께 정리하는 것이 효과적이다. 이는 자료의 정량적 관계를 한눈에 이해시킬 수 있는 이점을 가진다. 단, 실험자는 처음 가설에 맞추어 결과자료를 인위적으로 조작하거나 왜곡해서는 안 된다. 있는 그대로 객관적으로 기록하여 이후 분석을 통한 실험의 의의를 발견하는 것이 실험의 근본 목적이다.

결과 논의 및 고찰

결과 논의(토의)와 고찰은 실험결과를 통해서 어떤 사실에 도달했는지, 즉 무엇을 얻은 것인지에 대해 기술하는 곳이다. 이를 위해서는 처음 실험계획에서부터 결과까지 진행과정을 살피며, 실험의 목적과 가설설정, 결과의 신뢰성을 검토한다. 처음 계획했던 것과 실제 실험에서 달랐던 점은 무엇인지, 변인은 무엇이고 예상결과와 어떤 차이를 보였는지 (또는 없었는지), 오차 발생은 왜 생긴 것인지 실험 이전과 이후를 비교해 실험결과를 어떻게 설명할 것인지 등, 이에 관해 실험참여자들과 함께 논의하고 합리적 해석을 덧붙인다. 더불어 지금까지 수행한 실험의 개선된 점과 독창성, 의문점이나 한계점이 있다면 무엇이고 그 이유는 무엇인지도 언급한다. 이때 또 다른 실험자들의 실험 자료가 있다면 같이 비교하여 참조하는 것이 도움된다. 결과를 논의하는 토의과정과 고찰은 실험의 의미를 비로소 깊이 있게 만들 뿐 아니라, 실험자(들)의 관점에서 결과가 지닌 중요성이 무엇인지, 더 정확한 실험을 위해 보완할 점이 무엇인지를 미리 숙고하게 한다.

최종 평가와 결론

이 항목에는 실험과정의 핵심 내용을 언급하면서 실험으로 얻은 주요 결과와 새로이 알게 된 사실을 간략히 요약한다. 단, 결론을 작성할 때는 본문을 반복하는 식으로 요약하지 않는다. 서론에서 제기한 문제에 대해서 마지막까지 분석한 결과와 사실이 목적에 얼마만큼 부합하는지 전체 내용을 종합하여 명료화하는 것이 관건이다. 특히 실험에서 얻은 결과를 바탕으로 수행한 실험이 이론을 뒷받침하는지, 가설을 타당하게 입증하였는지 평가하고, 앞에 전개한 논의 결과를 참조하여 실험의 장점과 의미를 확인, 관련 문제의 해결방안(대안)과 실험을 통한 새로운 과제를 제안한다.

참고문헌

실험에 있어 참고한 문헌은 그 출처를 정확하게 써놓아야 한다. 이는 다른 연구자들이 후속 연구를 할 때도 매우 큰 도움이 된다. 참고문헌의 의미와 방식은 앞에 기술한 '참고문헌' 항목들을 살펴 기재하도록 한다.

학습활동

다음 글은 실제 수업에서 제출한 실험보고서이다. 이 글을 읽고, 개선할 부분에 대해 논의해 보자.

혼합특성(mixing characteristics)에 대한 실험

1. 실험목적

혼합은 교반과 더불어 하수처리 공정 여러 곳에서 사용되는 중요한 단위 조작이다. 또한 폐수를 처리하는 데 있어 혼합특성은 처리 효율에 많은 영향을 주게 된다.

이번 실험에는 CFSTR에서의 혼합 정도를 알아보는 실험으로 반응조 내의 시약의 농도를 측정하여 그에 맞는 시간과 농도의 그래프를 그려보고 그 그래프와 식을 통하여 혼합특성을 나타내는 지표인 분산, 분산수, 평균체류시간, Morril 지수를 구하고, 반응조의 혼합상태를 판정해보는 것을 목적으로 한다.

2. 실험원리

2.1 기본 원리

(1) 분자의 확산(Molecular Diffusion) : 고요한 물에 물감을 한 방울 떨어뜨리면 시간이 흐름에 따라 점점 색깔이 퍼져나가는 현상을 말하며, 외부의 힘이 가해지지 않는 상태에서 분자들 간의 운동에 의한 자연적인 퍼짐 현상.

(2) 분산(Dispersion) : 외부에서 힘을 가하여 확산의 정도가 커진 상태.

(3) 혼합(Mixing) : 분산이 생기도록 힘을 가하는 동작.

(4) 이상적인 완전혼합(Ideal Complete Mixing) : 분산이 순간적으로 이루어졌을 경우의 혼합

2.2 물감실험(Tracer test, Dye study)

물감실험은 반응조 내의 수리적인 유동 상태를 알기 위해서 실시하는 실험으로 Fluorometer를 가진 자기 기록계를 이용해서 물감의 유출상태를 측정한다.

2.3 사수부(Dead space)

수리학과 혼합특성을 정의하는데 관련된 연구의 목적은 각 단위 공정에서 발생하는 완전혼합, plug flow, dead space의 상대적인 양을 결정하고 실제 결과와 변숫값들을 비교하는 것이다. 실제 system을 분석함에 있어 복잡한 모델을 적용했지만, 보다 간단한 접근법에도 개발되어 이용되었다. 이 접근법에 따라 시스템의 혼합특성을 완전혼합과 비례하여 차이 정도를 결정함으로써 예측할 수 있다. 완전혼합을 제공할 수 있는 두 가지 수리학적 현상은 dead space와 plug flow이다. 이것은 다양한 system에서의 혼합 특성들로 표현되며 다음과 같이 이론적으로 표현된다.

완전혼합인 경우 이론적 체류시간 후의 첨가한 물감의 회수율은 약 63%이다. 체류시간의 분율이 결정되면 나머지가 그때의 dead space의 분율이 된다.

$$회수율(\%) = 100(1-e^{-t/T}) = 100(1-e^{-1.0}) = 63\% \ (t=T)$$

3. 실험기구 및 시약

3.1 실험기구

(1) Reactor(5L Activated sluge reactor)

(2) Shaker

(3) Inflow device and flowrate meter

(4) Spectrophotometer or Fluorescencemeter

(5) Electonic Conductance meter

(6) Recorder

3.2 실험시약

(1) Tracer : NaCl, Inert materials(dyes, fluorescence materials)

▶NaCl용액을 2gCl-/L가 되도록 한다.

NaCl → Na+ + Cl-

58.45 35.45

X 2g

58.45 * 2

$$X = \frac{58.45*2}{35.45} = 3.2976$$

∴ NaCl 3.2976g → 1L water.

▶반응조의 부피가 5L이므로 NaCl량은 16.488g이 소요된다.

(2) Coloring agent : 0.1N NaOH, 0.1N H2SO4, phenolphtalein

① 1N-NaOH

- NaOH 40g을 증류수 1L에 녹인다.

② 1N-H_2SO_4

- 30mL H_2SO_4/L을 증류수에 녹인다.
- conc-H_2SO_4, density : 1.84%, concentration : 96%

$$Normality(conc.H_2SO_4) = \frac{density*\%concentration*1000ml/L}{g\ equivalent\ \ H_2SO_4}$$

$$Normality(conc.H_2SO_4) = \frac{1.84*0.96*1000}{49} = 36N$$

NV = N′V′로부터 36N * V = 1 * 1000

∴ V = 27.8 ≒ 30mL

③ Phenolphthalein(P.P) : 0.5w/v%

- P.P 0.5g + Ethyle alchole(95v/v%) 90mL + 증류수 → 100mL.

(3) Mohr法(高低농도의 시약을 준비한다.)

① Potassium chromate indicator solution (K_2CrO_4)

- 50g K_2CrO_4 + 약간의 증류수 → $AgNO_3$용액을 붉은 색으로 변할 때까지 가함 → 여과 → 12hr 방치 → 1L(증류수)

② Standard silver nitrate titrant(0.0141N $AgNO_3$)

- 2.395g $AgNO_3$ + 증류수 → 1L(갈색병에 보관)

1 : 169.881 = 0.0141 : x　　　　　　x = 2.395g

③ Standard sodium chloride (0.0141N NaCl)

- 824.0mg NaCl(140℃건조) + 증류수 → 1L

1mL NaCl = 500㎍Cl-

▶ 표정 방법

① K_2CrO_4 2~3방울을 20mL 0.0141N-NaCl용액에 가한다.

② 0.0141N-$AgNO_3$용액으로 적갈색으로 변할 때까지 적정한다.

$$f = \frac{0.0141N\ NaCl\ 20mL}{0.0141N\ AgNO_3 mL}$$

1 : 58.443 = 0.0141 : x　　　　　　x = 0.824g

4. 실험방법

4.1. 1단계 - 유출수의 염소이온 농도 측정

(1) 전기전도도법을 위한 검량선을 작성한다.

(2) 가능한 혼합이 늦게 일어나도록 교반기를 설치한다.

(3) 반응조의 물의 유입속도와 부피를 이용하여 이론적인 체류시간을 구한다.

(4) 수온을 측정한다.

(5) 반응조에 Tracer(NaCl)과 착색제(NaOH, P.P)를 동시에 넣는다.

(6) 착색제의 흐름을 관찰한다.

(7) 유출수 시료를 채취한다.

(8) 전기전도도법과 Mohr法(2~5분 간격)으로 농도를 측정한다.
(이론적인 체류시간의 2~3배)

(9) 혼합지표를 산출한다.

▶ 실험 시 주의사항

① 가능한 혼합이 적게 이루어지도록 교반기를 설치한다.

② 유입 유량은 항상 일정하다고 가정한다.

③ pH10 이상이면 Mohr法 실험 시 沮害하므로 pH 상한을 9-10으로 한다.

4.2 2단계 실험

(1) 반응조에 수도수를 채운다.

(2) 반응조에 Tracer(NaCl)착색제(NaOH, P.P)를 동시에 넣는다.

(3) 붉은색이 생기는 혼합상태를 관찰한다.

(4) 붉은색이 사라질 때까지 1N H_2SO_4을 가한다.

(pH가 9-10 이상 유지, pH tape 이용)

(5) 혼합상태를 관찰한다.

(6) 이 실험을 반복하면서 혼합특성과 반응조의 혼합특성을 관찰한다.

5. Flow sheet

5.1 1단계

전기전도도법을 위한 검량선을 작성한다.

▼

가능한 혼합이 늦게 일어나도록 교반기를 설치한다.

▼

반응조의 물의 유입속도와 부피를 이용하여 이론적인 체류시간을 구한다.

▼

수온을 측정한다.

▼

반응조에 Tracer(NaCl)과 착색제(NaOH, P.P)를 동시에 넣는다.

▼

착색제의 흐름을 관찰한다.

▼

유출수 시료를 채취한다.

▼

전기전도도법과 Mohr法(2~5분 간격)으로 농도를 측정한다.
(이론적인 체류시간의 2~3배)

▼

혼합지표를 산출한다.

5.2 2단계 실험

반응조에 수도수를 채운다.

▼

반응조에 Tracer(NaCl)과 착색제(NaOH, P.P)를 동시에 넣는다.

▼

붉은 색이 생기는 혼합상태를 관찰한다.

▼

붉은 색이 사라질 때까지 1N H_2SO_4을 가한다.
(pH가 9~10 이상 유지, pH tape 이용)

▼

혼합상태를 관찰한다.

▼

이 실험을 반복하면서 혼합특성과 반응조의 혼합특성을 관찰한다.

6. 결과 및 고찰

6.1 실험 결과

6.1.1 운전 조건

반응조의 부피(L)	5.3
유입유량(L/min)	0.15
수리학적 체류시간(min)	35
수온(℃)	16

6.1.2 실험 조건

반응기 부피(L)		5.3
유입유량(L/min)		0.15
이론적 체류시간(min)		35
수온(℃)		21
적정에 사용한 시료량(mL)		25
$AgNO_3$	Normality(N)	0.0141
	factor	0.889
	Blank(ml)	1
NaCl 양(g)		17

6.1.3 물감 실험 결과

(생략)

6.2 고찰

6.2.1 물감 실험

반응조 포트들을 파라필름으로 막은 후 수도수를 채우고 산기석에 의해 교반을 실시하였으며, 혼합특성을 자세히 관찰하기 위해 산기량을 줄여 완속교반을 실시하였다. Tracer는 NaCl용액과 착색제로 NaOH, 페놀프탈레인 용액을 이용하였으며 NaOH

의 유입지점은 유입부 쪽을 선택하여 혼합되는 양상을 관찰하였다. 또한, 산기에 의해 완전히 혼합된 후에는 H_2SO_4를 주입하여 색이 사라지는 모습을 관찰하였다.

6.2.2 Morr법

분산은 0.53으로 완전혼합1에는 못 미치는 정도의 혼합특성을 나타내었다. 잘못된 실험 방법으로 인해 측정된 결과값에서 계산된 분산이 오차가 있음은 당연하다 볼 수 있다. 물감실험에서 눈으로 실험한 결과 반응조의 크기도 작고 혼합되는 시간도 짧아 완전혼합에 가깝다고 생각할 수 있었으나 실제 계산된 결과에서는 그렇지 못했다.

분산이라는 것은 평균에서 얼마나 많이 떨어져 있는가에 대한 지표이다. 이 실험에서는 배출되는 염소농도에 대해 다른 농도가 얼마나 많이 떨어져 있는가를 의미한다. 이번 실험에서는 염소농도가 처음에는 급격히 줄어들다 시간이 지날수록 완만하게 줄어드는 실험이었다. 체류시간에 15분을 더하여 실험하였지만 실험시간이 더 길었다면 분산에 영향을 주었을 것이다.

이번 실험은 처음 실험의 실패로 여러 번 수행되었는데 실패의 원인은 시료의 양이 너무 많은 데 있었다. 시료의 양이 너무 많아 적정하는데 소모되는 질산은의 양이 너무 많이 필요했다. 이는 적정을 함에 있어 실험자에 따라 발색이 되지 않는 것으로 생각할 수 있으며 적정하는 질산은의 양이 너무 많아 도중에 실험을 그만두었다. 이번 실험에서 실험 방해 요인으로 수도수 소독에 사용되는 염소를 생각해 볼 수 있으나 이는 미미한 영향을 줄 것으로 판단한다.

7. 참고문헌

(1) 옥치상, 『수질측정 및 수처리』, 실험지구문화사, 1996.

(2) 박찬진, 『환경 단위 조작 실험』, 동화기술, 1997.

3 학술논문

학술논문의 정의와 특징

학술논문은 어떤 주제에 대한 깊이 있는 연구를 통해 얻은 학문적 결과를 많은 사람들에게 알리기 위해 해당 분야의 전문지식과 언어를 동원하여 쓴 글이다. 그 분야에서 상당한 지식을 갖춘 사람을 독자로 하여 새로운 연구 결과를 발표한다는 면에서 통상의 설명문이나 논설문 등과는 다르다. 설명문은 독자에게 특정 문제에 대한 지식을 전달하기 위해 쓰는 글이므로 반드시 필자의 연구 결과일 필요는 없지만, 학술논문은 다른 사람이 과거에 다룬 일이 없는 독창적인 연구 결과이어야 한다. 또한 논설문은 일반 독자를 대상으로 시사적인 문제에 관한 필자의 견해를 밝히고 설득하기 위한 글로서 필자의 주관 또는 감정적 요소도 어느 정도 개입할 수 있는 반면, 학술논문은 일체의 주관과 감정을 배제하고 정확한 논거를 바탕으로 엄밀한 추론의 과정을 거쳐 결론에 도달해야 한다. 따라서 그 구성과 형식에 있어 설명문이나 논설문보다 훨씬 까다롭다. 또한 이미 이루어진 연구 결과를 알고 있어야 새로운 연구가 가능하므로 학술논문은 기존 연구업적을 조사하고 정리하는 준비 과정이 반드시 필요하다.

따라서 학술논문의 특징을 요약하면 다음과 같다.

① 독창적이어야 한다.
② 객관적이어야 한다.
③ 정확해야 한다.
④ 체계적이어야 한다.
⑤ 기존 연구에 대한 조사가 포함되어야 한다.
⑥ 전문가들이 이해하기 쉽게 써야 한다.

학술논문의 체재

1. 서두
   1) 제목
   2) 초록
   3) 주제어

2. 본문
   1) 서론
   2) 재료 및 방법
   3) 실험 과정
   4) 결과
   5) 고찰
   6) 결론

3. 마무리
   1) 감사의 글
   2) 참고문헌
   3) 부록

서두

(1) 제목

제목은 논문의 내용이 무엇인지 한눈에 알 수 있도록 구체적이어야 한다. 제목은 독자의 눈을 사로잡고 논문의 핵심 내용을 빠르게 전달할 수 있어야 한다.

(2) 초록

초록은 논문의 핵심 내용을 간결하게 스케치하는 글이다. 초록은 논제, 실험 방법, 관찰 결과, 관찰의 의미 등을 포함하고 있어야 하며, 연구의 의의에 대해서도 언급하기도 한다. 초록의 특징은 다음과 같다.

① 전문적인 요구를 충족시킬 수 있는 충분한 정보를 포함해야 한다.
② 문장은 간결해야 하고 읽기 쉬워야 한다.
③ 본문에서 논의된 정보만을 포함해야 한다.
④ 논문이 완성된 이후에 작성한다.

(3) 주제어

주제어는 논문에서 사용하는 주요 개념들을 뜻한다. 학문 분야와 학술지에 따라 관행과 규정이 다르지만, 보통 5개 내외로 기재한다. 제목이나 초록과 마찬가지로, 주제어는 논문을 다 읽지 않아도 그 내용과 성격을 미리 이해할 수 있게 해준다. 나아가 최근 학술논문들은 대부분 데이터베이스화되어서 온라인에서 공개되고 있으므로, 주제어는 데이터베이스에서 논문을 쉽게 검색하게 해준다. 따라서 그 논문의 내용과 성격을 온전히 담을 수 있도록 주제어를 신중하게 선정할 필요가 있다.

본문

(1) 서론

서론에서는 자신의 연구 기획을 정의하고, 맥락을 제시하며, 결과를 통해 얻을 수 있는 장점을 설명한다. 논문 주제와 관련된 선행 연구를 요약하여 제시한다.

이러한 서론의 기능은 다음과 같다.

① 독자의 주목을 끈다.
② 독자에게 논문 내용을 적응시킨다.
③ 목적과 목표를 정의한다.
④ 결과와 결론을 요약한다.

따라서 서론은 다음과 같은 기본 요소를 담고 있어야 한다.

① 문제 제기
② 연구의 배경 설명
③ 탐구 사항 및 목표 설정

이러한 기본 요소를 다음과 같은 단계별 내용에 담아낸다.

① 1단계: 연구 분야 설정
② 2단계: 선행 연구 요약
③ 3단계: 연구의 준비 – 기존 연구의 한계, 문제 제기
④ 4단계: 연구의 소개 – 연구 목적과 방법 제시

(2) 재료 및 방법

재료 및 방법 항목은 연구의 과정을 알려주는 부분이다. 이를 제시하는 목적은 다른 연구자도 같은 재료와 방법으로 실험과 계산, 통계적 분석을 수행할 수 있도록 하기 위한 것이다.

재료 및 방법 항목에서는 연구의 시료, 기구, 준비 과정에 대해 상세하게 기술해야 한다. 기본적인 실험 방법 외에도 수학적이거나 통계적인 분석 방법도 포함되어야 한다. 특히 실험 방법의 근거와 재료의 출처를 확인해 주는 것이 중요하다.

(3) 실험 과정

실험 과정은 재료 및 방법 부분에서 설명한 실험 기구, 시료, 방법 등을 이용한 실험 과정이 어떤 식으로 진행되는지 설명하는 부분이다.

논문의 실험 과정은 다른 과학자의 공개적인 검증과 재연의 근거가 되기 때문에 가능한 한 구체적이고 상세하게 써야 한다. 또 재료 및 방법에서 설명되지 않은 것이 갑자기 기술되지 않도록 주의해야 한다.

(4) 결과

결과 부분에서는 실험을 통해서 직접 얻은 결과와 계산을 위한 수치나 도표, 그리고 관찰로부터 도출된 내용만을 기술한다. 결과는 객관적인 관점에서 기술되어야 한다.

결과는 '무엇을 했나'와 '어떤 결과를 얻었는가'를 포함해야 한다. 결과를 작성할 때 고려할 사항은 다음과 같다.

① 결과로부터 명확해진 것은 무엇인가?
② 방법의 한계는 무엇인가?

③ 결과를 통해서 지지하거나 반박할 수 있는 것은 무엇인가?
④ 대안적인 설명에는 어떤 것이 있는가?
⑤ 다른 연구들은 그 주제에 대해서 무엇이라고 말하고 있는가?
⑥ 결과의 전체적이거나 일반적인 중요성 혹은 장점은 무엇인가?

(5) 고찰

고찰은 연구 결과에서 제기한 사실을 설명하고 그 중요성을 평가하며 결과의 의미를 검토하는 것이다. 고찰은 특별한 결과에 대한 진술로 시작되며, 다른 연구의 결과와 비교, 대조하여 서술한다.

① 결과를 실험 전의 예측이나 다른 연구자의 실험 결과와 비교, 대조함으로써 확장할 수 있다.
② 결과의 형식적인 측면에 문제가 없었는지 살피고 다른 결과와 어떤 관계를 맺을 수 있는지 검토하여 앞으로의 연구에 어떤 의미를 제공하는지를 제시한다.
③ 결과에서 얻은 질적인 측면을 평가해 그 적용 가능성을 확장할 수 있다.

(6) 결론

결론에서는 연구를 통해 밝혀낸 사실들을 요약하여 제시하고 그 중요성을 강조한다. 그리고 아직 답을 찾지 못한 문제들을 제시하고 모호한 데이터에 대해 토의하며 앞으로 연구 방향을 제시한다.

마무리

(1) 감사의 글

감사의 글은 해당 연구와 관련하여 개인의 기여나 단체의 지원 등이 있었을 경우, 그것에 대한 감사를 표시하기 위해 붙이는 글이다. 기술적인 도움, 동료들의 조언, 연구비 지원과 기타 사항을 감사의 글에 포함시킨다.

(2) 참고문헌

논문을 작성할 때에는 도움을 받은 문헌에 대해 정확하게 밝혀주어야 한다. 문헌을 인용하는 방법과 표기 형식은 전공과 학술 분야, 학술지에 따라서 다르게 정해져 있기 때문에 투고 규정을 잘 살펴보아야 한다.

참고문헌을 작성할 때는 다음 요령을 따른다.

① 국내 자료, 외국 자료 순으로 열거한다.
② 번역서는 국내 자료로 분류한다.
③ 동양서는 저자명의 가나다순, 서양서는 저자명의 알파벳순으로 열거하되 서양서의 저자는 성, 이름의 순서로 기재한다.
④ 동일 저자의 저작이 여러 개일 경우 연도가 빠른 것부터 기재하며 동일 연도에 발간된 저작이 여럿일 경우 a, b, c나 ㄱ, ㄴ, ㄷ 등을 붙여 순서를 표시한다.
⑤ 쪽수를 표시하지 않는다.(학술지 논문은 쪽수를 표시하기도 한다.)
⑥ 세부적인 학문분야나 학술지가 지정하는 방식을 따른다.

예) 참고문헌

이두갑 (2009), 「생명공학의 등장과 발달에서 지적재산권과 공유지식의 역할」, 과학기술정책연구원, 정책자료 2009-11.

홍성욱 (2002), 「20세기 과학연구의 지형도: 미국의 대학과 기업을 중심으로」, 『한국과학사학회지』, 제24권 2호, pp. 200-237.

Anderson, C. (1991), "S Patent Application Stirs Up Gene Hunters", *Nature*, Vol. 353, p. 485.

__________ (1994), "IH Drops Bid for Gene Patents", *Science*, Vol. 263, pp. 909-910.

Boyle, J. (1996), *Shamans, Software, and Spleens: Law and the Construction of the Information Society*, Cambridge : Harvard University Press.

______ (2008), *The Public Domain: Enclosing the Commons of the Mind*, New Haven : Yale University Press.

Eisenberg, R. (1994), " Technology Policy Perspective on the NIH Gene Patenting Controversy", *University of Pittsburgh Law Review*, Vol. 55, pp. 633-647.

__________ (2001), "Bargaining over the Transfer of Proprietary Research Tools: Is This Market Failing or Emerging?" in Dreyfuss, R., Zimmerman, D.,e and First, H. eds., *Expanding the Boundaries of Intellectual Property: Innovation Policy for the Knowledge Society*, Oxford: Oxford University Press, pp. 223-250.

Heller, M. (1998), "he Tragedy of the Anticommons: Property in the Transition from Marx to Markets", *Harvard Law Review*, Vol. 111, pp. 621-688.

__________ (2010), *The Gridlock Economy: How Too Much Ownership Wrecks Markets, Stops Innovation, and Costs Lives*, New York : Basic Books.

Kevles, D. & Berkowitz, A. (2001), "The Gene Patenting Controversy: A Convergence of Law, Economic Interests, and Ethics", *Brooklyn Law Review*, Vol. 67, pp. 233-248.

Sulston, J. & Ferry, G. (2002), *The Common Thread: A Story of Science, Politics, Ethics, and the Human Genome*, Washington, DC: The Joseph Henry Press.

Teles, S. (2008), *The Rise of the Conservative Legal Movement: The Battle for Control of the Law*, Princeton: Princeton University Press.

(3) 부록

논문의 본문 안에서 포함시킬 수 없었지만 논문의 내용을 한층 깊이 이해하는 데 도움이 될 만한 부분들은 부록으로 달아준다. 예를 들어 샘플 계산, 실험 장비 및 장치 목록, 공식의 유도 과정 등을 부록에 포함시킬 수 있다.

인용과 출처 밝히기

(1) 인용과 출처 표시의 목적

- 독자로 하여금 연구결과물에 대해 신뢰하도록 만든다.
- 독자로 하여금 내가 만든 정보와 타인이 만든 정보를 구분할 수 있게 한다.
- 독자로 하여금 문헌을 정확히 추적하여 더 넓은 맥락에서 연구를 이해하고 후속 연구를 진행할 수 있도록 돕는다.

(2) 인용과 출처 밝히기의 예외

- 상식적이고 일반적인 정보

(3) 인용의 기본 원칙

- 꼭 필요하고 가치 있는 것에 한하여 인용한다.
- 원문 내용의 요지를 왜곡, 곡해하지 않는 방식으로 인용한다.
- 이차자료에서 인용된 것을 재인용한 경우에는 반드시 "재인용"이라고 표시한다.
- 인용출처를 밝혀야 한다.
- 영어 등 외국어로 된 내용을 인용할 때에는 번역한 것을 본문에 넣고 외국어 원문은 주註로 처리한다.

(4) 인용의 종류

- 직접 인용: 타인의 글을 그대로 사용하는 경우이다. 세 줄 정도 이하의 짧은 글을 직접 인용하는 경우는 큰따옴표(" ")를 사용한다. 네 줄 이상의 긴 글을 직접 인용하는 경우는 문단을 바꾸고 인용문의 위아래로 한 줄씩을 띠워 독립된 문단 형태로 삽입하되, 왼쪽 여백을 두고 글자 크기를 달리 한다.
- 간접 인용: 타인의 글을 자신의 표현으로 바꾸어 삽입하는 경우이다. 간접 인용에는 요약과 풀어쓰기 방법이 있다. 요약은 원저자의 생각을 잘 이해한 후 그것을 자신의 표현으로 축약하는 방식이며, 풀어쓰기는 원저자의 글을 잘 이해한 후 자신의 표현으로 새로 제시하는 방식이다. 이때, 단순한 표현 고치기는 표절에 속하므로, 문장의 구조 자체를 완전히 달리하는 방식으로 해야 적절한 간접 인용이라 할 수 있다.

(5) 출처 표기 요령

출처의 서지사항 표시는 국내외 혹은 여러 상황의 출판 관행에 따라 조금씩 다르지만 일반적으로 다음을 따른다.

- 동양서는 겹낫표(『 』)로 서양서는 이탤릭체로 표시한다.

전중환, 『오래된 연장통』, 사이언스 북스, 2010년.
N. Maxwell, *From Knowledge to Wisdom*(Oxford: Basil Blackwell, 1984)

- 동양 논문은 홑낫표(「 」)로 서양 논문은 큰따옴표(" ")로 표시한다.

최 훈, 「비판적 사고의 성향: 그 의미와 수업 방법」, 『철학탐구』 제24집, 2007년.

- 학술논문은 그것이 실린 저서(학술지)의 서지사항(발행기관, 권, 호)과 함께 제시한다.

Johnson, R. H., "The Relation between Formal and Informal Logic", *Argumentation*, V. 13, N. 3., 1999.

- 백과사전/특수 사전의 경우, 항목 저자, 「항목명」, 『사전명』, 출판사, 출판연도 순으로 서지사항을 밝힌다. 외국 사전일 경우 항목 저자, "항목명", 사전명, 출판사, 출판연도 순으로 서지사항을 밝힌다.

Hardin, Russell, "Strategic Interaction", *Encyclopedia of Ethics*, vol. 3, Routledge, 2001.

• 기사의 경우, 「기사제목」, 『신문이름』, 연월일, 면수로 서지정보를 표기한다.

「당신의 눈앞에 붉은 기운이 떠돈다」, 『한겨레신문』, 2015년 1월 10일, 16면.

• 인터넷 기사의 경우에도 같은 방식으로 하되 URL을 병기한다.

「의사들은 병원 안가요. 자연치유력 믿으니까」, 『중앙일보』, 2015년 1월 10일, http://joongang.joins.com/article/025/16902025.html?ctg=1200&cloc=joongang|home|newslist1

• 인터넷 자료의 경우 저자, 자료이름, 기관이름, 사이트명을 순서대로 표시한다.

김수행, 〈석학인문강좌 3기 07강: 자본주의 경제의 공황〉, 한국연구재단, 기초학문자료센터.

• 바로 앞의 자료를 다시 인용하는 경우: 위의 책(혹은 *ibid.*), 인용쪽수.

예시 11) 신동은, 최금진, 임승순(2011). 일본의 기술자교육인정평가의 실제와 문제점에 관한 연구. 공학교육연구, 14(1): 21쪽.
12) 신동은, 최금진, 임승순(2011). 일본의 기술자교육인정평가의 실제와 문제점에 관한 연구. 공학교육연구, 14(1): 24쪽.

해설 주11과 주12는 같은 문헌을 인용하고 있음을 알리고 있다. 주11은 서지사항을 모두 기재하고 주12는 그것을 반복할 필요 없이 *Ibid.*로 표시한다. 혹은 "같은 곳"이라고 표시할 수도 있다.

수정 11) 신동은, 최금진, 임승순, 「일본의 기술자교육인정평가의 실제와 문제점에 관한 연구」, 『공학교육연구』, 14(1), 2011년, 21쪽.
12) *Ibid.*, 24쪽.

• 바로 앞은 아니지만 한번 인용한 적 있는 자료를 다시 인용하는 경우: 저자명, *op. cit.*, 인용쪽수.

예시 23) 김대영 외, 「공학전문가가 인식하는 공학기초능력의 구성요소에 관한 연구」, 『공학교육연구』, 9(2), 2006년, 35쪽.
24) 이윤정, 임성민, 「실험저널쓰기에서 나타난 예비과학교사들의 과학실험에 대한 반성적 사고 분석」, 『한국과학교육학회지』, 31(2), 2011년, 218쪽.
25) 김대영 외, 「공학전문가가 인식하는 공학기초능력의 구성요소에 관한 연구」, 『공학교육연구』, 9(2), 2006년, 40쪽.

해설 주25에 안내된 인용출처의 서지사항은 주23에 나온 인용출처와 같다. 하지만 그 사이에 주24에서 다른 문헌의 서지사항을 안내하고 있으므로, *Ibid.*를 쓰면 안 되고 *op. cit.*를 써야 한다.

수정 23) 김대영 외, 「공학전문가가 인식하는 공학기초능력의 구성요소에 관한 연구」, 『공학교육연구』, 9(2), 2006년, 35쪽.
24) 이윤정, 임성민, 「실험저널쓰기에서 나타난 예비과학교사들의 과학실험에 대한 반성적 사고 분석」, 『한국과학교육학회지』, 31(2), 2011년, 218쪽.
25) 김대영 외, *op. cit.*, 40쪽.

학습활동

다음 글은 실제 강좌에서 제출한 학술논문이다. 이 글에서 개선할 사항을 함께 논의해 보자.

4대강 사업의 홍수 피해 예방 효과 분석 및 올바른 홍수 피해 대안 제시

교 과 목 : ○○○○ ○○○
담당교수 : ○○○ 교수님
학　　과 : ○○대 ○○○학부
학　　번 : ○○○○○○○○○○
이　　름 : ○○○
제출일자 : ○○○○년 ○○월 ○○일

초 록

본 연구는 4대강 사업의 수해예방 효과를 평가하기 위해 홍수 피해액을 기준으로 조사하고, 수해 원인을 면밀히 분석해 홍수 피해 예방이라는 목적에 대한 수단의 적절성을 분석하고, 개선이 필요한 부분에 대한 대안을 제시하는 것을 목적으로 한다.

먼저 이를 연구하기 위해 2003년에서 2008년까지 시, 군을 기본단위로 하여 수해피해액 평균 총액 대비 누적 50%에 이르는 지역들을 선정하였다. 그리고 선정된 지역들이 4대강 사업구간에 포함되는 지역인지 조사하였다. 이를 통해 강원도 산간지방은 홍수 피해 규모가 매우 크고, 피해가 집중됨에도 4대강 사업 구간에 포함되지 않아 이 사업의 지역적 적절성이 떨어짐을 알 수 있었다. 다음으로는 4대강 사업구간에 포함되는 지역에 대해 지역별로 수해피해가 많이 나는 이유를 분석하였다. 선정 지역 중 일부지역은 본류로의 배수불량이 주요 홍수원인이 아니었기 때문에 본류의 정비가 이 지역의 홍수 피해를 줄일 수 있을 것이라 보기 어려웠다. 마지막으로 본류로의 배수불량이 주요 원인인 지역의 경우 본류의 하상 준설과 보의 설치가 이 지역들의 배수불량을 줄일 수 있을지에 대해 분석했다. 여기서는 본류의 수위가 낮아지면 이 지역들의 배수능력이 향상되는지, 본류의 정비로 본류의 홍수위가 낮아질 수 있는지, 낮아진 홍수위가 유지될 수 있는지, 예상되는 다른 부작용은 없는지 등을 분석했다.

이러한 연구 과정을 통해 결론적으로 4대강 사업이 홍수 피해를 예방하는 데 적절하지 못하다는 것과 이에 대한 보완책이 시급하다는 것을 알 수 있었다. 더불어 선정 지역에 대한 해결책이 미비하였기에 홍수예방을 위한 선정 지역의 수해 피해 원인에 대응되는 맞춤형 대안과 미래의 수해 예방 대책을 새롭게 제시했다.

핵심어 : 수해예방, 4대강 사업, 홍수피해액, 본류 정비, 수해 예방 대책

목 차

1. 서 론

4대강 사업은 총사업규모 16조 9천억원(2011년 현재)에 달하는 대규모 토목공사로 한강, 금강, 낙동강, 영산강의 하상을 준설하고 16개의 대형 가동보를 설치하는 것을 주요 내용으로 하고 있다. 이 사업은 수해 예방, 수자원 확보, 수질 개선과 함께 수변 공간 이용, 연계 사업을 통한 지역 발전을 목적으로 진행되고 있다. 이러한 4대강 사업은 현재의 우리 삶에 큰 영향을 미칠 뿐 아니라, 이후 세대에게도 그 영향이 적지 않을 것임이 분명하다. 즉 우리의 주요 삶의 터전인 큰 강 유역에 사업을 벌이는 것은 곧 우리 삶을 뒤바꾸는 것이며, 우리 후손의 미래를 결정하는 것이기에 그 중요성은 두말할 필요도 없을 것이다.

정상적이라면 이런 일은 일정 기간의 검토 과정을 거친 후 국민적 합의를 바탕으로 추진되어야 했다. 그러나 4대강 사업은 불과 4개월짜리 환경영향평가를 거치며, 너무나 성급하게 추진되었다. 이 4대강 사업을 둘러싸고 우리는 심각한 국론 분열로 몸살을 앓아왔다. 정부는 사업의 효과에 대해 부각하며 일방적인 자세로 홍보를 해왔지만, 이는 이 사업에 대한 국민적인 합의를 이끌어 내지 못했고 오히려 혼란만을 야기해왔다. 이러한 난국을 타개해가기 위해서는 대다수 국민이 믿을 수 있는 수준으로 사업의 타당성을 진지하게 토론·검증하여 국민적 합의를 이루는 과정이 반드시 필요하다.

이에 따라 4대강 사업이 내세우는 수자원 확보, 수질개선 등에서 그 필요성에 대한 논의가 끊이지 않고 있다. 그러나 홍수 피해 예방과 관련해서는 그다지 심도 있는 논의가 이루어지지 않고 있으며, 수해 예방에 대한 양쪽의 주장이 완전히 상반됨에도 적절한 합의가 이루어지지 않고 있다. 4대강 사업이 내세우고 있는 5가지의 사업 목적 중 제 1 목적에 해당하는 수해 예방이 이렇게 첨예한 의견 대립 속에서도 마땅한 해결책을 찾지 못하고 있는 현실을 볼 때, 4대강 사업을 둘러싼 국민적 대 합의는 요원하기만 하다.

본 연구에서는 4대강 사업을 통해 수해를 예방할 수 있을지를 지역적 접근 방식을 통해 체계적으로 검증해보았다. 4대강 사업이 홍수예방이 필요한 지역에서 이루어지고 있는가를 우선 살펴보고, 4대강사업이 일어나는 지역의 홍수 원인을 분석한 다음, 이 지역에 본류 중심의 4대강 사업이 적절하였는가를 판단 후, 적절하였다면 과연 홍수를 예방할 수 있는 구체적인 사업방식이 선정되었는가를 살펴볼 것이다. 이러한 접근 방식은 4대강 사업의 지역적 적절성, 수단의 적절성, 수단의 효용성을 검증하는 방식이다. 이를 통해 4대강 사업의 문제점을 밝히는 동시에 문제해결을 위한 대안을 살펴보고자 한다.

2. 본 론

2.1. 홍수 피해 지역과 4대강 사업 구간의 지역적 관련성 검증

2.1.1. 홍수 피해 지역의 선정 및 연구 방법

환자는 몸이 아프면 의사에게로 가서 진단을 받기 마련이다. 병의 원인을 살펴보기 위해 신체 어느 부분에 이상이 있고, 어떤 속사정으로 발병하게 되었는지 알아보게 된다. 이를 4대강 사업의 진단에 적용해 본다면, 어느 지역이 홍수 피해가 극심한지, 홍수피해가 무엇으로부터 비롯되었는지를 확인하는 것에 대응될 것이다. 이러한 점을 체계적으로 검토하고 확인한 후에야 '홍수 피해'라는 병을 치유하기 위한 정부의 처방이 적합했는지를 평가할 수 있을 것이다. 만약 대한민국 신체의 환부가 아닌 곳에 처방을 하였거나, 혹은 환부이지만 적절한 처방을 하지 못하였다면 이 사업은 비난 받아야 마땅하다.

표 1. 2003~2008년 홍수피해액 평균 기준 누적 상위 50% 홍수해지역

지역명	피해액(억원)	피해규모(%)	누적피해규모(%)	4대강 사업구간
평창군	912.6	7.74%	7.74%	
인제군	705.6	5.99%	13.73%	
부산	553.5	4.70%	18.43%	낙동강
강릉시	468.1	3.97%	22.40%	
삼척시	422.3	3.58%	25.98%	
정선군	411.2	3.49%	29.47%	
여수시	354.4	3.01%	32.48%	
정읍시	283.9	2.41%	34.89%	
고창군	263.4	2.23%	37.12%	
양양군	243.5	2.07%	39.19%	
나주시	238.9	2.03%	41.21%	영산강

무주군	229.1	1.94%	43.16%	금강
논산시	228.1	1.94%	45.09%	금강
장수군	222.7	1.89%	46.98%	
청원군	219.5	1.86%	48.85%	금강
대구	195.1	1.66%	50.50%	낙동강

위의 표는 통계청의 2003년에서 2008년까지의 '수해 피해 현황' 통계자료에서 '홍수피해액' 항목의 평균값을 구하고, 이 크기에 따라 홍수 피해 지역을 분류한 자료이다. 이 통계자료는 최근의 자료를 포함하지 못하며 기후 변동적인 요건을 반영하지 못한다는 문제가 있으나, 본 지역에 홍수대비사업의 필요성을 개진하기에 충분하며, 효용성이 있다고 판단되었다.

여기에서 수해피해액 평균 총액 대비 누적 50%에 이르는 지역은 강원도 산간지방과 4대강 인근지역(나주, 무주, 대구, 논산, 청원)임을 확인할 수 있었다. 그리고 이 밖의 지역들은 이들 지역에 비해 홍수 피해액이 매우 미미하고, 지역적으로도 무작위로 산포되어 있어 연구를 통해 유의미한 결과를 이끌어내기 어려울 것으로 판단하였고, 논의 대상에서 제외하였다. 앞으로는 이러한 방법을 선정한, 홍수 피해가 집중적으로 일어났던 상위 50% 지역들을 범주화하여 홍수 피해의 원인과 4대강 사업과의 관련성을 기준으로 살펴보도록 하겠다. 이를 통해 4대강 사업의 실효성을 분석하고, 예상되는 문제점이나 부작용은 없는지를 체계적으로 검토해나갈 것이다.

2.1.2. 홍수 피해지역과 4대강 사업 구간의 지역적 불일치성

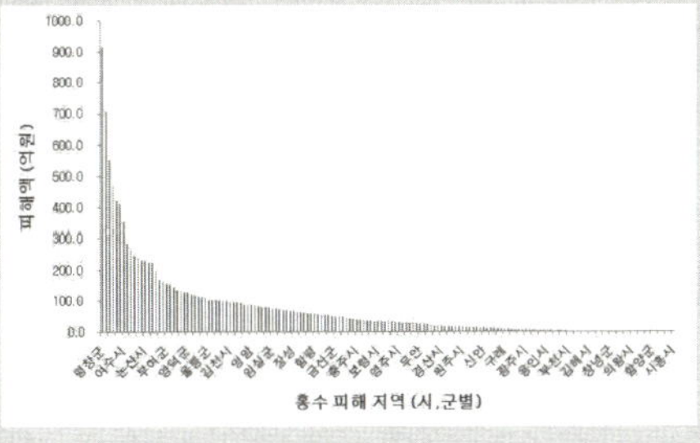

그림 1. 홍수 피해 지역의 선정(홍수 피해액 기준, 2003 ~ 2008)[1)]

1) 홍수 피해 지역의 선정(홍수 피해액 기준, 2003~2008)

위 그래프를 살펴보면 전국적으로 홍수 피해는 홍수 피해액 기준 상위 50%의 지역에 집중되어 발생하고 있는 것을 파악할 수 있다. 특히 평창군(912.6억), 인제군(705.6억), 강릉시(468.1억), 삼척시(422.3억) 등의 강원도 지역에서 대부분의 홍수 피해가 집중되고 있다. 한편 이 지역들 중 4대강 사업 구간에 포함되는 지역은 나주시(영산강 유역, 238.9억), 무주군(금강유역, 229.1억), 논산시(금강유역, 228.1억), 청원군(금강유역, 219.5억), 대구광역시(낙동강유역, 195.1억), 부산광역시(낙동강유역, 553.5억) 정도로, 4대강 유역이 그다지 많이 포함되어 있지 않음을 알 수 있다.

2.1.3. 4대강 사업구간에서 발생한 홍수 피해의 주요 원인 분석

강원도 산간지역 이외의 홍수대비가 필요한 지역으로 확인된 곳은 논산, 무주, 대구, 나주, 청원 지역이다. 이 지역은 4대강 사업 권역에 해당하며 4대강 사업의 필요성을 지지해 줄 수 있는 지역이지만 만약 수해 피해의 원인이 본류로의 배수문제와 거리가 멀다면 4대강 사업과도 무관하다고 볼 수 있을 것이다. 따라서 여기 다섯 지역의 홍수 피해 원인을 알아볼 필요가 있다. 따라서 아래부터는 각 지역별로 홍수 피해 현황을 조사하고 홍수 피해 원인을 분석한 후, 본류 정비와 같은 4대강 사업의 필요성을 판단하였다.

[중략]

3. 결 론

본 연구에서는 홍수 피해를 예방하기 위해 도입된 4대강 사업의 적절성에 대해 검증하기 위해, 홍수 피해액을 기준으로 나눈 피해 지역에 대한 4대강 사업의 실효성을 분석했다. 이를 위해 2003년부터 2008년까지 시, 군을 기본단위로 하여 수해피해액이 가장 많은 상위 50% 지역을 선정하였으며 이들 지역들에 대하여 각각의 피해 원인과 특성을 분석하였다.

먼저 홍수 피해지역과 4대강 사업구간은 대체로 일치하지 않으며, 홍수 피해가 매우 집약적으로 발생하고 있음을 알 수 있었다. 특히 강원지역은 4대강 사업구간에 포함되지 않았지만, 전국적으로 홍수 피해 규모가 압도적이었다. 그러나 이들 지역은 수해 예방 정책에서 밀려나 있어 적극적인 투자가 이루어지지 않고 있었다. 수해 예방이라는 목적을 달성하기 위해서는 수해 피해가 큰 이들 지역부터 수해를 예방할 수 있는 적극적인 대비책이 수립되어야 한다.

다음은 4대강 사업 구간이더라도 피해 원인이 본류 정비와 큰 관련이 없는 지역으로, 이들 지역의 홍수 피해 원인 및 특성을 고려하지 않고 일률적으로 하상을 준설하고 보를 짓는 4대강 사업은 치수에 관한 부족한 검토에서 비롯된 대책으로 평가된다. 이들 지역에는 홍수 원인에 따른 지역별 맞춤형 대안이 필요하다는 것을 알 수 있었고, 이를 살펴보았다.

마지막으로 4대강 사업 권역에 해당되면서 수해 피해의 주원인이 본류로의 배수 문제인 지역을 살펴보았다. 이 지역들은 4대강 사업을 통한 본류 정비가 배수를 도울 수 있다면 홍수 피해가 해소될 수 있는 지역이다. 그러나 4대강 사업을 통해 실질적으로 하상을 준설하더라도 보 건설로 인하여 통수 단면이 넓어지는 효과는 미미하며 재퇴적의 가능성도 있다. 게다가 본류가 역류하게 되거나 역행침식이 일어나게 되면 오히려 홍수 피해가 커질 수도 있다. 따라서 본류에 대한 효과 없는 정비를 할 것이 아니라 지류지역 및 지방 소하천의 관점에서 대안이 강구되어야 함을 살펴보았다.

4대강 사업은 홍수 예방을 사업의 결과로 보아 국토세간을 마구잡이로 파헤치고 있지만, 실제로는 제 1목적으로 내세우는 홍수 예방 기능마저 미미한 사업이다. 지금까지의 치수 정책은 대체적으로 인공적인 구조물 설치 및 제방 위주의 하천정비에 의존하는 경향이 있었고, 이는 4대강 사업에서 가장 극명하게 드러나고 있다. 이제는 4대강 사업에 대한 전면적인 재검토와 함께 장기적이면서 효과적으로 수해를 예방할 수 있는 치수 대책을 수립하는 자세가 필요하다. 이를 위해서는 과거 선진국들이 저질렀던 하천 관리의 과오를 답습하는 것이 아니라, 하천 공간을 최대한 원래의 하천에게 돌려주고 자연과 공존하는 국토관리의 철학을 확립해나가야 할 것이다.

4. 참고자료

국립방재연구소, 『2002 호우피해 현장조사 보고서』, 국립방재연구소, 2002.

김수전 외 2명, 『8월 집중호우 피해조사 보고 : 전라북도 지역』, 국립방재연구소, 2005.

김지성 외 3명, 『동역학적 수치모형을 이용한 합류부 홍수위 분석』, 대한토목학회논문집, 제29권 제5호, 2009.

김혜주, 『라인강 상류의 홍수방어와 생태계복원 전략』, 한국수자원학회지: 물과 미래, 제42권 제1호, 2009.

"뿌리 얕은 나무가 산사태 불렀다", 노컷뉴스, 2005-08-09, 2005-08-09,http://news.naver.com/main/read.nhn?mode=LSD&mid=sec&sid1=102&oid=079&aid=0000049463

소방방재청, 『상습수해지역 해소대책 방안 연구』, 국립방재연구소, 2005.

양현모 외 3명, 『본류의 배수영향을 받는 지류하천의 수리특성 검토 - 낙동강 토평천을 중심으로』, 대한토목학회, 2004.

이만석 외 3명, 『노면배수 취약구간의 수리 · 수문 원인 분석』, 한국도로학회, 2011.

이원환, 『한국홍수특성을 고려한 내배수 처리기법』, 대한토목학회, 1991.

전도석 외 4명, 『합류부에서 도류제에 의한 지류하천의 배수효과』, 대한토목학회, 2004.

전인구, "강원(인제) 지역의 수해 피해 원인 및 대책방안", 한국관개배수 제13권 제2호, 2006.

한국건설기술연구원, 『금강유역종합치수계획 요약보고서』, 국토해양부, 2008.

한국건설기술연구원, 『영산강유역종합치수계획 보고서』, 국토해양부; 익산지부국토관리청, 2005.

홍지혜 외 1명, "홍수피해에 따른 지역적 취약성 변화 분석", 환경정책연구, 2006.

4 과학기술 에세이

과학기술 에세이의 정의

과학기술 에세이는 과학기술 분야의 내용을 화제로 하여 쓰는 에세이이다. 에세이는 글쓴이의 생각을 비교적 자유로운 형식으로 드러내는 글이므로, 과학기술 에세이도 과학기술과 관련된 글쓴이의 생각을 비교적 자유로운 형식으로 드러내는 글이다.

과학기술 에세이는 과학기술 전문가들만이 이해할 수 있는 전문적이고 기술적인 서술보다는 폭넓은 독자층이 이해할 수 있는 묘사와 설명 위주로 쓰는 것이 좋다. 또한 비교적 자유로운 형식으로 쓰는 글이라고 해도 과학기술 에세이에는 과학기술과 관련한 글쓴이의 전문적이고 정확한 지식과 주체적이고 독창적인 시각이 일관성 있게 나타나야 한다.

과학기술 에세이 작성 요령

과학기술 에세이를 쓸 때는 I-3 '글의 구성'에서 설명한 글쓰기의 일반적 과정을 따르면서도 다음과 같은 사항들을 고려해야 한다.

계획하기

(1) 독자와 목적

① 과학기술 전공자뿐만 아니라 과학기술에 문외한인 일반인들도 모두 이 글의 독자에 포함됨을 염두에 두어야 한다.

② 정확한 과학기술 지식을 쉽고 흥미롭게 전달하도록 유의하면서 에세이를 작성한다.

(2) 주제 선정과 내용 생성

① 가령 과학기술이 가져올 인간 사회의 변화, 그리고 이와 관련된 여러 가지 윤리적 쟁점을 주제로 선택했다면, 구체적인 내용을 생성하기 위해서 브레인스토밍을 한다.

② 브레인스토밍 내용을 범주별로 분류하고 구체화하면서 화제를 좁혀 나간다.

③ 주제와 관련된 다양한 자료를 찾아 읽고 자신의 견해를 정리하여 주제를 선정한다.

(3) 개요 작성

① 생성한 내용을 조직하여 개요를 작성한다.

② 1차로 작성한 개요에 대해 스스로 점검하거나 소집단의 동료들끼리 평가한다.

초고 쓰기

앞에서 작성한 개요를 가지고 다음의 절차에 따라 과학기술

에세이의 초고를 완성한다.

(1) 단락 구성과 논거 제시

① 하나의 단락은 하나의 소주제문과 여러 개의 뒷받침 문장으로 구성된다. 전문적인 과학기술 지식을 이해하기 쉽게 제시하기 위해서는, 뒷받침 문장들을 설득력 있게 서술해야 한다. 이를 위해 정의, 예시, 분석, 비교, 대조, 인용, 비유, 인과, 분류 등 효과적인 서술 방식을 선택한다.

② 일반적으로 한 편의 글은 세 개 이상의 단락으로 구성한다. 앞 단계에서 작성한 개요와 자료를 가지고 일관적이고 논리적인 흐름을 유지하도록 초고를 작성한다. 과학기술을 주제로 하는 과학기술 에세이는 특히 일관성과 논리성이 중요하다.

③ 내용 중에서 사실과 의견을 구별하고, 여러 가지 사실과 통계 자료 등을 논거로 제시한다.

(2) 도입부와 마무리 쓰기

① 과학기술과 관련된 지식이나 주장을 알기 쉽고 설득력 있게 제시하기 위해서는, 경험적 일화, 시사적인 사실, 유명한 명제의 제시, 문제 제시 등의 방법을 사용하여 효과적으로 도입부를 쓰는 것이 좋다.

② 마무리는 도입부의 문제제기에 대한 해결로 마무리하고, 본문의 핵심 내용을 정리하는 동시에 기대되는 결과를 예측하거나 남는 문제를 전망한다.

(3) 초고 완성과 제목 달기

① 글 전체의 논리성과 일관성, 단락 내의 연결성 등을 고려하면서 초고 전체를 완성한다.

② 글의 내용이나 주제를 핵심적으로 나타내고 독자의 흥미를 끌 수 있도록 글의 제목이나 부제를 완성한다.

고쳐 쓰기

(1) 글 전체의 수정

① 글 전체의 차원에서 주제의 명확성과 타당성, 내용의 조직이나 단락 배열 등을 점검한다.

② 점검사항은 다음과 같다.

㉠ 주제가 타당하고 명확하게 표현되었는가?

㉡ 글의 논리적 흐름이 일관성 있게 나타났는가?

㉢ 글 전체의 내용이 통일성 있게 구성되었는가?

(2) 단락의 논리 점검 및 수정

① 단락 차원에서 소주제문의 명확성, 뒷받침 문장들의 논리적인 배열, 단락 내에서의 일관성 등을 점검하고 다듬는다.

② 점검사항은 다음과 같다.

㉠ 단락마다 소주제문이 명확하게 나타나 있는가?

㉡ 뒷받침 문장이 타당하고 논리적으로 서술되었는가?

㉢ 소주제문과 관련이 없는 불필요한 문장은 없는가?

(3) 문장의 정확성 점검 및 수정

① 문장 차원에서 의미가 명확하고 문법과 어문규범에 맞게 문장을 썼는지 점검하고 다듬는다.

② 점검사항은 다음과 같다.

㉠ 장황하고 복잡하여 의미 파악이 어렵지 않은가?

㉡ 문법에 어긋난 문장은 없는가?

㉢ 중의적이고 모호한 문장은 없는가?

㉣ 어문규범에 맞게 표기하였는가?

학습활동

다음 글은 실제 강좌에서 제출한 에세이이다. 이 글을 평가하고 개선할 사항이 있는지 함께 논의해 보자.

나의 플러스(+), 전자

"하루 동안 태양은 동쪽에서 떠서 서쪽으로 집니다. 이를 태양의 일주운동이라고 합니다. 지구가 서에서 동으로 자전하기 때문에 태양은 동쪽에서 뜹니다." 이는 고등학교 1학년 과학에서 해의 운동을 설명한 것의 일부분이다. 맞는 말이라고 생각하는가? 정답부터 말하자면 '틀린 말은 아니다.' 하지만 계속 언급된 동쪽이란 무엇인가? 우린 이것을 훨씬 어릴 적에 배웠다.

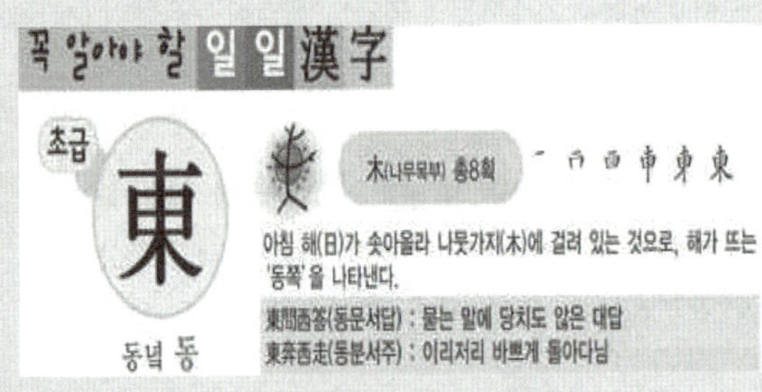

그림 1. '동녘 동'의 형성

〈그림 1〉은 초등학교 초급 한자의 내용이다. 이처럼 '동'이란 해가 뜨는 것을 보고 형성된 말이다. 그렇다, 우리는 초등학생 때 '동'이라는 말의 기원을 배웠다. 즉, '해가 뜨는 방향이 동쪽'이라기보다는 '동쪽이 해가 뜨는 방향'인 것이다! 해로 인해 동쪽이란 개념이 생겼지만, 우리는 해의 운동을 동쪽을 기준으로 설명한다. 어떤 것을 자세히 설명할 때는, 기준을 먼저 정하고 그 기준에 따라 설명하는 것이 간편하기 때문이다.

기준이란 것이 설명하는 데에 꼭 필요한 건 맞지만, 가상의 기준에 맞추느라 실제 현상을 설명하는 것이 복잡해진다면 기준을 바꾸는 게 좋다. '동'의 예시는 사실 문제가 없다. 해의 존재를 알고 있는 사람들이 만든 기준이기 때문이다. 그런데 '진짜로 존재하는 것'이 무엇인지 모르는 상태로 기준을 세운다면 어떻게 될까? 그것을 발견한 후에 이전의 기준에 따라 설명하는 것이 복잡할 가능성이 당연히 있다.

그 예시 중의 하나가 '전자'이다. 다시 고등학교 1학년 과학 수준에서 살펴보자. "전류는 (+)극에서 (-)극으로 흐르고, 전자는 그 반대방향으로 흐른다. 전자는 음(-)전하를 띠는 입자이다." 전자로 인해 생겨난 것이 전기인데 전자의 방향을 전기의 흐름의 반대

방향으로 설명하고 있다. 그리고 결국에 전자는 음(-)의 성질을 가지는 입자로 정의되고 말았다! 그리고 이 때문에 전자와 반대되는 가상의 개념들이 생겨났고 그것들이 (+)의 이름을 가져가게 되었다. 가슴 아픈 일이 아닐 수 없다.

대체 누가 전자에게 '영원한 (-)'란 슬픈 운명을 지운 것인지 알아보도록 하자. 처음으로 전기를 처음 발견하던 시절부터 살펴보자. 기원전 600년경 탈레스가 문지른 호박琥珀이 머리카락 등을 끌어당기는 현상을 보고 호박(그리스어로 elektron)의 이름을 따 이 현상을 기록하였다. 이 현상은 정전기이다. 탈레스는 잘못이 없다. 이제 다음으로 쭉 넘어가서, 1730년경 뒤페라는 프랑스의 과학자가, 전기에는 두 가지가 존재한다, 즉, 호박과 비슷한 것(수지성 물질)과 유리와 비슷한 것(유리질 물질)이 다른 종류의 전기를 띤다는 것을 발견했다. 조금 불안하지만 뒤페에게도 잘못은 없다.

얼마 뒤 미국의 벤자민 프랭클린이 비슷한 실험을 했다. 여러 가지 물체들을 서로 문질러서 전기의 종류와 강한 정도를 순서대로 세웠다. 그리고 프랭클린은 수지성 물질 쪽에 (-), 유리질 물질 쪽에 (+)라고 이름을 붙였다. 이 (+)(-) 개념이 정전기에서 뿐만 아니라 전기 분야 전반으로 개념이 확장되었다. 사람들은 정체불명의 어떤 것(전류)이 (+)에서 (-)로 흐른다고 생각하였다. 훗날 전기현상에서 무엇인가가 실제로 나오는 쪽은 음극, 즉 (-)쪽으로부터 라는 것이 밝혀졌고, 1897년 톰슨의 음극선 실험(진공관의 음극에서 나오는 것이 무엇인지 밝힌 실험)에 의해 그 무엇인가가 (-)전하를 띤 질량을 가진 입자라는 것이 밝혀졌다. 이것이 전자이다. 결국 전자의 슬픈 운명을 결정한 건 프랭클린이었다. 프랭클린이 유리보다 호박을 더 좋아했다면 전자가 (+)가 될 수 있었을까?

전자가 (-)인 것이 어디가 슬프냐고 묻는 사람이 있을 것이다. 익숙하기 때문에 오히려 좋다는 사람도 있을 수도 있다. 전자가 발견되던 당시까지 전기에 관한 모든 이론들과 공식들은 전류라는 가상의 개념을 (+)로 기준을 세워 연구되어왔다. 그래서 그 익숙함, 그 관행 때문에 기준을 반대로 바꾸려 하지 않았다. 하지만 그로 인해 발생한 문제들도 있다. 그 예로 전자가 포함된 과목을 공부할 때, 전자의 증가에는 (-), 감소에는 (+)를 생각하는 것은 개념을 익힐 때나 문제를 풀 때 불편하다. 또, 극도로 작은 환경에서 전기 현상을 분석할 때는 전자의 실제 방향을 고려해야하는데 그때 현재의 기준을 사용하여 복잡해지는 경우도 있다. 나는 전자가 (-)인 현재 여러 과학이론들을 접할 때 첫 단추를 잘못 채운 채 그대로 입고 다니는 사람을 보는 것 같은 기분이다.

그래서 한번 그 첫 단추를 제대로 채워보고자 한다. 또 그렇게 하면 무엇이 어떻게 달라지는지를 설명해 보고자 한다.

프랭클린은 호박의 영롱한 노란 빛깔을 좋아했고 그것은 그의 연구결과에도 영향을 미쳤다. 전기의 종류를 분류한 그의 실험에서 호박에게 (+)전기라는 이름을 붙여주었다. 백년이 넘는 시간이 흘렀다. 톰슨은 진공관에 전류를 흘려보내주었을 때 진공관의 양(+)극에서 나오는 것이 무엇인지 궁금해 했다. 그 후 그 유명한 톰슨의 양극선 실험을 통해 진공관의 양극에서 나오는 것이 (+)전하를 띠고 질량을 가진 입자임을 알아내었다. 이 입자가 전자이다.

이제 무엇이 어떻게 달라지는지 살펴보자.

표 1. 전자가 양전하를 띨 때 바뀌는 예

변경 전	변경 후
전류는 (+)극에서 (-)극으로 흐르고, 전자는 그 **반대** 방향으로 흐른다.	전류는 전자의 흐름을 뜻하며 그 방향은 (+)에서 (-)이다.
원자는 원자핵과 전자로 이루어져 있으며, 원자핵은 중성자와 양성자로 이루어져 있다. 전자의 전하량을 -1이라 하면, 중성자의 전하량은 0, 양성자의 전하량은 +1이다.	원자는 원자핵과 전자로 이루어져 있으며, 원자핵은 중성자와 음성자로 이루어져 있다. 전자의 전하량을 +1이라 하면, 중성자의 전하량은 0, 음성자의 전하량은 -1이다.
반도체 물질에서는 전자가 원자에서 벗어나면 전자가 있던 자리에 **빈 공간**이 생기는데, 이를 **양**공이라고 한다.	반도체 물질에서는 전자가 원자에서 벗어나면 전자가 있던 자리에 빈 공간이 생기는데, 이를 음공이라고 한다.
$Na - e^{-} = Na^{+}$ Na 원자가 전자를 **잃으면** Na **양**이온이 된다.	$Na - e = Na^{-}$, Na 원자가 전자를 잃으면 Na 음이온이 된다.
중성상태와 비교하여, 전자가 **많으면** **음**전하(negative charge)를 띤다고 하며, 전자가 **적으면** **양**전하(positive charge)를 띤다고 한다.	중성상태와 비교하여, 전자가 많으면 양전하(positive charge)를 띤다고 하며, 전자가 적으면 음전하(negative charge)를 띤다고 한다.

변경 전 항목에는 굵은 글씨로 표시한 조금 불편한 부분들이 있다. 명칭이나 기호의 변경으로 이러한 불편한 점들은 해소되었다. 그리고 기본 개념에는 아무런 영향을 주지 않았다. 만약 처음부터 변경 후와 같았더라면 변경 전에 비해 불편한 점이 없기 때문에 나는 반대로 바꾸려고 하지 않았을 것이다.

기준이 바뀌면 어땠을지 살펴봤으니, 이제 기준을 바꾸는 건 어떨지 살펴볼 차례이다.

관행 때문에 기준을 바꾸려고 하지 않는다고 했는데 항상 그럴까? 여기 국제적인 기준이 바뀐 예가 있다. 온도를 나타내는 단위에는 여러 가지가 있다. 섭씨(℃), 화씨(°F) 그리고 켈빈(K)이 있다. 섭씨는 물의 어는점을 0도, 끓는점을 100도로 정하고 그 사이를 100등분한 간격을 1도로 한 온도단위이고, 화씨는 물의 어는점을 32도, 끓는점을 212도로 정하고 그 사이를 180등분한 간격을 1도로 한 온도단위이다. 섭씨와 화씨는 (나라에 따라서) 여러 연구를 할 때 기준이 되었다. 그 후 켈빈이 모든 분자운동이 정지되는 온도인 절대영도(섭씨로 -273.15도)를 0도로 하고 섭씨의 1도 간격을 따온 새로운 온도 기준, 절대온도(K, 이하 켈빈)를 제안했다. 물이라는 한 가지 물질만을 보고 만든 이전의 두 기준과는 다르게, 모든 물질들을 고려한 기준이다. 1954년 SI단위(국제표준단위계)의 온도 부문에 켈빈이 선정되었고, 1960년 SI단위가 국제적인 기준이 되었다.

현재는 일상생활을 설명할 때는 섭씨나 화씨가 사용되고, 일반적인 실험을 할 때는 섭씨가 많이 사용되고, 극저온의 환경이나 분자의 운동 등을 다룰 때는 켈빈이 사용된다. 즉, 병용되고 있다. 켈빈이 일상적인 현상을 직관적으로 느끼게 하기엔 숫자가 너무 커서(얼음의 녹는점은 273.15K) 지금은 일상생활에 잘 사용되지 않는 기준이다. 하지만 국제적인 기준이 된 만큼 미래에는 일상생활에서까지 쓰게 될 지도 모른다.

전자는 전자의 존재를 모르던 과거의 사람들이 세운 기준 때문에 우연히 (-)의 전하를 띠게 되었다. 이로 인해 작은 불편들이 발생하기도 한다. 하지만 관용적인 기준을 계속 사용하고 있다. 그래서 나는 전자를 (+)로 하는 기준을 조금 적용시켜보았고 몇몇 불편한 점들이 해소되었다. 하지만 기준을 바꾸고 적용시키는 건 큰일이다. 온도 단위의 예로 새로운 기준을 도입하는 일이 가능함을 보았다. 하지만 전자의 전하 표기에 관한 것은 온도 단위처럼 병용할 수 있는 문제가 아니다. 그래서 나는 전자의 전하를 (+)로 표기하는 것을 단일 기준으로 정하자고 주장한다. 어떤 일에서든 항상 첫 단추를 제대로 채울 수는 없다. 하지만 단추가 잘못 채워진 걸 알아채고 다시 채우는 것은 할 수 있다. '지금까지 이래왔으니까.', '지금 당장은 문제없잖아.' '굳이 바꾸는 건 귀찮은데.' 같은 생각 때문에 빨리 바로잡지 못 한다면 언젠간 큰 문제가 될 수 있다. 어떤 일에서든지 잘못된 걸 인식했을 때, 혹은 불편한 걸 인식했을 때 바로 바로잡을 수 있어야 한다.

Ⅳ. 과학기술 글쓰기의 실제

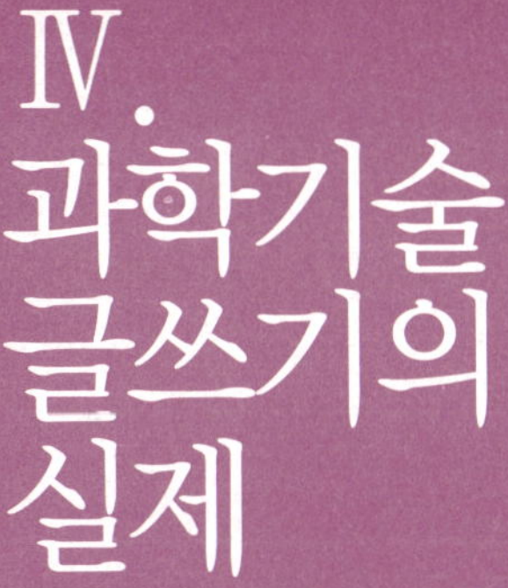

"애당초 글을 쓰지 않고 살 수 있으면 좋겠지만 꼭 써야 한다면 무조건 써라. 재미없고, 골치 아프고, 아무도 읽어 주지 않아도 그래도 써라. 전혀 희망은 보이지 않고, 남들은 다 온다는 그 '영감'이라는 것이 오지 않아도 그래도 써라. 기분이 좋든 나쁘든 책상에 가서 그 얼음같이 냉혹한 백지의 도전을 받아들여라"

– 장영희, 「백지의 도전」

1 과학의 본질

현대인은 인간의 다양한 지적 활동 중에서 과학을 가장 객관적이며 합리적으로 보는 경향이 있다. 이러한 낙관적 신뢰는 지금까지 과학과 기술이 매우 성공적으로 이루어져 왔으며 인류에게 커다란 이익을 주었기 때문에 생겨났다. 그러나 다른 한편 현대사회에서 과학기술은 환경 문제, 핵무기 문제, 생명공학 문제 등 여러 분야에서 커다란 문제들을 던져주고 있다. 그래서 과학기술에 대한 회의론도 만만치 않은 실정이다. 이러한 과학기술에 대한 낙관론과 회의론이라는 문제를 살펴보기 위해서는 우리는 우선 과학이란 대체 무엇인가를 물어야 할 것이다. 이것은 과학의 본질에 대한 물음이다.

우리가 과학을 통해 얻고자 하는 것은 물론 지식이다. 그러나 점쟁이 역시 우리에게 지식을 전달한다고 주장한다. 그렇다면 과학적 지식은 점쟁이의 지식과 어떻게 다른가? 점쟁이의 지식과 달리 과학적 지식은 과학적 방법을 통해 발견되고 정당화되는 지식이라는 점이 그 차이이다. 그러나 그렇다면 과학적 방법이란 무엇인가라는 물음이 다시 제기된다.

1. 다음은 이상욱의 「침대, 해왕성, X-레이, 연주시차: 과학철학 첫걸음」 중 일부이다. 이 글에서는 과학적 방법의 주요 요소인 이론과 관찰의 관계에 대한 전통적 견해를 의문시하고 있다. 이 글의 논지를 요약하고 평가해 보자.

다음과 같은 상황을 상상해 보자. 건강검진 후에 담당의사가 내 X-레이 사진의 어느 부분을 가리키면서 "여기 이거 보이시죠? 여기 종양이 생겼지만 양성인 것 같습니다. 하지만 이 대장 근처의 혹은 조금 수상합니다. 정밀 진단을 받아보셔야 할 것 같습니다." 용기를 내서 질문해 본다. "저기, 여기 하얗게 보이는 부분은 괜찮은가요?" 의사가 대수롭지 않게 대답한다. "아, 그거요? 그건 원래 그렇게 나와요. 신경 쓰지 않으셔도 됩니다."

위 이야기에서 과학철학적으로 중요한 점은 전문적인 훈련을 받지 않은 내가 아무리 들여다보아도 '신경 쓰지 않아도 되는' 부분과 '양성 종양처럼 보이는 부분'과 '조금 수상한 부분'은 전혀 구별이 되질 않는다는 사실이다. 물론 내가 장님은 아닌 이상 검은 색 바탕에서 희끄무레한 형태를 구별해낼 수도 있고 어림짐작으로 폐와 갈비뼈 정도는 알아볼 수 있다. 하지만 담당의사의 확신에 찬 진단은 내게는 '관찰'의 영역을 훨씬 넘어서 있다.

물론 상황은 뒤바뀔 수 있다. 나는 입자물리학자일 수 있다. 이 경우 소립자 실험사진에서 기껏해야 예쁜 모양으로 우아하게 휘어진 여러 나선 형태만을 볼 수 있는 내 담당의사와는 달리 나는 각각의 형태에 대응하는 소립자의 종류와 그들 사이의 상호작용 그리고 그로부터 유추할 수 있는 중요한 실험적 함축을 '볼' 수 있을 것이다. 나도 담당의사도 상대방의 '관찰' 영역에 들어오지 않은 능력을 얻기 위해 상당 기간 동안 '훈련'을 했어야 했다. 이렇게 그냥 '보는 것'과 '특정 과학적 방식으로 보는 것' 사이에는 중요한 차이가 있다. 이 점이 '관찰의 이론적재성theory-ladenness of observation'의 핵심이다.

조금만 생각해보면 과학연구의 대부분이 우리의 오감을 특정한 방식으로 훈련시킴으로써만 가능하다는 점을 알 수 있다. 미생물학자는 꼬물꼬물 반점들 사이에서 먼지와 원생동물을 구별해내고, 고생물학자는 돌에 새겨진 흔적에서 오래 전에 살았던 생물들을 판별해낸다. 과학자들은 어떻게 이런 일들을 할 수 있을까? 그것은 그들이 훈련이나 연구과정에서 기존에 받아들여지고 있는 여러 사실이나 이론의 도움을 받기 때문이다. 내 담당의사도 처음에 X-레이 사진을 보았을 때는 검은 바탕에 하얀 반점 이상을 '보지' 못했다. 그러나 배경이론과 수용된 사실을 수많은 X-레이 사진에 지속적으로 적용하여 봄으로써 점차 '양성 종양'과 '배경잡음'을 구별해낼 수 있게 된 것이다. 이 사실은 부분적으로 과학자들이 가진 '전문성'이 어떤 내용인지를 말해준다. 과학자들의 전문성이란 그들이 과학지식을 단순히 '알고' 있다는 데에 있는 것이 아니라 그 지식을 적용하여 자연현상을 적절하게 '관찰할' 수 있다는 데에도 있는 것이다.

관찰의 이론적재성은 이처럼 과학연구의 숨겨진 면에 대해 알려주는 바가 많다. 그러나 거기에 더해서 객관적 이론평가에 중요한 도전을 제기하기도 한다. 소박한 경험론에 따르면 과학지식은 현상을 설명할 수 있는 이론을 제시하고 이를 관찰이나 실험을 통해 얻은 실험증거에 비추어 입증하거나 반증하는 방식으로 얻어진다. 그러나 우리가 경험적 증거를 얻는 방식 자체가 이미 이론적재적이라면 경쟁하는 이론 사이에 '중립적' 판단을 내려줄 수 있는 객관적 방법은 존재하지 않는 것처럼 보인다. 만약 아리스토텔레스는 아침에 해를 보고 (대다수의 우리가 거의 모든 아침에 그러하듯) '해가 떠오른다'고 관찰한 반면 코페르니쿠스는 '지구가 자전하여 해가 떠오르는 것처럼 보인다'고 관찰했다면, 두 관찰내용은 각각 지구중심설과 태양중심설에 부합하므로 두 이론 중 하나를 선택하는 과정에서 사용될 수 없다.

일부 과학철학자들은 이런 점에서 대부분의 과학적 관찰이 이론적재적이라면 이론평가는 결국 관찰과정에서 어떤 이론이 사용되었는지에 따라 달라질 수밖에 없어서 경쟁하는 이론을 믿는 과학자들 사이에는 합리적 토론이 불가능할 수도 있지 않을까 걱정을 했다. (하략)

– 이상욱, 「침대, 해왕성, X-레이, 연주시차: 과학철학 첫걸음」, 한양대학교 과학철학교육위원회 편, 『과학기술의 철학적 이해』, 한양대학교 출판부, 2015, 24-29쪽.

2. 다음은 『장하석의 과학, 철학을 만나다』 중에서 토마스 쿤의 '정상과학' 개념을 설명하는 부분이다. 이 글에 나타난 주요 개념들(정상과학, 반증, 패러다임 등)에 대해 조사해 보고, 쿤과 포퍼 중 하나의 입장에서 이 글을 이어 써 보자.

정상과학에서 다루는 퍼즐이 어떤 것인지 조금 더 깊이 생각해 봅시다. 과학사에서 유명한 예를 또 하나 들어보겠습니다. 우리 태양계의 여덟 번째 행성이 해왕성이라는 것은 독자들도 잘 알겠지만, 이 해왕성이 처음에 어떻게 발견되었는지는 잘 모를 것입니다. 18세기까지만 해도 사람들은 육안으로 보이는 수, 금, 지, 화, 목, 토까지밖에 몰랐습니다.

그러다가 1781년에 영국의 허셜William Herschel이 망원경으로 하늘을 관측하던 중 천왕성을 발견했습니다. 그런데 천왕성을 발견한 것까지는 좋은데, 그 후에 천문학자들이 다년간 정확한 관측을 해보니 그 궤도가 이상했습니다. 이상하다는 것은 뉴튼의 이론대로 움직이지 않았다는 이야기입니다. 그렇다면 이 뉴튼스타일의 천문학자들이 천왕성의 존재로 뉴튼이론이 반증되었다고 결론지은 후 뉴튼이론을 버리고 다른 이론을 찾았을까요? 절대 그러지 않았습니다. 뉴튼역학은 조금 과장해서 말하자면 그때까지 인류 역사상 가장 훌륭한 과학이론이었습니다. 그런 최고의 이론을 새로 발견된 행성 하나가 조금 궤도를 벗어났다고 해서 성급히 폐기한다는 것은 말이 안 됩니다. 그래서 천문학자들은 쿤이 이야기했듯 퍼즐을 푸는 작업을 시작했습니다. 뉴튼역학이 틀릴 리 없는데 왜 이런 비정상적인 일이 일어날까? 혹시 천왕성이 어떤 혜성과 충돌해서 궤도를 이탈한 것 아닌가? 천왕성의 궤도 주변에 기체 같은 것이 있어서 행성의 움직임을 방해할 수도 있지 않을까? 아니면 잘 보이지는 않지만 천왕성에 딸린 커다란 위성이 있어서 그 중력의 영향을 받는 것인가? 이런 식의 여러 가지 임시방편적 가술ad hoc hypothesis이 나왔습니다. 그런 가설들이야 마음만 먹으면 얼마든지 만들어낼 수 있고 그렇게 해서 뉴튼의 패러다임을 포기하지 않고 유지해나갔습니다.

그러던 중 영국의 애덤스John Couch Adams와 프랑스의 르베리에U. J. J. Le Verrier가 거의 동시에 좋은 아이디어를 냈습니다. 천왕성 너머에 지금까지 발견되지 않은 행성이 또 하나 있다면, 그 행성과 천왕성 사이의 조그만 인력으로 천왕성의 궤도가 좀 흔들리지 않겠냐는 것이었습니다. 그렇게 가정하면, 천왕성의 궤도를 관측된 만큼 흔들려면 그 미지의 행성이 어느 정도의 질량을 가지고 있고 어떤 궤도로 움직이고 있어야 하는지를 뉴튼역학 자체를 이용해 추론해낼 수 있습니다. 그렇게 해서 그 미지의 행성이 어느 날 몇 시에 어떤 위치에 있을 것이라는 예측을 끌어냈고 독일의 갈레J. G. Galle라는 천문학자의 르베리에의 예측대로 망원경을 보니까 정말 그때까지 몰랐던 행성이 거기 있었습니다. 그런 곡절을 겪고 1846년 발견된 새로운 행성이 해왕성입니다.

아주 멋진 일화입니다. 뉴튼역학이 실패했다는 증거처럼 보였던 것을 뉴튼학파의 과학자들은 끈질기게 연구해서 뉴튼역학 패러다임의 화려한 승리로 돌려놓았습니다. 그 사람들이 쉽게 포기했다면 덧없이 훌륭한 이론만 폐기하고 해왕성을 발견할 기회도 놓쳤을 것입니다. 그런데 이 19세기 천문학자들의 업적을 다시 잘 살펴보면 뉴튼역학을 무조건 신봉하면서 틀렸다는 증거가 나와도 임시방편적 가설을 동원해 그 이론을 독단적으로 보호한 것 아닙니까? 바로 포퍼가 사이비과학이라고 신랄하게 공격했던 정신분석이나 마르크스주의 등과 무엇이 다른가요?

– 장하석, 『장하석의 과학, 철학을 만나다』, 지식플러스, 2015, 46–49쪽.

3. 다음은 과학과 기술의 관계에 대한 한스 요나스의 글이다. 이 글에서 설명하는 과학과 기술의 관계에 대해 토론하고, 이러한 관계를 예증하는 과학 및 기술 연구의 구체적 사례를 찾아 써보자.

첫째, 오늘날 과학을 지탱시켜주고 있는 것은 기술적 응용과의 지적 피드백 작용이다. 둘째, 과학은 기술적 응용에서 주문을 받는다. 즉, 과학 연구가 어떤 방향으로 나아갈 것이며, 어떤 문제를 풀어야 하는지를 결정하는 것은 바로 기술적 응용이다. 셋째, 과학은 문제 해결과 자신의 지속적인 발전을 위해서 선진 기술을 사용한다. 즉, 기술의 물리적 수단에 대한 과학의 의존도는 더욱 커지고 있다. 이런 의미에서 가장 순수한 과학조차도, 기술이 과학에게서 배당금을 받는 것처럼, 기술에게서 배당금을 받는다. 넷째, 이러한 물리적 기자재와 그것의 사용에 드는 비용은 외부에서 기부금 형태로 조달되어야 한다. 이런 식으로 성립된 경제관계는 공적 자금 혹은 그 밖의 재정적 후원자를 요구하기 마련이고, 이런 토대 위에서 수행되는 연구 프로젝트는 — 설령 형식적으로는 반대급부에 대한 기대가 없는 것처럼 보여도 — 시간이 흐른 뒤 현실 영역에서 창출되는 이윤을 자연스레 기대하기 마련이다. 여기서 우리는 일종의 상호 동의가 지배하고 있음을 확인케 된다. 연구비 지출의 목적 혹은 추천 사유로서 신청서에 매우 노골적으로 기재되어 있는 것은 다름 아닌 그 이용가치이다. 요컨대 과학의 과제는 이제 과학 자체의 논리나 연구자의 자유로운 호기심보다는 점점 더 외적 관심에 의해 결정되는 지경에까지 이르렀다.

– 한스 요나스, 『기술 의학 윤리 – 책임 원칙의 실천』, 이유택 역, 솔출판사, 2005, 94–95쪽.

4. 다음은 장대익의 글 「뇌 탓이오? 신경과학의 철학적 쟁점들」 중 일부이다. 여기에서는 뇌 영상 기술이 제기하는 윤리적 쟁점 중 하나인 뇌 프라이버시에 대해 서술하고 있다. 이 글을 실마리로 하여 그 뒤에 이어질 내용을 스스로 작성해 보자.

〈에피소드 #2〉 한 부부가 이혼 법정에 서서 서로 논쟁을 하고 있다. 부인은 더 이상 남편을 사랑하지 않기 때문에 갈라서자고 말하지만, 남편은 부인에게 "아직도 나를 사랑하고 있으면서 왜 그러느냐?"고 호소한다. 결말이 날 것 같지 않자, 판사가 부인을 조용히 부르더니 간단한 장치를 부인의 머리 가까이에 대고 위에서 아래로 스캐닝을 하고 있다. 그리고 모니터의 영상을 살피더니 판결을 내린다. "fMRI 스캔 결과 내측도, 전측대상피질, 미상핵, 피각 등의 활동이 증가하지 않기 때문에 부인의 사랑이 식었다는 것이 입증되었으므로 남편은 부인의 요구를 들어줄 의무가 있습니다."

우리가 사랑에 빠지면 뇌에서는 몇 가지 변화가 일어난다. 영국 유니버시티 칼리지 런던의 인지신경학과 연구자들은 깊은 사랑에 빠져 있는 사람들이 애인의 사진을 볼 때 뇌의 활동이 어떠한가를 fMRI로 찍었다. 이 연구에서는 열일곱 명의 참가자들에게 각자 애인의 사진과 동성 친구의 사진을 보여주고 사랑의 감정이 얼마나 일어났는지를 9점 척도 상으로 평정하게 했다. 그 결과 애인에 대한 사랑의 감정은 평균 7.46점, 친구의 경우는 3.2점이 기록되었다. 그리고 fMRI 스캔 결과, 사랑의 감정을 느낄 때에는 내측 도, 전측 대상피질, 미상핵, 그리고 피각 등의 활동이 증가했다. 반면 우반구의 후측 대상피질과 편도체, 그리고 전전두피질 일부의 활동은 오히려 감소했다. 따라서 위의 에피소드는 다소 작위적이기는 하지만, 뇌 영상이 과연 사랑과 같은 내밀한 프라이버시까지 제공할 수 있는지를 논의해보기 위한 사례로 충분히 사용될 수 있을 것이다.

– 장대익, 「뇌 탓이오? 신경과학의 철학적 쟁점들」, 홍성욱 외, 『필로테크놀로지를 말한다』, 해나무, 2008, 267–268쪽.

5. 홍성욱의 「과학과 예술」은 예술뿐 아니라 과학도 아름다움을 추구한다고 주장함으로써 과학의 본질에 대한 통념에 도전한다. 과학의 아름다움과 예술의 아름다움 사이의 차이점과 공통점에 대하여, 구체적 사례를 들어서 글을 써 보자.

이 장의 첫머리에서도 지적했지만 일반적인 상식에 의하면 과학은 진리를 추구하고 예술은 아름다움을 추구한다. 그런데 유명한 과학자들이 자신들의 활동을 설명한 글을 보면, 과학 역시 특정한 아름다움을 추구한다고 하는 경우가 많다. 과학자들은 자신의 분야에서 '가장 아름다운 실험'을 선정하는데 주저하지 않는데, 예를 들어 대중적인 물리학 잡지 Physics World는 200명의 물리학자들로부터 의견을 받아 물리학의 역사를 통해 가장 '아름다운' 실험 10개를 꼽았다. 지난 수백 년의 역사를 통해 이루어진 숱한 물리 실험에서 물리학자들은 1961년 독일의 클라우스 욘손이 토마스 영의 이중 슬릿 실험을 한 개의 전자에 적용함으로써 전자가 파동-입자의 이중성을 가지고 있음을 결정적으로 증명한 실험을 1위로 꼽았다.

과학자가 느끼는 아름다움과 관련해서 푸앙카레는 다음과 같이 적었다. "과학자들은 자연이 유용하기 때문에 그것을 탐구하지 않는다. 과학자들은 그것에서 즐거움을 느끼기 때문에 자연을 탐구하며, 그가 즐거움을 느끼는 이유는 자연이 아름답기 때문이다. 자연이 아름답지 않다면, 자연은 알 가치가 없으며 인생은 살 가치가 없을 것이기 때문이다." 아인슈타인, 하이젠베르크나 바일과 같은 물리학자들은 여러 차례에 걸쳐서 "아름다운 것은 진리일 수밖에 없다"고 했으며, 러시아 물리학자 란다우와 리프쉬츠는 아인슈타인의 일반 상대성이론이 "모든 물리 이론 중에 가장 '아름답다' "고 칭찬했다. DNA 구조의 발견에 결정적으로 공헌한 결정학자 로잘린드 프랭클린은 DNA 구조가 이중나선이라는 결과를 접한 뒤에 이것이 "참이 아니라고 하기에는 너무 아름다워서 그 (이중나선) 구조를 받아들일 수밖에 없었다"고 고백했다.

과학이 미적인 요소나 기준을 포함하고 과학 활동이 아름다움을 추구한다는 것 때문에 과학과 예술 사이에 근본적인 공통점이 있다고 볼 수도 있다. 그렇지만 정반대로 과학이 미적 요소를 가지고 있고 과학자가 미를 추구해도 바로 이 점 때문에 과학과 예술이 근본적으로 다르다는 주장 역시 가능하다. 그 이유는 단순성과 대칭성 같은 과학에서의 미적 기준은 객관적이고 보편적임에 반해서, 예술에서의 미적 기준은 보편적이지 않고 단지 주관적이라고 할 수 있기 때문이다. 과학의 미와 예술의 미는, 사용하는 단어만 동일하지 실제로는 근본적으로 다른 개념이자 상이한 느낌이라는 것이다.

과학자들 중에는 "자연에 아름다움이 내재해 있다"고 보는 사람도 있다. 그렇지만 이러한 본질주의는 다시 "왜 자연에 아름다움이 내재해 있는가"라는 질문을 낳으면서, 철학적으로 해결하기 힘든 방향으로 문제를 끌고 간다. 과학철학자 맥칼리스터는 이 딜레마를 설명하기 위해서 '미적 귀납aesthetic induction'이라는 개념을 도입했는데, 이 개념은 성공적으로 자연현상을 설명한 이론의 경우에는 그 이론의 미적인 특성도 높은 평가를 받고, 이런 과정이 지속되면서 오랜 시간을 걸쳐서 살아남은 특정한 미적 특성이 미적 규범으로 굳어진다는 것을 의미한다. 과학자들은 이러한 미적 규범을 '진리의 광채'로 받아들이는데, 그 이유는 이런 규범이 성공적인 과학적 발견을 낳고 경쟁하는 가설이나 이론 중 더 타당한 것을 선택하는 데 지침이 될 수 있기 때문이다. 성공적으로 발전했던 뉴턴 과학은 그 이론체계와 함께 '결정론'과 '시각화visualization'라는 기준을 성공적인 미적 규범으로 받아들여지게 하였고, 반면에 상대성 이론의 성공은 물리학에서 대칭성과 단순성이라는 새로운 미적 규범이 주목받는 결정적 계기를 만들었다는 것이다.

맥칼리스터의 해석은 과학에서의 미적 규범들이 시간에 따라 변화하며, 여러 과학 분야에서 상이한 미적 규범들이 채택되어 사용되고 있는 점을 잘 설명해준다. 뿐만 아니라 이러한 해석은, 과학의 미적 기준은 객관적 · 보편적이며 예술의 미적 기준은 주관적 · 순간적이라는 양분법을 극복하는 출구를 제공한다. 과학자들이 과학적 실행의 반복과 축적을 통해서 미적 규범을 확립하고, 이에 비추어 다시 자연을 탐구하고 자연을 해석하는 과정은, 예술가들이 예술적 창작활동을 통해서 미적 기준을 만들고 이에 비추어서 세계와 인간의 내면을 탐구하고 재해석하는 과정과 흡사하다. 물론 과학에서의 아름다움과 예술이 추구하는 아름다움이 그 내용과 형식에서 모두 동일한 것은 결코 아니지만, 과학과 예술 모두 인간이 감각, 이성, 손, 기구를 이용해서 세상을 만들고, 이해하고, 해석하는 과정이며, 이러한 복잡한 실행은 주관-객관, 감정-이성, 종합-분석과 같은 이분법적인 카테고리로는 적절하게 기술될 수 없는 성질의 것이다.

– 홍성욱, 「과학과 예술」, 한양대학교 과학철학교육위원회 엮음,
『이공계 학생을 위한 과학기술의 철학적 이해』, 한양대학교출판부, 2010, 122–124쪽.

2 과학기술과 윤리

오늘날 첨단 과학기술의 발달 속도가 가속화되고 있다. 1980년대 지식·정보화시대를 맞이한 것이 엊그제 같은데, 디지털 기술과 융합한 정보통신기술의 발달은 컴퓨터 프로그래머들조차도 그 변화 속도를 따라잡기 힘들 정도에 이르렀다. 새로운 컴퓨터 제품이 나오는 데 걸리는 시간은 약 1.5년, 새 휴대 전화기가 출시되는 데 걸리는 시간도 반년에서 채 일 년이 걸리지 않는다. 그만큼 신기술의 등장 속도가 재빠르고 자회사의 기술갱신도 발 빠르다.

미국의 미래 공학자 레이 커즈와일은 과학기술의 신속한 변화가 앞으로 더욱 가파르게 이루어질 것이라고 예견한다. 미래의 기술 발달 속도가 상향곡선을 이루다가 수직에 근접하는 시점에 이를 것인데, 커즈와일은 이것이 도구사용이나 문자 발견 수준 이상의 인류사적 '변곡점', 다른 말로 '특이점'이 될 것이라 내다본다. 왜냐하면 과학기술이 인간을 초월하는 순간에 머지않아 도달할 것이기 때문이다.

최근 발전한 유전공학기술이 그 대표적 예라 할 수 있다. 과거의 유전공학기술이란 막연히 인류를 굶주림에 벗어나게 하는 기술,

식량의 대량생산을 가능하게 하는 수단 정도로 생각됐다. 또는 미생물을 이용한 백신 개발이나 항암물질 개발 분야로서 질병 치료의 새로운 기술개척 분야 정도로 인식됐다. 그러나 불과 몇 년 사이, 유전공학기술의 발전 속도는 폭발적이다. 컴퓨터와 인터넷의 급진적 발달에 힘입어, 바로 즉시 주변 기술과 융합되어가는 유전공학기술은 단순히 개인의 행복이나 만족도를 높이는 데 한정되어 있지 않다. 가령 보안성과 편리성을 극대화한 마이크로 생체칩이나 홍채인식기술은 새로운 주거 · 근무 · 오락 환경을 조성할 뿐만 아니라, 인간과 인공장치의 결합을 시도함으로써 '인간 자체'에 대한 인식변화를 예고한다. 인간게놈지도의 완성은 더욱 놀랍다. 유전자 지도가 완성된 이후 진척된 단백질 유전자정보연구는 인간의 숙명이었던 질병과 노화를 극복 가능한 대상으로 만들어가고 있다. 인간이라면 언젠간 맞닥뜨릴 필연적 죽음 역시 그 개념을 다르게 쓰는 중이다. 일부 생명공학자들은 2050년까지 쥐를 비롯한 인체냉동보존술 실험 성공을 통하여 인간의 생명을 200세, 1,000세까지 연장할 목표를 세웠다. 물론 줄기세포를 이용한 복제 실험과 인공지능을 활용한 로봇기술이 '인간'이라는 개념에 새로운 지평을 넓혀가고 있는 것도 현실이다.

이제 오늘날의 인간은 인간 스스로를 한 부분씩 해체하고 있다고 말해도 과언이 아니다. 사물과 사람이 연결되고 사물과 사물이 연결되는 '후기 정보화시대'라는 말 그대로 컴퓨터와 컴퓨터, 인간과 기계의 경계도 조금씩 사라져 간다. 어쩌면 인간이 기계 속으로 편입되어가는 중인지도 모르겠다. 서구의 전형적 사고방식대로라면 과거에 자연은 인간에게 이용과 지배의 대상이었지만, 지금의 과학기술 발전은 동 · 식물을 막론한 '인간 자체'가 '향상의 대상'으로 종속되는 양태가 아닐까.

그렇다면 과학기술이 나아가야 할 방향은 무엇일까? 과학은 인간을 위해서 존재한다. 과학이 인간을 변형시키거나 혼란을 초래하고 해를 입히기 위해서 개발되어서는 안 될 것이다. 그런데 현재 변화되어가는 양상을 볼 때, 인간이 과학을 위해서 존재하는 것은 아닌지 의문이 제기된다. 과학기술연구가 혹여 인간의 자율성과 존엄성을 위협하는 방향으로 흘러가는 것은 아닐까? 과학기술개발로 인해, 이후 발생할지도 모를 부정적 결과와 영향은 또 누가 책임진단 말인가?

이러한 물음들은 과학기술에 대한 윤리적 물음에 맞닿아 있다. 윤리는 과학기술의 장단점을 파악하고 인간 삶의 질을 향상하여 의미 있는 것으로 이끄는 데 궁극적 의의가 있다. 하지만 과학기술의 윤리적 고찰이 새롭게 생산된 기술 앞에, 매번 뒤늦은 반성이 되는 것도 사실이다. 핵폭탄문제나 인공지능 로봇개발과 같이 때를 놓친 논의가 되어 다시 정책적으로 접근할 수밖에 없는 한계도 분명 존재한다. 게다가 대부분의 신기술에 대해서 우리는 애초에 기술개발을 결정하거나 선택할 기회조차 없다. 심지어는 기술개발과 사용문제에 관하여 옳고 그름을 따지기조차 어려운 경우도 많다. 예컨대 인공임신중절술이나 인공수정기술, 장기이식을 위한 복제기술, 신체마비환자를 위한 로봇 팔, 로봇 다리개발 등이 그러하다.

과연 미래의 첨단과학기술이 우리 인류에게 좋은 것이기만 할까? 얼마만큼의 행복을 산출하는 과학기술이 될 수 있을까? 또한 도덕적으로 그에 옳은 원칙은 무엇이고 마땅히 인간의 가치에 부합하는 판단 기준은 무엇이며, 그러한 의무체계가 선행하는 과학기술이란 무엇일까? 이러한 의문들은 참과 거짓을 따지기가 어렵다. 고정된 하나의 답도 존재하지 않는다. 그러나 과학기술에 대한 윤리적 의문 제기는 그 자체로도 의미 있다. 왜냐하면 결과물인 과학기술에 대해서 그리고 과학지식·기술을 생산하는 사람과 사용하는 모든 이들에 대해서 당위적 물음을 제기하기 때문이다.

이 장에서는 '과학기술과 윤리적 문제'에 관련하여 다음과 같은 주제를 선별하였다. 첫째로 과학기술의 가치중립성 개념에 대한 논의, 둘째로 인간복제논쟁, 다음으로는 트랜스휴머니즘에 관한 핵심 대목을 가져왔다. 그리고 무인살상로봇개발과 유전자변형작물 GMO에 관한 글을 소개한다.

다음에 제시한 짧은 글들은 심도 있는 윤리적 논의를 끌어내기에 불충분하다. 그러나 글 속에 담긴 문제를 이해하고 연관된 글을 쓰면서 내용을 풀어가다 보면, 한 번쯤은 과학기술의 이정표가 무엇이 되어야 할지 떠올려보는, 충분한 계기가 될 것으로 생각한다.

1. 다음 글은 『생명의료 윤리학』의 일부이다. 이 글에서 1~3단락에 들어 있는 핵심개념과 중심내용을 요약하고, 과학기술 결과물에 대한 세 번째와 네 번째의 예시가 왜 가치중립적인지 이유를 생각해 보자. 그리고 그에 해당하는 다른 예시들이 있다면 무엇인지 찾아 설명하고 미완성된 단락을 완성해 보도록 하자.

과학기술의 가치중립성 물음

과학기술이 가져다준 문명의 혜택에 익숙해진 현대인들은 과학기술 없이는 단 하루도 살아갈 수 없게 되었다. (중략) 그러나 우리는 과학기술 역시 인간 활동의 산물이며 또한 그 자체로 인간 활동임을 그리고 인간을 위해 존재한다는 점을 잊어서 안 된다. 다시 말해, 과학기술은 어디까지나 객체이며 그 주체는 인간이다. 그럼에도 불구하고 우리는 과학기술을 대상화시키지 못하고 그저 과학기술이 제공하는 대로 살아가고 있을 따름이다. "할 수 있는 것은 해도 좋다"라는 슬로건이 이를 단적으로 보여준다. 즉, "과학기술이 가능케 한 것은 무엇이든 해도 좋다"라는 원칙을 현대인들은 맹목적으로 따르고 있다.

이러한 사유의 배후에는 과학의 가치중립성 개념이 깔려 있다. 다시 말해, 과학기술 그 자체는 가치중립적이며, 과학기술의 가치는 그 사용자에 의해 결정된다는 것이다. 과학기술의 가치중립성을 받아들이면, 우리는 과학기술 자체에 대해서 윤리적 평가를 물을 수 없고, 단지 그 사용에 대해서만 윤리적 평가를 내릴 수 있다. 예를 들어, 동성애자들로 하여금 임신이 가능토록 하는 의술인 체외수정술을 개발할 수 있다면, 의사들은 그렇게 해도 좋다고 생각한다. 다시 말해, 체외수정술 자체는 가치중립적이기에 이러한 의술의 개발 자체는 윤리적 평가의 대상이 될 수 없으며, 단지 그 의술을 어떻게 사용하느냐에 대해서만 윤리적 평가가 가능하다는 것이다. 그래서 어떤 의사가 어떤 남자로부터 몰래 정자를 채취하여 이를 필요로 하는 레즈비언 부부에게 제공하여 이들 부부의 '남편'으로부터 얻은 난세포와 페트리 접시에서 체외수정시킨 다음, 이를 이들 부부의 '아내'의 자궁에 착상시켰다고 하자. 과학기술의 가치중립성을 옹호하는 자들은 이 경우 체외수정 자체에는 아무런 윤리적 문제가 없으며 단지 이를 그릇되게 이용한 의사와 레즈비언 부부가 윤리적으로 잘못했다고 주장한다.

정말로 과학기술은 윤리적으로 과연 가치중립적인가? 이 물음에 답하자면 과학기술이란 개념 자체를 분석적으로 고찰해 볼 필요가 있다. 과학기술 역시 인간의 활동이다. 인간의 활동에는 세 가지 요소가 포함되어 있다. 동기와 행위 자체 그리고 그 결과(물)가 바로 그것이다. (중략) 그러면 인공자궁을 개발한 이 의사의 동기는 무엇이며, 그 의도는 무엇일까? 단지 연구개발비를 많이 얻기 위해서인가, 아니면 학문적 명성을 얻기 위해서인가, 혹은 불임부부의 불행을 극복하기 위해서인가? 그 의사 본인 이외에는 어느 누구도 이에 대한 확답을 내릴 수 없다. 의도의 물음을 논외로 하게 되면 나머지 두 가지, 즉 과학적 활동 그 자체와 그 결과물이란 두 요소가 남게 된다. 따라서 과학기술의 가치중립성 물음은 바로 이 두 가지 차원에서 고려되어야 할 것이다. 물론 때로 과학적 활동 자체가 비윤리적으로 일어나는 경우도 있다. 예를 들어, 연구자는 항암제 신약을 개발하여 이를 실제로 사람을 대상으로 임상실험을 할 수 있다. 임상실험 자체가 하나의 과학적 활동이다. 즉, 피실험자의 동의 없이 연구자가 신약을 투여하여 그 효능을 관찰한다면, 이 연구자의 과학적 활동 자체 역시 윤리적 비난을 받아 마땅할 것이다. 이런 특수한 경우를 제외하고는 대부분의 과학적 활동 그 자체는 타인에게 피해를 주지 않는다. 따라서 과학기술의 가치중립성 물음은 그 결과물의 차원에서 고찰되지 않을 수 없다. (중략)

과학기술의 가치중립성을 논하는 데 있어서 우리는 흑백사고에 빠져서는 안 된다. 즉 우리는 과학기술에 대해 '가치중립적이다', '가치중립적이지 않다'라는 흑백사고를 넘어서야 한다. 오히려 과학기술의 다원성을 인정하여, 일부의 과학기술은 가치중립적이고 또 일부의 과학기술은 가치중립적이지 않다는 관점을 취하는 것이 바람직할 것이다. 이런 입장을 우리는 과학기술에 대한 상대적인 관점이라 부를 수 있을 것이다.

이런 상대적 관점에 따르면, 과학기술의 결과물은 크게 네 부류로 나누어진다. 첫째는 그 자체로 인간에게 해악을 주는 가치롭지 못한 것이 있다. 예를 들어, 어떤 유전공학자가 사람을 물어죽이는 독거미를 대량으로 복제할 수 있는 기술을 개발하였다고 하자. 이러한 독거미는 그 자체로 인간에게 해악을 주는 것이기에, 그 유전공학자가 어떤 의도 내지 목적을 갖고 이런 기술을 개발하였는지 상관없이 그리고 그 개발과정에 있어서 비윤리적인 요소가 전혀 없었다고 해도, 이런 유정공학은 부정적인 가치를 지닌다. 따라서 그 과학자가 과학적 지식의 확장이란 순수한 의도로 이러한 독거미 복제기술을 개발하였다 해도, 우리는 그 독거미로 인한 피해에 대해 그 과학자에게 책임을 묻지 않을 수 없을 것이다.

둘째는 그 자체로 인간에게 유익을 주는 가치로운 것이 있다. 한 예로써, 어떤 농생물학자가 독재자의 권력을 유지하기 위해 다품종볍씨를 개발하였다고 하자. 비록 이 농생물학자의 과학적 활동에는 독재 권력의 유지라는 이해관계가 얽혀있지만, 그가 개발한 신품종 볍씨는 지구의 식량난을 해결하여 수많은 생명을 살리는 데 크게 이바지할 수 있다. 이 경우 우리는 농생물학자의 이러한 과학적 활동의 동기는 순수하지 못하다 할지라도, 그 결과인 다품종 볍씨 개발이란 유전공학은 가치로운 기술임에 분명하다.

이러한 두 종류 과학기술은 그렇게 많지가 않다. 오히려 앞으로 언급할 세 번째와 네 번째의 과학기술이 가장 흔하다. 셋째는 가치중립적인 과학기술이다. 칼의 발명은 그 좋은 예이다. 부엌에서 요리를 할 때 이용되는 식칼은 분명 우리에게 유익을 준다. 하지만 이 식칼은 강도가 도적질하는 데 이용될 수도 있다. (중략)

네 번째는 그 자체로 긍정적인 가치와 부정적인 가치를 동시에 지니고 있는 과학기술이다. 컴퓨터는 PC통신이나 정보의 유통 등에 긍정적이지만, 필연적으로 인체에 해로운 전자파를 발생시켜 시력을 약화시킬 뿐 아니라 각종 질병을 유발시킨다. (중략)

– 김상득, 『생명의료 윤리학』, 철학과현실사, 2001, 15–20쪽.

2. 다음 글은 인간 복제를 옹호하는 사람들의 일반적 주장을 소개하고 있다. 그러나 만일 인간복제가 실현될 경우, 과연 발생할 수 있는 중대한 윤리 문제들이 없을까? 지문을 읽고 옹호론자들의 생각에 반대하는 글을 써 보자.

인간복제 옹호론

인간 복제Human cloning란 생명 복제 기술을 인간에게 적용하는 것을 의미한다. 이러한 인간 복제라는 용어를 통해서 우리가 일차적으로 생각할 수 있는 것은 영화 속의 장면들처럼 어떤 인간과 모든 면에서 동일한 인간, 즉 유전 형질뿐 아니라 외모, 성격, 감정, 취미, 능력, 기억 등이 똑같은 인간을 대량으로 생산해내는 광경이다. 자기 자신과 외모뿐만 아니라 기억과 정서적인 것까지 똑같은 조재와 같은 시간 공간 속에서 생존할 수도 있다는 생각은 사람들에게 개인 정체성에 대한 혼란과 이에 따른 사회적 혼란을 초래할 수도 있다는 우려를 자아낸다. 그리고 이러한 윤리적인 문제는 일반인들이 인간 복제에 대한 부정적인 생각이나 심정적인 거부감을 느끼게 하는 주요 원인이기도 하다. (중략)

그러나 생명 복제 기술은 그 적용 영역이 광범위한 만큼 인류에게 안겨줄 혜택 또한 다양하다. 우선 우량 동물 및 멸종 위기에 처한 종들의 번식과 보전이란 측면에서 경제적으로 엄청난 이점을 제공한다. 그리고 특정 영양 물질과 치료용 생체 물질의 생산은 의료비용을 대폭 절감할 수 있게 하고, 장기 이식용 동물의 생산과 세포, 유전자 치료 및 인간 장기 복제 등은 난치병 치료에 새로운 전기를 마련했다. 이처럼 생명 복제 기술의 혜택은 인간 복제를 정당화하려는 시도의 주요한 논거들이 된다.

복제 옹호론자들은 우선 인간 복제를 반대하는 대부분의 사람들이 잘못된 과학적 사실에 의존하고 있음을 지적한다. 사람들이 흔히 빠져 있는 착각이란 복제를 통해 태어난 아이는 유전자를 제공한 원본 인간과 똑같이 생겼을 뿐만 아니라, 원본과 똑같이 생각하고 똑같은 인생을 살아갈 것이라는 생각이다. 그런데 한 사람의 고유한 특성은 고정된 유전 정보에 의해 결정되는 것이 아니다. 즉 특정한 한 사람이 지니는 고유한 특성은 유전자 간의 상호 작용과 환경에서 발생하는 다양한 요인들 간의 상호작용으로 인해 조정되어 발현된 결과(즉 표현형)인 것이다. 체세포 복제 기술을 통해 태어난 복제 인간은 유전자형이 원본 인간과 동일하기는 하지만 표현형은 동일하지 않다. 따라서 그들은 서로 다른 개성을 지닌다.

발생 생리학의 기본 원칙은 개체는 수태에서부터 죽음에 이를 때까지 지속적인 발생 과정을 겪는다는 것이다. 이러한 발생 과정은 유전자 상호 작용의 독특한 결과이며 개체가 경험하는 환경과의 상호 작용 결과이다. 결과적으로 일란성 쌍둥이들은 지문조차 다르며, 능력, 기질, 병력 등 모든 것이 다르다. 복제 인간이 원본 인간과 동일한 정신을 지니는 것은 불가능하며 똑같은 환경을 가지는 것은 더더욱 불가능하다. 따라서 복제 인간이 고유한 정체성을 가지지 못할 것이라는 주장은 생물학적으로 불합리한 개념이다.

또 조지 존슨George Johnson은 생명 공학 기술이 인간의 몸은 복제할 수 있어도 '뇌'를 복제하는 것은 불가능하다고 말한다. 그에 의하면 유전자가 할 수 있는 최선의 것은 뇌의 일반적인 형태와 연결의 대체적인 배치를 지시하는 것이고, 뇌의 고유한 회로들은 출생 후 경험이 연결을 만들기도 하고 끊기도 하면서 만들어지는 것이다. 따라서 조지 존슨은 복제는 단지 유전자까지만 영향력을 미칠 수 있을 뿐 인간 두뇌의 시냅스 하나 하를 복제하는 것은 불가능하다고 보기에, 복제된 인간이 고유한 정체성과 개성을 가지기 힘들 것이라는 주장을 비판한다. (중략)

[또한] 인간 복제 옹호론자들은 인간과 시대, 사회문화적인 환경과의 상호 작용을 무시하고 '유전 정보의 총체가 한 인간을 만든다'는 주장이 단순한 유전자 결정론적 입장에 지나지 않는다고 비판한다. 인간 복제 옹호론자들이 주장하는 생식의 자유란 생식을 선택할 자유와 생식을 하지 않을 자유란 생식을 선택할 자유와 생식을 하지 않을 자유를 의미하는 동시에, 생식할 수단을 자유롭게 선택할 권리와(체외 수정이나 각종 불임 치료) 생식을 하지 않을 수단을 자유롭게 선택할 권리(피임이나 낙태), 즉 수단을 이용할 자유도 포함된다. 다시 말해 생식의 자유는 생식을 하기 위해(또는 생식을 하지 않기 위해) 자신이 선택한 방법을 기꺼이 쓰겠다는 사람이 있을 때, 정부나 여타의 간섭을 받지 않고 그 방법을 이용할 수 있는 권리를 의미한다. 인간 복제 옹호론자들은 만일 생물학적 유대 관계에 의한 아이를 가질 수 있는 유일한 수단이 인간 복제인 사람이 생식하기를 원하고 그 수단으로 인간 복제를 이용하고자 한다면 그러한 자유를

침해해서는 안 된다고 주장한다. 오늘날 불임인 사람이 체외 수정을 선택할 권리와 아이를 가지기 원하지 않는 사람이 다양한 피임 수단을 선택할 권리가 생식의 자유에 입각해서 보호되는 것과 마찬가지로 인간 복제라는 생식의 수단을 선택할 권리 역시 보호되어야 하다는 것이 옹호론자들의 생각이다. 또한 생식의 자유와 관련하여 인간 복제를 정당화하는 근거 중 하나는 부부 중 한쪽이 유전으로 판단되는 질병을 앓고 있을 때 그 병을 자손에게 대물림하지 않는 획기적인 생식 수단이 바로 인간 복제라는 사실이다.

옹호론자들이 판단하기에 오늘날 인간 복제를 생식의 수단으로 인정하지 않는 사람들은 걱정과 두려움이라는 감정적 판단에 의존해서 인간 복제라는 생식 수단이 가진 문제점과 위험을 과장한다고 지적한다. 인간 복제를 옹호하는 사람들은 이러한 사례로 체외수정이 처음 시도되었을 때 사람들의 반응을 든다. 예를 들어 1978년 체외 수정으로 인한 최초의 인간 루이스 브라운이 태어났을 때 의학자들과 윤리학자들을 포함한 대부분의 사람들은 루이스 브라운이 정상적인 사람으로 자라날 수 없으리라 예상했다. 생명윤리 학자인 레온 카스Leon Kass는 체외 수정이 사회의 논란거리가 될 당시 "아기가 엄마의 자궁 속에 있는 동안 몇 번이나 검사를 받는가는 중요하지 않다. 그들은 그 아이가 결함 없이 태어날 것이라고는 결코 확신할 수 없을 것이다"고 단언하기도 했다. 그 당시에 많은 산부인과 의사들조차도 체외 수정을 통해 태어난 아이는 심각한 결함을 지닌 기형아일지도 모르기 때문에 시술을 강행하는 것은 비윤리적이라고 주장했다.

그러나 체외 수정이 보편화된 오늘날, 그 당시 있었던 많은 예상과 우려는 발생하지 않았다. 그리고 인류사회에 혼란을 가하지도 않았다. 이러한 과거의 사실에 비추어 보았을 때 현재 인간 복제를 반대하는 많은 사람들의 태도는 실제로 일어날 가능성이 낮은 위험과 문제점을 과장하는 것이라는 게 옹호론자들의 설명이다. 뿐만 아니라 생식의 자유를 근거로 인간 복제를 찬성하는 사람들은 설령 생식 수단으로서의 인간 복제가 악용될 소지가 있다고 하더라도, 이는 법으로써 합법과 불법을 엄중히 구분하면 괜찮을 것이라고 주장한다.

– 이진우 · 이유택 · 권의섭 · 박미애, 『인간 복제에 관한 철학적 성찰』, 문예출판사, 2004, 33–42쪽.

3. 이 글은 신상규의 『호모사피엔스의 미래』에 수록된 흥미로운 이메일 세 통이다. 내용은 자연과 과학기술의 관점 문제를 다룬 것이다. 다시 말해, 기존의 자연방식 유지와 미래의 과학기술 적용이라는 선택의 갈림길에서 우리가 인간의 위치를 어떻게 상정하느냐에 따라 인간의 의미와 가치가 달라진다는 내용이다. 소위 '휴머니즘'과 '트랜스휴머니즘', 이 두 가지 갈래 길에서 과연 우리는 어떤 삶의 방향과 태도를 정할 수 있을까? 이메일에 담긴 각각의 핵심 주장과 입장을 정리하여 '트랜스휴머니즘' 대한 자신의 견해를 글로 작성해 보자.

자연에게 보내는 이메일

from: thetranshumanistsocietyhotmail.com

to: natureevolution.com

re: Homo sapiens

친애하는 자연에게

생명이라는 굉장한 선물을 공짜로 제공해줘서 정말 감사합니다. 생명은 오랜 세월 동안 우리에게 너무나 많은 기쁨을 안겨주었습니다. 하지만 우리는 호모사피엔스의 설계에 관해 몇 가지 개선 사항을 제안하고 싶습니다. 그렇게 되면 틀림없이 미래 세대들 사이에서 호모사피엔스의 인기가 높아질 것이라고 생각합니다.

지금의 모형은 수많은 설계 결함에 따른 한계를 드러내고 있습니다. 모든 부품에서 치명적인 고장이 수시로 발생합니다. 뇌, 심장, 폐, 유방, 간, 신장, 췌장, 위장, 결장, 직장, 자궁경부, 난소, 자궁, 방광, 전립선, 음경, 고환, 인후, 입, 혀, 혈액, 피부 그리고 뼈. 혹시 제품생산라인에 결함이 있는 것은 아닌지, 그게 아니라면, 애초에 호모사피엔스를 설계할 때 일부러 노후화를 계획에 넣은 건지 궁금하군요. 만약 그렇다면, 자동식 자체 수리 프로그램을 업그레이드 모형에 포함시킬 수는 없는 걸까요?

아마도 기능설계의 모든 측면을 전반적으로 개선하는 편이 가장 유익할 것입니다.

행동: 근력, 원기, 활력, 생식력의 증대

감정: 기질과 공감 능력 개선

생각: 기억, 논리, 학습, 창조 능력의 확대

지각: 시각과 청각 증강

섭취: 하루 세 번 연료를 보충해야만 한다는 점이 가장 실망스럽습니다. 자동차 소유자라면 이런 단점을 참아 넘길 사람은 아마도 거의 없을 것입니다. 이상적인 연료 유형을 소개하는 설명서가 없어서 끝없이 혼란이 발생합니다.

수면: 재충전을 하는 데 매일 8시간을 들여야 한다는 것은 중대한 단점입니다. 배터리 수명을 개선할 수는 없는 것일까요?

배설: 쓸데없이 성기 바로 옆에 자리 잡고 있는 관을 통해서 불쾌한 악취를 풍기는 폐품을 반드시 매일 배출해야 하는 점은 명백한 설계 오류입니다. 종종 악취 나는 기체를 의도치 않게 방사하게 되는 것도 마찬가지입니다. 새로이 개선된 모형은 신진대사를 통해 나온 폐품을, 이를테면 일정한 모양을 한 무취의 소형 패킷 형태로 만들어 제거할 수 있지 않을까요?

성교: 성적 흥분을 의식적으로 통제할 수 있는 능력을 포함시키지 않은 것은 심각한 태만입니다. 의식적인 뇌가 성적 활동에 관해서 자기 나름의 판단을 내릴 수 있도록 허용될 수는 없을까요?

우리가 사용하는 모형이 낡아서 못쓰게 될 조짐이 보이기 시작했으니, 우리는 당신이 호모사피엔스 업그레이드에 관한 이런 몇 가지 긍정적인 제안들을 부디 받아들여 주길 희망합니다.

트랜스휴머니스트 협회

– 신상규, 『호모사피엔스의 미래』, 아카넷, 2014, 69–71쪽.

자연이 트랜스휴머니스트 협회에 보내는 답 메일

from: natureevolution.com

to: thetranshumanistsocietyhotmail.com

re: Homo sapiens

친애하는 트랜스휴머니스트 협회에게

이메일을 보내주셔서 감사합니다.

당신이 언급한 문제들을 어느 하나라도 바로잡는 일은 우리의 능력범위를 훨씬 넘어서 있는 일임을 알려드리게 되어서 유감입니다. 우리의 제작설비는 철저히 자동화되어 있고, 우리의 생산라인에 적용할 소프트웨어를 손볼 수 있는 능력을 갖고 있지 않기 때문입니다. 우리가 당신에게 제공할 수 있는 것은 제작 과정에서 발생할 미래의 실수들이 어느 날 우연히 원본의 설계를 개선하는 결과를 빚어낼 수도 있으리라는 희망뿐입니다. 하지만 그런 행운의 오류들은 극히 발생 확률이 낮고, 그렇기 때문에 제품의 단점들은 앞으로도 계속 통상적으로 발생할 것입니다.

우리가 상당히 오랜 시간 동안 호모사피엔스 모형을 업그레이드시키지 않았다는 것은 사실입니다. 하지만 우리는 많은 세대가 불평 없이 이 제품을 잘 써오고 있다는 점을 지적하고자 합니다. 유지만 잘 하면, 평균적인 모형은 대략 70년 정도는 쓸 수 있을 것입니다. 따라서 우리는 당신이 언급한 설계 결함들을 그냥 용인해줄 것을 부탁드립니다. 그리고 활용 가능한 대체물은 없을 것이므로 여러분이 지금 사용하는 모형을 가급적 잘 간수해줄 것을 제안합니다. 당신은 우리의 다른 제품군 중에서 여러 가지 식물과 꽃을 발견할 텐데, 당신이 쇠약해지고 질병에 걸려 결국 죽음에 이르는 쇠퇴기 동안 경험하게 되는 고통과 불편을 완화하기 위해 그런 제품들의 사용을 고려해보십시오.

– 신상규, 『호모사피엔스의 미래』, 아카넷, 2014, 71-72쪽.

자연에게 보내는 이메일

from: thetranshumanistsocietyhotmail.com

to: natureevolution.com

re: Homo sapiens

유감스럽게도 당신의 답신은 실망스럽기가 그지없습니다.

당신의 사업은 시대에 뒤처져 있고, 기계설비들은 낡아빠졌는데, 그럼에도 불구하고 당신은 계속 결함 있는 물건들을 대량으로 찍어내면서 그저 고객이 그런 물건들을 불평 없이 가져다 써줄 것을 기대하고 있습니다. 생산제품을 개선하려는 노력은 전혀 하지도 않고 말입니다.

나는 당신이 21세기의 일원이 될 것을 제안합니다. 현대 세계에 사는 우리는 고객의 이익을 위해서 끊임없이 제품과 서비스를 개선하는 것이 옳다고 믿습니다. 우리가 호모사피엔스의 설계상 과실들을 이제 더는 용인할 마음이 없다는 점을 당신에게 말하지 않을 수가 없군요. 질병, 노후화, 그리고 기능상의 제약이라는 결함들은 진화하려는 절실한 의지만 있다면 모두 고칠 수가 있습니다. 만일 생산자인 당신이 제품을 재설계할 능력이나 의지가 없다면, 소비자인 우리가 어쩔 수 없이 그 일을 직접 떠맡을 수밖에 없을 것입니다.

이에 따라 우리 인간 종은 생존 가능성과 행복의 지속적인 증대라는 우리 자신의 이해관계에 직결된 호모사피엔스의 설계를 개선하기 위해서 우리가 진화 사업을 양도받고자 하는 의향을 당신에게 공식적으로 전달하는 바입니다.

트랜스휴머니스트 협회

– 신상규, 『호모사피엔스의 미래』, 아카넷, 2014, 71–73쪽.

4.1. 아랫글은 OOO대 학생이 쓴 글로 '무인살상로봇 개발과 사용'을 비판한 글이다. 글의 흐름을 꼼꼼히 살펴보고 다음에 관해 이야기 나눠 보자. 첫째, 개념 전개에 모호함은 없는가? 즉, 언급된 개념들이 논리적으로 일관성 있게 정의되었는가? 둘째, 글의 형식적인 면에서 보완할 점은 무엇인가? 셋째, 필자는 어떤 분명한 문제의식을 갖고 어떤 방식으로 이 글을 구성하였는가?

무인살상로봇은 없어져야 한다

전쟁에서 인권은 무시되기 쉽다. 전쟁에서 인권을 무시하고 인간의 존엄성을 훼손하는 것은 인간이다. 그런데 훼손의 주체가 로봇이라면 과연 거기에 도덕이 끼어들만한 여지가 있을까? 무인살상로봇에 의해 사람이 죽더라도, 그것은 로봇이 사람을 살인한 것이 아니라, 단지 로봇이 사람을 대상으로 작동한 것일 뿐이다. 이는 도덕과 부도덕을 논할 수 없기에 참혹하다. 그래서 무인살상로봇인 군용드론과 킬러로봇으로 인해 어떠한 일들이 벌어졌고 혹은 벌어질 것인지 살펴보며 무인살상로봇을 없애야 하는 이유를 알아보겠다.

드론은 넓은 의미로는 무선 조종으로 움직이는 무인 비행체, 선박, 잠수함, 그리고 미사일까지 포함하고 있지만, 보통은 무인항공기를 가리키는 좁은 의미로 사용하곤 한다. 그렇다면 드론의 성능은 어느 정도일까? '고고도 무인기'에 해당하는 미국의 '글로벌호크'는 상공 20km에서 지상으로부터 30cm 떨어진 물체까지 식별할 수 있다. 게다가 드론은 체공 시간이 3~4시간에 불과한 유인기에 비해 50시간 이상 비행이 가능하기도 하고, 조종사 양성 비용도 저렴하다.[1] 때문에 전 세계의 많은 국가가 군용 드론을 보유하고 있고, 그 중에서도 특히 미국은 군용 드론을 무척 애용하고 있다.[2] 드론을 애용하는 그들은 드론이 목표한 테러리스트만을 정확히 제거할 수 있으며, 조종사들이 안전한 공간에서 오랫동안 대상을 지켜봄으로 충분히 대상을 파악하여 구별할 수 있어 좋다고 말한다. 그런데, 과연 정말로 그럴까?

2006년 1월 13일[3], 파키스탄의 다마돌라Damadola 마을 위에서 드론들이 당시 알카에다의 리더가 될 아이만 자와히리Ayman Zawahiri를 제거하려 했지만 실패했다. 10개월 이후 바자우르Bajaur에서 다시 그를 공격했지만 결국 그는 죽지 않았다. 그런데 이

두 번의 공습으로 일반인 105명이 사망했고, 이 중 76명은 아이들이었다. 리프리브Reprieve는 2014년 11월 24일 이전까지 41명의 남자들을 죽이기 위한 드론 공습으로 인해 파키스탄과 예멘에서만 일반인 1727명이 죽었다고 집계한다.[4] 그리고 국제앰네스티Amnesty International가 2013년 10월 22일 공개한 보고서 'Will I be next?' US drone strikes in Pakistan에 따르면, "3곳의 인권단체가 지난 10년 동안 무인기 공격에 따른 피해 상황을 조사한 결과 총 2천65명~3천613명이 숨졌고, 이 중 민간인은 153명~926명 정도"이며,[5] 파키스탄에서만 민간인 사망자가 900명이고 민간인 부상자가 최소 600명으로 추정된다고도 한다.[6] 또, 영국 탐사보도국The Bureau of Investigative Journalism은 2004년부터 2013년 8월 2일까지 파키스탄에서 미국의 드론 공격으로 사망한 이는 2505~3584명, 민간인을 407~928명으로 집계했다. 이 중 어린이는 164~195명으로 추정된다.[7] 하지만 드론 공습이 대개 비밀리에 이뤄지기 때문에 실제 사망자수와 부상자수는 이보다 많을 것으로 예상한다.

민간인에 대한 문제는 이뿐만이 아니다. 파키스탄에서는 2~3일에 한 번 꼴로 드론에 의한 공습이 있다. 이는 드론이 거의 항상 그곳에 떠있다는 말이다. 드론은 밤낮으로 파키스탄인들을 감시한다. 그들은 드론으로 인해 사적 자유를 무시당하며 전쟁 중이 아님에도 끊임없이 폭격을 당할지도 모른다는 공포에 떨며 살고 있다. 드론 공습은 대상이 범죄자인지 아닌지 재판조차 하지 않고 이루어지고 그 일대를 쑥대밭으로 만들기 때문에,[8] 그 공포가 허황된 것은 아니다.

드론 문제는 드론 조종사에 관련된 것도 있다. 최근 미국 공군장관은 "일반 공군기 조종사들은 한 해 200~300시간 비행하지만 무인기 조종사들은 1년에 900~1100시간 동안 무인기를 조종한다"며 "이 때문에 무인기 조종사들이 일을 그만두는 속도가 보충인원을 훈련하는 속도보다 빠르다"고 했다.[9] 그리고 조종사의 정신적 문제는 육체적 문제보다 심각하다. 조종실 안에서의 폭격 장면과 조종실 밖 일상의 괴리가 조종사에게 "정신균형 이상"[10]을 발생시킬 수 있기 때문이며, 드론 공습은 분명히 사람을 죽이는 일임에도 마치 게임처럼 이루어지기 때문이다. "그저 조준하고, 클릭하면 끝이죠."[11] "세상에서 제일 멋진 일이라고 생각했어요. 온종일 게임만 하면 되니까요."[12] 드론 조종사였던 이들이 한 말이다. 스탠리 밀그램Stanley Milgram의 『권위에 대한 복종』에 따르면, 희생자를 더욱 생생하게 느낄 수 있을 때와 명령을 내리는 권위자와 떨어져 있을 때 '파괴적인 명령'에 복종하는 사람의 수는 급격히 감소한다. 간단히 말해, 희생자와 가깝고 명령을 내리는 권위자와 멀 때 덜 잔인해진다는 말이다.[13] 그런데 드론 조종사는 폭격 대상과 수천 킬로미터나 떨어져 있고, 작전을 지시하는 권위자는 조종실을 수시로 들락거리며 바로 옆에서 타깃을 죽이라고 명령한다. 다큐멘터리 드론Drone(2014)에서 전 드론 조종사는 "상대의 얼굴이 안 보이기 때문에 누굴 죽이는지도 몰랐어요. 윤곽만 보일 뿐이죠. 거리감이 생기고 감정이입도 되지 않아서 뭔가 다른 존재로 보게 돼요. 사람이 아니라 테러리스트일 뿐이죠."라고 말했다.[14] 그들은 잔인해질 수밖에 없다.

다음은 킬러로봇이다. 킬러로봇은 "인명살상 자동화 무기", 즉 로봇 스스로 판단해 사람을 죽이는 인공지능 로봇을 말한다. 미국의 '팔랑스Phalanx', 영국의 X-47B 드론, 이스라엘의 '아이언돔Iron Dome'과 '하피Harpy'[15], 한국의 SGR-1 등이 이미 실전에 배치되어 있다. 이외에도 많은 무기개발자와 인공지능개발자와 로봇개발자들이 킬러로봇을 만드는 것에 열중해 있다. 그들은 킬러로봇이 자국 장병의 피해를 최소화하고 로봇이 인간보다 목표물을 더 정확하게 구분하여 정밀하게 제거할 수 있기 때문에 킬러로봇이 필요하다고 한다. 이는 드론을 옹호하는 이들이 하는 말과 똑같다. 그리고 드론의 경우에서 봤듯이, 그들이 말하는 정확함과 정밀함은 수많은 민간인 사상자를 외면할 때에나 맞는 말이다.

지금까지의 킬러로봇은 장난감 총을 들고 녹색 옷을 입은 어린 아이와 진짜 총을 들고 녹색 군복을 입은 적을 구분할 수 없다. 과연 그 구분 기준을 제시할 수 있는 알고리즘을 만들 수 있긴 할까? 설사 기술의 발달로 킬러로봇이 사람만큼 피아를 구분할 수 있게 되어도 사람조차 헷갈릴 수 있는 경우에는 어떻게 할 것인가? 사람도 할 수 있는 실수이니 로봇도 그럴 수 있다고 하고 말 것인가? 이런 킬러로봇의 '정확함'에 대한 의심이 있다면 자연스레 민간인들의 사망과 부상을 예상할 수 있을 것이다. 만약 킬러로봇이 민간인을 공격했다면 그에 대한 책임은 누가 지게 되는 것일까? 그리고 그로 인해 민간인들이 죽었다면, 그들은 살해를 당한 것일까, 사고를 당한 것일까? 킬러로봇의 제작자들은 킬러로봇이 민간인의 사망을 획기적으로 줄일 수 있기 때문에 킬러로봇을 사용해야 한다고도 말한다. 그러나 이들의 말을 자세히 들여다보면 그들에게 민간인의 죽음은 그저 수치에 불과하다는 것을 알 수 있다. '민간인이 몇 명 죽는 건 어쩔 수 없죠.' 이게 그들의 생각이다.

킬러로봇의 문제는 민간인에 대한 것만으로 끝나지 않는다. 킬러로봇이 대상을 어떤 존재로 판단할 것인가도 문제이다. 가령, 아프리카 분쟁 지역에서 연합군은 소년병들과 전투를 벌이기도 했지만, 적이었던 소년병이 전쟁터를 탈출할 수 있도록 도와주기도 했다. 과연 로봇이 이러한 결정을 내릴 수 있을까? 전쟁터에서 많은 이들이 사람을 죽이면 안 된다는 도덕적인 개념과 적을 죽여야 한다는 현실의 상황에서 갈등한다. 많은 이들이 킬러로봇을 포함한 인공지능 분야의 발달에 따라 '로봇윤리'를 만들어야 한다고 하지만, 윤리 문제는 인류도 아직 답을 내리지 못한 것들이다. 이를 도대체 어떻게 로봇이 해결할 수 있고 그러도록 프로그래밍 할 수 있을까?

게다가 킬러로봇의 살상은 윤리를 아예 따질 수조차 없는 문제다. 킬러로봇이 사용자의 의도에 따라 적으로 판단되는 사람을 죽인 상황을 가정해보자. 로봇이 그 순간에는 독자적으로 자아를 가지고 판단해 움직인 것처럼 보이지만, 실제로 그들은 프로그래밍된 알고리즘에 따라 작동하는 기계일 뿐이다. 죽은 이는 사람으로서 죽은 것이 아니라, 대상 객체로서 제거된 것일 뿐인 것이다. 즉, 사람과 사람 사이의 일이 아니라, 기계장치가 작동대상에 기능을 수행한 것이기 때문에 도덕과 부도덕을 논할 수 없다. 이는 부도덕한 것보다 참혹하다.

지금까지 드론으로 인한 수많은 민간인 사상자와 조종사들의 육체적 · 정신적 피해, 킬러로봇이 피아를 구분할 수 없는 현실적 한계를 가졌고 윤리적 문제에 대한 답을 낼 수 없다는 것과 킬러로봇의 살상이 지니는 참혹함을 이야기했다. 무인살상로봇에 대해 알면 알수록 무인살상로봇은 없어져야 한다는 생각이 강해진다. 무인살상로봇은 인류를 위협할 수 있기 때문에 없어져야 하는 것이 아니다. 무인살상로봇은 이미 인류를 위협하고 있다. 그것들은 인류의 도덕과 윤리를 위협하고 있다. 따라서 국제적으로 무인살상로봇을 없애고 개발하는 것을 금지해야 한다.

---

1) 박병진 군사전문기자 · 김선영 기자, "[안보강국의 길을 묻다] 전쟁 패러다임 바꾸는 드론의 명과 암", 세계일보, 2015-04-07, http://www.segye.com/content/html/2015/04/07/20150407003726.html?OutUrl=Zum, 2015.10.13

2) 허진석 기자, "한국 막 걸음뗀 무인항공기, 美는 10년새 7500대 보유", 동아일보, 2012-10-09, http://news.donga.com/3/all/20121009/49954275/1, 2015.10.13

3) Dan8267, comment of "Everyone Knew that Iraq Didn't Have WMDs", patrick.net,

2015-05-19, http://patrick.net/misc/Everyone+Knew+that+Iraq+Didn't+Have+WMDs, 2015.10.13

4) Spencer Ackerman in New York, "41 men targeted but 1,147 people killed: US drone strikes – the facts on the ground", theguardian, 2014-11-24, http://www.theguardian.com/us-news/2014/nov/24/-sp-us-drone-strikes-kill-1147, 2015.10.13

5) jesus7864@yna.co.kr, " '무인기 민간인 사망, 美집계보다 많아' 주장 이어져", 연합뉴스, 2013-10-22, http://news.naver.com/main/read.nhn?mode=LSD&mid=sec&sid1=104&oid=001=001&aid=0006552026, 2015.10.13

6) 국제앰네스티 한국지부, "다음은 제 차례인가요? 드론의 진실", 국제앰네스티(Amnesty International), 2013-11-14, http://amnesty.or.kr/ai-action/7747/, 2015.10.13

7) 홍현진, "민간인, 드론 공격으로 죽어도 보상 못 받는다?", 오마이뉴스, 2013-08-14, http://www.ohmynews.com/NWS_Web/View/at_pg.aspx?CNTN_CD=A0001895965&CMPT_CD=SEARCH, 2015.10.13

8) 토니에 헤센 셰이(Tonje Hessen Schei) 감독의 다큐멘터리 '드론(Drone, 2014)' 중 '서든 저스티스(Sudden Justice)'의 작가인 크리스 우즈(Chris Woods)와의 인터뷰, 인권변호사이며 FFR 대표인 샤흐자드 아크바르(Shahzad Akbar)와의 인터뷰 참고

9) 박서진 기자, "[해외문화] 美 공군, 드론 조종사 '구인난'", 뉴스투데이, 2015-01-16, http://www.news2day.co.kr/n_news/news/view.html?no=63051, 2015.10.13

10) 이석원 기자, "군용 드론 키우는 미군의 고민", 테크홀릭, 2015-06-29, http://techholic.co.kr/archives/35254, 2015.10.13.

11) 토니에 헤센 셰이(Tonje Hessen Schei) 감독의 다큐멘터리 '드론(Drone, 2014)' 중 미 공군 소속 드론 조종사였던 브랜든 브라이언트(Brandon Bryant)가 인터뷰 중 한 말

12) 토니에 헤센 셰이(Tonje Hessen Schei) 감독의 다큐멘터리 '드론(Drone, 2014)' 중 드론, 미 공군 소속 드론 조종사였던 마이클 하스(Michael Haas)가 인터뷰 중 한 말

13) 주비니, "스탠리 밀그램의 권위에 대한 복종", 산책길, 2015-02-28, http://blog.naver.com/kim_aroh/220286011152, 2015.10.14

14) 토니에 헤센 셰이(Tonje Hessen Schei) 감독의 다큐멘터리 '드론(Drone, 2014)' 중 드론, 미 공군 소속 드론 조종사였던 마이클 하스(Michael Haas)가 인터뷰 중 한 말

15) 오애리 선임기자, "유엔 인권위 '한국, 살인로봇 개발 중단을' ", 문화일보, 2013-05-03, http://www.munhwa.com/news/view.html?no=2013050301071332071002, 2015.10.15

4.2. 제시된 글을 참조하여, 최근 새로운 첨단과학기술로 주목받고 있는 '생체인식 기술'(예, 인체칩 이식)에 대한 정보를 찾아보고, 자신의 문제의식과 주제가 분명히 드러나는 칼럼 한 편을 써 보자.

5.1. 다음 글은 한 아버지가 '리수'라는 딸에게 들려주는 글로 『모든 생명은 서로 돕는다』의 일부이다. 여기에서는 이 글 각 단락에 내용의 개연성이 어떻게 드러나고 있는지를 살펴보기로 한다. 그리고 전체 글의 논지를 정리해 보자.

죽음의 기업 몬산토, 죽음의 씨앗 GMO

- 아빠, 유전자 변형 작물이 늘어나는 인구의 식량 문제를 해결해주지 않나요?

리수야, 우리는 일상생활에서 숱하게 생명공학이나 GMO(Genetically Modified Organism, 유전자 변형 생물) 이야기를 듣곤 하지. 먹거리에 관심이 있는 사람들은 GMO의 유해성을 심각하게 걱정하고, 인류의 과학 기술을 신뢰하는 사람들은 GMO의 유해성은 근거 없는 과장된 이야기라고 무시해. 이렇듯 GMO에 대한 상반된 견해는 극에서 극을 달리지. 도대체 GMO를 어떻게 이해하고 받아들여야 할까?

최대의 GMO 생산 기업은 다국적 기업인 몬산토야, 이 몬산토의 역사를 알면 GMO를 더 잘 이해할 수가 있단다. 과거의 몬산토는 PCB(폴리염화비페닐, 냉각액과 윤활액으로 사용)와 다이옥신, 제초제인 라운드업을 생산하여 판매하던 회사였어. 몬산토는 프랑스에 TV에 개가 뼈다귀를 가지고 노는 잔디밭에 제초제인 라운드업을 살포하는 광고를 많은 횟수 방영했어. 즉 라운드업이 생물 분해성 제초제이기 때문에 동물에게는 전혀 해가 없다는 뜻이지. 광고 덕분에 라운드업은 세계에서 가장 많이 팔린 제초제가 되었단다. 하지만 이 광고는 허위였어. (중략) 쥐와 성게에게 실시한 실험에서 암을 유발하는 것으로 밝혀졌단다.

또 몬산토가 생산한 '에이전트 오렌지'라는 약품은 베트남전에 살포된 고엽제야. 몬산토는 내부적으로는 에이전트 오렌지가 심각한 문제를 야기한다는 것을 알았지만 극비에 붙였지. 그리고 에이전트 오렌지는 인체와 생태계에 무해하다고 홍보했어. 미군들조차 에이전트 오렌지가 인체에 무해하다고 교육을 받았고 정글 작전 중에 헬기가 뿌리는 에이전트 오렌지를 몸에 적시기도 했어. 심지어는 에이전트 드럼통에 고기를 구워 먹기도 하였지 그 미군들은 전쟁이 끝난 후 고엽제 환자가 되었단다. 많은 장병들이 암과 백혈병으로 짧은 삶을 마감했고 팔과 다리가 썩어서 떨어져 나가기도 했어. 고엽제 피해 참전 용사들은 몬산토를 상대로 소송을 걸었지만, 몬산토는 에이전트 오렌지의 위험성에 대한 자료는 없으며 다이옥신은 자연계 어느 곳에나 있는 것이라면서 에이전트 오렌지의 문제가 아니라고 주장했어. 베트남 참전 용사들은 기나긴 소송 끝에 약소한 보상금을 받았을 뿐이야. 베트남전 당시 1962년부터 1971년까지 330만 헥타르의 밀림과 토양에 8,000만 리터에 달하는 제초제가 살포되었어. (중략) 그로 인해 베트남에서는 지금도 비정상적으로 커다란 머리 하나에 몸이 둘 달린 샴쌍둥이, 머리가 둘 달린 아이, 팔다리가 없는 자그마한 몸통, 무뇌증 등 온갖 기형아들이 태어나고 있어.

PCB, 라운드업, 에이전트 오렌지 등 화학 약품으로 엄청난 수익을 얻은 몬산토는 시간이 지나면서 늘어나는 손해 배상 금액 등이 부담스러워졌어. 그 결과 라운드업에 저항성을 갖는 유전자 변형 식물을 생산하게 된거야. 1985년 몬산토연구소는 오직 라운드업에 저항성을 갖도록 하는 식물 세포의 유전자를 찾아내는 것에 혈안이 되어 있었고, 드디어 1987년 저항성을 갖는 유전자를 찾아냈단다. (중략) 몬산토에게는 대박의 순간이었겠지만, 지구의 생명과 사람들에게는 생명의 위기의식과 먹거리를 염려해야 하는 시발점이 되었지. 몬산토는 축출해낸 유전자를 대두 세포에 '유전자 대포'라는 방식으로 접합시켰어. 이것은 대두 DNA를 향해서 삽입하고자 하는 유전자를 무차별적으로 쏘아대는 방법이야. 그렇게 하다 보면 대부분의 대두 DNA는 파괴되거나 빗맞지만 그중에 삽입하고자 하는 유전자가 대두 DNA와 결합된 것도 생기거든. 이 DNA는 삽입된 유전자가 어느 위치에 들어가 있느냐에 따라 다른 특성을 지녀. 그만큼 불안정하다는 거지. 이것은 이후 gm 대두가 파종되면서 많은 기형 대두가 생기는 원인이 되기도 했어. 몬산토는 그러한 사실을 알았지만 당연히 GM 대두는 안정된 DNA 구조를 가지고 있다고 발표했단다. 이렇게 하여 제초제 라운드업에 내성을 갖는 라운드업 레디라는 GMO가 탄생한 거야. (중략)

몬산토는 지속시킬 수 있는 수익구조를 놓고 고민에 빠져들었지. 그 결과 나온 것이 특허권에 대한 지적 재산권이야. 몬산토는 자사가 만들어 판매하는 GM 종자는 한번 사용할 수 있는 권리를 파는 것이고 그 지적 재산권을 사용하는 비용을 받는다는 거야. 포토샵 프로그램을 하나 구입하여 100대의 컴퓨터에 설치하여 사용한다면 이것은 저작권

위반이 되는 것과 마찬가지로 GM종자는 한번 사용해야지 그 열매를 남겨두어 다음 해에 심는 것은 저작권 위반이고 불법이라는 것이지. 몬산토는 사설탐정들을 풀어서 새로 구입하지 않고 남겨둔 종자를 심은 농장을 '불법 사용'으로 적발했어. 1998년에는 475건, 그리고 2004년까지 매년 500건 이상의 소송을 제기하여 평균 41만 달러의 피해 보상금을 받아냈지. 이로 인해 소송에 휘말린 많은 농가가 파산을 당했어.

멕시코, 아르헨티나, 파라과이, 브라질과 같은 곳에서는 GM 대두가 파종되면서, 농촌은 대변혁을 맞이했어. 제초제를 뿌려도 죽지 않는 GM대두로 인해 기계로 씨를 파종하고 기계로 약을 뿌리고 기계로 열매를 거두는 것이 가능하게 되었지. 그런데 대규모 농사를 하기 위해서는 각종 기계가 필요하고 종자 비용과 농약, 제초제, 비료 등의 비용이 들어가기 때문에 소농은 경쟁을 잃어 파산할 수밖에 없거든. 간혹 GM 종자를 사용하지 않고 대규모 농장 주변에서 소농을 하던 밭에는 대규모 농장에서 기계로 살포하는 제초제가 날아 들어와 곡물을 죽여버렸지.

GMO는 만들어지는 순간부터 끊임없이 다양한 측면에서 위험성이 제기되었단다. 첫째는 생명의 다양성을 파괴한다는 점이야. 생명의 특징 중 하나가 다양성이잖아. 이 책의 앞부분에서 살펴보았듯이 지구 생명체는 종의 다양성에 의해 공존이 가능해. 그런데 GMO는 생산과 유통의 효율성을 극대화하기 위하여 획일화된 유전자로 되어 있거든. 생명은 다양한 종이 어우러져 살고 같은 종끼리도 다양한 유전자를 가지고 있지. 그러한 유전자 중에는 당장 어떠한 역할을 담당하기도 하지만 지금은 아무런 필요가 없어 보이는 유전자들도 있어. 이렇게 지금 필요 없어 보이는 유전자가 환경이 변했을 때 그 변화에 적응할 수 있는 역할을 해주기도 해. GMO는 음식을 만들 때도 문제를 일으켜. 아르패드 퍼스차이는 쥐에게 GMO감자를 먹이는 실험을 했는데 10일이 지난 뒤부터 쥐들의 건강에 이상 징후가 나타나기 시작했어. 영국 로웨드연구소와 영국 의료연합, 독일 예나대학교와 여러 과학자들은 GMO가 인체에 유해함을 입증하는 연구결과들을 이미 오래 전에 발표했어. 스코틀랜드 조직병리학자인 스탠리 에이윈은 "GMO 식품이 폐암이나 대장암 등을 비롯한 발암 원인"이라는 연구 결과를 발표했지. GMO가 우리 몸의 면역 체계를 망가뜨린다는 발표도 있지. 또 이상 행동, 난폭하고 공격적인 성향, 정신 산만 등도 GMO 물질이 뇌에 미친 영향이라는 수많은 연구자들의 주장이야.

GMO는 종자 생산자에게는 경제적인 이익을 가져다주지만 소비자에게는 전혀 유익한 부분이 없고 오히려 건강과 관련하여 많은 우려를 하게 만든단다. 그래서 소비자들은 GMO의 소비를 꺼려하지. 문제는 미국에서는 GMO 성분을 표시하기 꺼려한다는 점이야. GMO 생산업계는 GMO 식품이 정상적인 식품과 "실질적으로 동등하다"고 주장하며 똑같은 것임에도 특별히 GMO라고 표시하는 것은 불필요한 오해를 불러일으킬 수 있고, 성분 표시에 드는 비용이 지나치게 높아 상품 가격을 인상시키기 때문에 반소비자적이라는 이유로 성분 표시를 거부하고 있어. 우리나라의 경우는 2001년부터 시행된 '유전자 변형 농산물 표시 요령'과 '유전자 재조합 식품 등의 표시 기준'에 따라서 GMO 제품을 표시하고 있어. 그런데 이 기준을 살펴보면 GMO 원료가 원료 함량의 5순위 이내인 경우에만 표시하도록 되어 있단다. 또 제조 가공 후 최종 제품에 유전자 변형 DNA나 외래 단백질이 남아 있지 않거나 검출이 불가능한 경우에도 표시를 하지 않아도 돼. 그래서 GMO를 원료로 하여 만든 식용유는 GMO 원료를 사용하였다고 표시할 의무가 없어. 2012년 식용으로 수입한 GMO 농산물은 190만 톤이나 되고 사료용 GMO는 593만 톤에 이르러. 하지만 실제 소비자가 구입하는 물건 중에 GMO라고 표시된 제품은 찾기가 어려워. 그 많은 GMO 곡물은 어디로 가버린 것일까? 식용유나 간장, 액상과당과 같이 표시하지 않아도 되는 제품이나 총 함량 중 5순위 이하로 사용하여 표시가 되어있지 않았을 뿐이야.

리수야, (중략)

– 박종무, 『모든 생명은 서로 돕는다』, 리수, 2014, 224-232쪽 중 부분 발췌.

5.2. 여운을 남기는 글의 끝맺음 방법이 무엇인지 생각해 보고, 만약 자신의 미래 아이에게 그간의 (직 · 간접) 경험을 담아 결론 맺는다면, 이 부분을 어떻게 쉽게 설명하며 마무리 지을 수 있을지 이어 써 보자.

3 과학기술과 예술

테크플러스tech+라는 신조어가 있다. 테크플러스는 기술technology을 토대로 삼되, 그 위에 경제, 문화, 인간뿐만 아니라 사회, 철학, 심리, 예술을 더한다는 의미로 기술과 인문의 융합을 지향하는 사회를 위해 개최된 포럼의 이름에서 따온 용어이다. 2009년 첫 개최 후 지금까지 이 포럼은 최신의 무대, 영상, 음향 장비가 동원되고, 전문 공연 연출가가 연출을 맡아 진행된다. 당연히 포럼은 해마다 대형 공연이 열리는 체육관이나 전당 등에서 개최되며, 과학자, 기술자, 작가, 음악가, 공예가 등이 무대와 객석을 가득 메운다. 기술에 감성을 더해 소비자를 공략하기 위한 전략이라고는 하나, 기술과 예술이 그 효과로서 공유하는 '충격'의 융합이라는 점에서는 눈여겨 볼만하다. 재즈 드러머 남궁연의 말마따나 기술의 충격이 감탄이라면, 예술의 충격은 감동을 수반한다. 테크플러스는 서로 다른 분야의 지식을 가진 사람들이 소통하고 연대함으로써 예술과 기술의 간극이 해소되는 사건으로서 꽤나 긍정적이다.

과학기술과 예술이 융합한 사례의 계보는 꽤나 오래되었다.

처음부터 예술이었던 것은 아니나, 영화의 출현은 그 좋은 예라 할 수 있다. 영화라는 예술의 가장 근본적인 원리는 잔상효과라는 과학이론과 초당 24프레임의 사진을 기록하고 재생시키는 기술이다. 게다가 디지털 기술이 발달하면서 과학기술은 영화라는 예술에 더욱 광범위하게 기입되기 시작했다. 〈그래비티 Gravity〉(알폰소 쿠아론, 2013)는 3D라는 기술을 통해 우주라는 과학적 사실을 전달하는 예술적 경지를 보여주었다. 영화에서 예술적 경지에 이른 과학기술의 예는 허다하다. 〈인셉션 Inception〉(크리스토퍼 놀란, 2010) 역시 빼놓을 수 없는데, 이 영화는 꿈 또는 무의식이라는 과학적 세계를 CG라는 기술을 통해 시각화함으로써, 꿈과 무의식을 소재로 삼은 회화, 음악, 연극, 문학의 뒤에 당당히 이름을 새겨 넣었다. 영화만큼이나 과학기술이 예술과 만나거나, 과학기술이 그 자체로 예술이 되어버린 더 나은 예는 게임이다. MMORPG Massive Multiple Online Role Playing Game는 순전히 과학기술만으로 구성된 것이나 예술이 그러했던 것처럼 현실에 대한 다른 경험 방식을 제공하며, 다른 세계를 상상하게 한다.

과학기술과 예술의 만남을 기록하고 있는 글은 다양하다. 몇 편을 골라 읽어보고 글의 소재가 무엇인지, 소재에 접근하는 관점이 무엇이며, 그 결과로 제시된 핵심내용이 무엇인지, 혹시 논지를 전개하는 과정에서 오류는 없는지 확인해 보자.

1. 다음 글을 읽고 글의 논지에 부합하는 적절한 사례를 찾아 제시하고 이어서 써 보자.

과학자가 느끼는 아름다움과 관련해서 자주 인용되는 구절은 푸앙카레의 해석이다. "과학자들은 자연이 유용하기 때문에 그것을 탐구하지 않는다. 과학자들은 그것에서 즐거움을 느끼기 때문에 자연을 탐구하며, 그가 즐거움을 느끼는 이유는 자연이 아름답기 때문이다. 자연이 아름답지 않다면, 자연은 알 가치가 없으며 인생은 살 가치가 없을 것이기 때문이다." 물론 여기에서 자연의 아름다움이란 훈련을 받은 과학자들이 느끼는 추상적인 아름다움이며, 이러한 의미에서 이는 미술에서 자주 언급하는 자연의 아름다움과 같은 것이라고는 할 수 없다. 오히려 푸앙카레의 이런 생각은 "나는 자연이 우리에게 제공하는 수학적 구도의 단순성과 아름다움에 강하게 끌린다는 것을 인정할 수밖에 없다"는 하이젠베르크의 고백과도 흡사하다. 사실 하이젠베르크나 바일과 같은 물리학자들은 여러 차례에 걸쳐서 '아름다운 것은 진리일 수밖에 없다.'는 입장을 밝혔고, 아인슈타인의 아들 한스 아인슈타인은 아버지가 이론을 평가할 때 그것이 옳은가 틀린가 보다 그 이론이 아름다운가 그렇지 않은가를 훨씬 더 중요하게 생각했다고 회고했다. 과학자들이 느끼는 아름다움이 비록 추상적인 아름다움이라고 할지라도 이는 "아름다움이 진리이고 진리가 아름다움이다"라고 한 시인 키츠의 미학과 흡사하다.

많은 과학자들과 철학자들이 '진리의 미적 기준'과 같은 개념이 정의될 수 없는 모호한 것이며, 과학 이론의 정당화에 '아름다움'과 같은 기준이 개입한다는 것이 '비합리적'이고 심지어 '비이성적'이라고 비판했다. 그렇지만 당대 최고 과학자들은 오히려 과학 이론과 실험의 아름다움을 얘기하는 데 거리낌이 없었다. 예를 들어, 러시아 물리학자 란다우와 리프쉬츠는 아인슈타인의 일반상대성 이론을 가리켜 '최고로 아름다운 이론'이라고 평가했다. 이론입자 물리학자 스티븐 와인버그는 아름다운 이론의 조건으로 단순성, 필연성 혹은 논리적 완결성, 대칭성을 꼽았다. 아름다움에 대한 추구는 물리학에만 국한되지 않는데, 디엔에이DNA 구조의 발견에 결정적으로 공헌한 결정학자 로잘린드 프랭클린은 디엔에이 구조가 이중나선이 라는 결과를 접한 뒤에 이것이 "참이 아니라고 하기에는 너무 아름다워서 그 (이중나선) 구조를 받아들일 수밖에 없었다"고 고백했다.

그렇지만 과학이 미적인 요소나 기준을 포함하고 과학 활동이 아름다움을 추구한다는 것을 인정해도, 바로 이 점 때문에 과학과 예술이 근본적으로 다르다는 주장이 가능하다. 즉 단순성과 대칭성 같은 과학에서의 미적 기준은 객관적이고 보편적임에 반해서, 예술에서의 미적 기준은 보편적이지 않고 단지 주관적이라는 반론이 제기될 수 있기 때문이다. 이 문제에 접근하기 위해서는 단순성이나 대칭성 같은 미적 기준이 과학에 중요하게 개입할 수 있는 근거를 먼저 생각해볼 필요가 있다. 20세기 과학철학의 주류는 과학에서 '정당화의 맥락context of justification'이 철저하게 논리적 과정을 따라 이루어지기 때문에 여기에 아름다움과 같은 감정적인 기준이 개입할 여지는 전혀 없다고 본다. 이에 동의하지 않는 몇몇 과학자들은 자연 그 자체에 단순성과 대칭성 같은 '미적 기준'이 각인되어 있다고 주장한다. 그런데 후자의 주장은 검증되지 않은 형이상학적인 믿음에 가까울 뿐만 아니라, 과학이 실제로 걸어왔던 역사적 과정과도 잘 맞지 않는다. 우선 단순성에 대해서도 이를 법칙의 최소 개수, 부차적 가설의 최소 개수, 입자 종류의 최소 개수, 기하학적이거나 수학적 표현의 단순성으로 보는 등 몇 가지 다른 정의들이 존재하며, 따라서 같은 이론을 단순하다고 파악하는 근거가 상이한 경우도 드물지 않게 나타난다. 이러한 혼동은 대칭성에 대해서도 비슷하게 나타난다. 게다가 단순성과 대칭성의 개념도 시간에 따라 변화하는 모습을 보여왔으며, 생물학에서의 미적 기준은 물리학의 단순성이나 대칭성과 무척이나 다르다. 이러한 요소들을 고려해보면, 완벽하게 보편적이고 객관적인 미적 기준은 과학의 경우에도 존재하지 않는다고 할 수 있다.

과학에서의 미적 기준을 비합리적·비이성적 과정이라고 무시하지도 않고, 그렇다고 '자연에 아름다움이 내재해 있기 때문'이라는 식의 본질주의에 빠지지도 않으면서도 그 역할을 새롭게 해석할 수 있는 방법이 과학철학자 매캘리스터에 의해서 제시되었다. 매캘리스터는 이를 설명하기 위해서 '미적 귀납aesthetic induction'이라는 개념을 도입했는데, 이 개념은 성공적으로 자연현상을 설명한 이론의 경우에는 그 이론의 미적인 특성도 높은 평가를 받고, 이런 과정이 지속되면서 오랜 시간을 걸쳐서 살아남은 특정한 미적 특성이 미적 규범으로 굳어진다는 것을 의미한다. 과학자들은 이러한 미적 규범을 '진리의 광채'로 받아들이는데, 그 이유는 이런 규범이 성공적인 과학적 발견을 낳고 경쟁하는 가설이나 이론 중 더 타당한 것을 선택하는 데 지침이 될 수 있기 때문이다. 성공적으로 발전했던 뉴턴 과학은 그 이론 체계와 함께 '결정론'과 '시각화visualization'라는 기준을 성공적인 미적 규범으로 받아들여지게 하였고, 반면에 상대성이론의 성공은 물리학에서 대칭성과 단순성이라는 새로운 미적 규범이 주목받는 결정적 계기를 만들었다는 것이다.

매캘리스터의 해석은 과학에서의 미적 규범들이 시간에 따라 변화하며, 여러 과학 분야에서 상이한 미적 규범들이 채택되어 사용되고 있는 점을 잘 설명해준다. 뿐만 아니라 이러한 해석은, 과학의 미적 기준은 객관적 · 보편적이며 예술의 미적 기준은 주관적 · 순간적이라는 양분법을 극복하는 출구를 제공한다. 과학자들이 과학적 실행의 반복과 축적을 통해서 미적 규범을 확립하고, 이에 비추어 다시 자연을 탐구하고 자연을 해석하는 과정은, 예술가들이 예술적 창작 활동을 통해서 미적 기준을 만들고 이에 비추어서 세계와 인간의 내면을 탐구하고 재해석하는 과정과 흡사하다. 물론 과학에서의 아름다움과 예술이 추구하는 아름다움이 그 내용과 형식이 모두 동일한 것은 결코 아니다. 그렇지만 과학과 예술은 모두 인간이 감각, 이성, 손, 기구를 이용해서 세상을 만들고, 이해하고, 해석하는 과정이며, 이러한 복잡한 실행은 주관-객관, 감성-이성, 종합-분석과 같은 이분법적인 카테고리로는 적절하게 기술될 수 없다.

– 홍성욱, 『인간의 얼굴을 한 과학』, 서울대학교출판부, 2008, 54–59쪽.

2. 다음 글의 오류를 파악하고 다시 써 보자.

제임스 카메론이 만든 영화 〈아바타〉는 기술과 예술 결합의 결정체다. 앞서 〈터미네이터〉(1984), 〈타이타닉〉(1997) 등을 흥행시켰던 그는 화가이자 간호사인 어머니와 전자공학자 아버지 사이에서 태어났다. 유전적으로 예술가와 엔지니어의 특성을 균등하게 소유한 셈이다. 어릴 적부터 품어온 그의 꿈은 기술과 예술을 결합해 최고의 영화를 제작하는 것이었다. 이를 실현하고자 고등학교 시절 물리학에서 만점을 받는 등 과학 공부에 열심이었으며, SF와 같은 새로운 장르를 탐닉하며 자연·환경·기술 등 여러 분야를 섭렵했다. 심지어 트럭 운전사로 일하던 중에도 짬을 내 글쓰기를 멈추지 않았다고 한다. 카메론이 80페이지 분량의 〈아바타〉 초기 스크립트를 쓴 것이 1994년이었는데, 당시에는 신비롭고 원시적인 나비족과 판도라 세계, 2154년의 과학기술과 무기 체계가 어우러진 상상의 세계를 표현할 기술이 없었다. 그래서 그는 15년간의 탐구와 노력으로 3D 기술과 직접 개발한 이모션 캡처Emotion Capture 기술, 스테로오코스픽Sterocospic 3D 편집 기술 등을 접목해 영화사에 길이 남을 신기원을 이뤄 냈다. 짜임새 있는 스토리에 종교, 심미, 원시, 신비함에 휴머니즘이 융합된 〈아바타〉는 첨단 기술을 통한 생동감 넘치는 표현과 스토리로 전 세계 관객들에게 감탄과 감동을 선사했다. 영화의 흥행은 3D 열풍에 결정적 획을 긋고, 자동차 수백만 대 수출 효과 이상의 파급력을 가져왔다. 인문과 기술의 융합, 〈아바타〉가 비단 영화계만의 혁신이 아니었음은 모두가 공감할 것이다.

– 김용근, 「'예술 수준의 기술'을 통한 융합 혁신」, 『인문학자, 과학기술을 탐하다』, 고즈윈, 2012, 225–226쪽.

3. 다음 글을 읽고 중심 내용을 뒷받침하는 사례를 제시하고 논증을 강화해 보자.

과학은 법, 비평, 역사 연구 같은 다른 분야에서도 이미 상당한 영향력과 사조를 발산해 왔고 앞으로도 그러할 것이다. 하지만 과학이 위대한 시인, 화가, 소설가, 음악가, 연설가의 싹을 없앨 수 있을까? 과학 연구의 어떤 분야는 괴테를 강하게 끌어당겼지만 거기서의 그의 소질은 분명 그 자신의 분야에서보다는 약했다. 알렉산더 윌슨은 조류학을 위한 시를 남겼고 이것은 현명한 선택이었다. 그는 시에서는 탁월했지만 조류학에서는 보통이었다. 찰스 라이엘 경도 현명하게 시 짓는 일을 포기하고 지질학을 선택했다. 지질학에서 그는 두각을 나타냈으며, 지층에 나타나는 '자연의 비밀이 담긴 무한한 책'을 해석하면서 그 안에서 자신이 지닌 모든 상상력과 해석 능력을 펼칠 충분한 여지를 발견했다. 그의 연구는 하늘처럼 광대하고 균형 잡혀 있으며 우리에게 시적 만족감을 준다.

진정한 시인과 과학자는 서로를 멀리하지 않는다. 친구처럼 그들은 자연 속으로 떠난다. 그들이 여름 들판과 숲 속을 거니는 모습을 보라. 둘 중에 젊은이가 훨씬 활동적이고 호기심이 많다. 때로 어떤 대상을 자세하게 조사하기 위해 옆으로 비켜나서, 꽃을 꺾고 조개껍질을 소중히 하며 새를 좇기도 하고 나비를 지켜보기도 한다. 지금은 돌을 뒤집고 습지를 들여다보고 바위 조각을 떼어 내기도 하는데, 그 주변의 모든 대상이 어떤 특별하고 구체적인 지식을 그에게 주려는 듯하다. 두 사람 중 나이 든 이는 느긋한 사색과 향유의 분위기를 좀 더 갖고 있다. 어떤 특정한 대상과 특성에 관한 호기심은 덜한 반면 자연 전체의 영혼과 자신이 조화되기를 원한다. 그렇지만 젊은 동행인이 신선하고 특징적인 정보를 그에게 전한다면 그는 매우 귀 기울여 들으며 확신과 안목을 가지고 평가해 줄 것이다! 우주에 관한 두 사람, 즉 시인과 과학자의 관심은 매우 다르지만, 진정 어떤 의미에서도 그들은 적대적이거나 서로를 해치는 사이가 아니다.

– 존 버로우즈, 「과학과 문학」『인문학자, 과학기술을 탐하다』, 고즈윈, 2012, 65–66쪽.

4. 다음 글의 내용을 요약해 보자.

과학기술이 어떻게 인간의 숨통을 죌 수 있는지를 잘 묘사한 소설은 조지 오웰George Owell의 『1984』다. 작가 조지 오웰은 제2차 세계대선 기간에 가공할 무기의 발명으로 수없이 많은 사람들이 살상되는 모습을 보고 1948년 이후 36년이 지난 미래사회, 즉 1984년이 되면 인간의 모든 의식과 행위를 철저히 통제하는 파시즘적인 독재정권이 다시 출현할 것으로 보았다. 개인의 자유가 일절 허락되지 않는 전체주의 사회의 절대권력자 '빅 브라더Big Brother, 大兄'는 바로 고도로 발달된 과학기술을 통해 사람들의 일거수일투족을 낱낱이 감시하고 의식을 변형하며 조작함으로써 완벽한 전체주의를 이룩한다.

이미 오래전부터 과학기술 사회의 우려스러운 측면을 걱정해 온 일군의 학자들은 작업장이나 일상생활의 현장에 이러한 빅 브라더의 원리가 작동하고 있다고 주장해 왔다. 오래된 영화이기는 하지만 작업장에서의 감시와 통제를 희극적으로 묘사한 찰리 채플린Charlie Chaplin의 고전 〈모던 타임즈Modern Times〉는 감시와 통제 속에서 일하는 전형적인 노동자의 모습을 너무나 잘 묘사하고 있다. 일정한 속도로 흘러가는 컨베이어 벨트 앞에서 자본주의 노동자인 찰리 채플린은 하루 종일 나사를 조이는 단순노동을 반복한다. 옆 노동자와 잠깐 말을 나누려는 순간 컨베이어 벨트 위에 놓은 나사 부품이 지나쳐버리면 찰리 채플린은 허둥대며 그 나사를 조이기 위해 달려간다. 단 일 초의 여유 시간도 허용되지 않는 그에게 하루 종일 반복되는 단순노동은 마침내 사장 비서의 옷에 달린 단추마저 나사로 보이게 하는 환각현상을 불러일으킨다. 결국 그는 미친 듯 나사를 조이다가 컨베이어 벨트 속으로 빨려 들어가 거대한 기계의 세계에서 미라처럼 뻗어버린다.

한편 사장은 멀리 떨어진 사무실에서 스크린을 통해 노동자들의 근로 모습을 감시한다. 퍼즐 놀이를 하고 있다가 힐끗 스크린을 바라보고 컨베이어 벨트의 속도가 좀 느리다 싶으면 '5번 벨트 속도 증가' 하고 명령을 내린다. 그러면 사장이 총애하는 건장한 근육질의 참모 노동자가 벨트 속도를 높이고, 벨트의 작동 속도는 더욱 빨라지면서 그 앞의 노동자들의 손놀림도 더욱 바빠지게 된다. 찰리 채플린은 잠시 땀을 내어 화장실에 들른다. 화장실에 들를 때 그는 출입문에 달린 센서에 카드를 그어 그가 잠시 '노동을 중지하고 있음을' 보고해야 한다. 화장실에서 몰래 담배를 피우려는 순간 그 장면이 곧 자동카메라에 잡혀 사장실에 설치되어 있는 거대한 스크린에 나타나고, 사장은 버럭 고함을 지른다. "Hey, Go back to your work! 이봐 작업장으로 돌아가!"

– 김왕배, 「'미녀와 야수' 과학 기술 사회의 음(陰)과 양(陽)」, 『멋진 신세계와 판도라의 상자』, 문학과 지성사, 2009, 341–344쪽.

5.1. 다음 글을 읽고 디지털 게임과 현실 사이의 관계에 관해 생각해 보자. 이 글의 논지를 강화하거나 약화하는 구체적인 사례들을 조사한 뒤 자신의 견해를 바탕으로 토론에 참여해 보자.

백만 개의 아바타들이 이 군도에 거주한다. 항상 수천 개의 아바타가 별난 섬들을 탐사하고 있고, 시원한 바다 위를 날아다니며, 로코코 양식의 건축물 사이를 헤매고 있고, 파티에서 술을 마시고 있고, 자신들의 성性을 바꾸고, 친구들과 잡담을 나누고, 록 콘서트에 참석하고, 에로틱한 만남을 즐기는 등 그 밖에도 많은 것을 하고 있다. 당신도 그들 중 하나이다. 샌프란시스코의 린든 랩에 의해 만들어진 가상세계인 〈세컨드 라이프〉를 둘러싼 엄청난 관심에서 촉발된 호기심을 충족시키기 위해 당신은 돈을 지불했다. 이 새로운 사회에서, 당신의 반복되는 일상생활의 주기로부터 도망치기를 기대하면서 말이다. 하지만 곧 당신은 그 출발이 결코 상쾌하지 않았음을 발견하게 된다.

〈세컨드 라이프〉에서 “기본 플레이”는 무료이다. 하지만 린든 랩은 토지 소유에 대해서는 월 회비를 부과한다. 그리고 이 온라인 영역에서 가상 건물의 판매와 임대는 부유층의 주요 수입원이다. 당신은 또한 자동차부터 우주선에 이르는 탈 것들과 가구・예술작품・기계들을 만들고, 풍경들과 동물군, 식물군을 설계하고, 당신의 디지털 인물의 피부와 몸짓들을 정교하게 만들 수 있다. 이러한 창조물들은 법적으로 당신의 소유이다. 린든 랩은, 게임-세계 경제학에 있어서의 큰 발전으로서, 게임 이용자가 생성한 콘텐츠에 대한 이용자의 지적 재산권을 인정했다. 그러한 제산은 〈세컨드 라이프〉의 다른 거주민들에게 공식 통화인 “린든 달러”를 받고 판매될 수 있다. 하지만 이러한 거래들은 현실의 시장으로 더 많이 이어진다.

이 책을 쓸 당시에 〈세컨드 라이프〉의 공식적인 외화 린덱스LindeX 환율 기준으로 미화 1 달러를 가지고 250 린든 달러를 구매할 수 있었다. 가상의 상품을 실제 이익으로 전환하는 기회들을 염두에 두고서, 많은 기업가들이 〈세컨드 라이프〉에 모여들었고, 몇몇은 실제로 많은 돈을 벌었다. 하지만 〈세컨드 라이프〉에서의 소득 분배는 이상하리만치 익숙하다. 즉 주민의 약 20퍼센트가 소수의 린든 달러 부유층이고, 나머지는 가상의 가난으로 고통을 겪고 있다.

물론 가상의 가난은 실제의 가난과 같지 않다. 〈세컨드 라이프〉를 하려면 컴퓨터와 광대역 연결망이 필요한데, 이것 자체가 세계에서 상대적으로 부유한 계층으로만 접근성을 제한하는 것이다. 〈세컨드 라이프〉의 인구 중 대다수는 20대이고, 남녀의 비율은 비슷하며, 유럽이나 미국, 일본에 거주한다.(그러나 가장 활발한 게임이용자들은 미심쩍은 자금들의 피난처로 악명 높은 케이먼 제도에 있다. 이는 린든 달러가 돈 세탁의 수단이 되었다는 점을 암시한다.) 〈세컨드 라이프〉 인구의 60퍼센트 이상이 대졸자이고, 대부분 4만 5천 달러 이상의 연봉을 받고 있으며, 40퍼센트는 매년 9만 달러 이상을 벌어들인다. 이것은 기업 홍보담당자들을 끌어들이고 〈세컨드 라이프〉의 거리를 익숙한 로고들로 채우게 하는 인구 통계이다. 애플, 아디다스, 나이키, 닛산, 폭스바겐, 도요타, 아메리칸 어패럴, 씨비에스, 델, 썬 마이크로시스템즈 등 많은 실제 회사들이 길거리 광고판이 아니라 게임 안에서 존재하고 있다. 그곳에서 당신은 오프라인 매장의 물건에 해당하는 가상의 등가물을 구매할 수 있다. 이것은 아마도 실제 판매를 활성화시키면서도, 분명 자산에 대한 수수료는 린든 랩의 계좌로 꾸준히 흘러들어가게 함으로써, 자본금 2천만 달러짜리인 그 회사의 현재를 가능하게 했을 것이다. 아마도 당신은 <세컨드 라이프>에 참여하라는 지시를 받았을 것이다. 고용주들은 이것을 직원들을 교육시키고 모임을 수행하는 데 있어서 '흥미유발용' 플랫폼으로 환영하고 있다. 예를 들면 아이비엠 IBM은 작업그룹용 '민간 소유 섬들'을 보유하고 있다. 당신이 이러한 새로운 차원으로 들어갔다 할지라도, 당신의 개인화된 아바타는 마우스 클릭에 의해서가 아니라 컴퓨터 서버에 의해 동력을 얻는다. 하나의 추정에 따르면, 〈세컨드 라이프〉 아바타 주민당 매년 1,752킬로와트의 전기를 사용하게 되는데, 이는 평균적인 브라질 사람 한 명이 실제 소비하는 전력과 같은 양이며, SUV 차량으로 2천 3백 마일을 운전하는 것과 같은 양의 이산화탄소를 배출한다.

달리 말해서 〈세컨드 라이프〉의 주민들은 철저하게 자본주의적인 질서의 주체들이다. 그들은 계급이 분할되어 있고, 자산을 소유하고 있으며, 상품을 교환하고, 통화를 거래하고 있고, 네트워킹되어 있으며, 에너지를 소비하고 있다. 당신의 두 번째 인생에 오신 것을 환영하다. 첫 번째 인생과 매우 비슷하지만 말이다.

– 닉 다이어-위데포드 · 그릭 드 퓨터, 남청수 역, 『제국의 게임』, 갈무리, 2015, 18-21쪽.

5.2. 토론을 위해 조사한 자료를 토대로 다음에 예시한 문제의식 중 하나를 선택해서 그것의 의미를 규명하는 글을 완성해 보자.

(예시)

▶ 디지털 게임과 제국주의

▶ 디지털 게임과 트랜스 내셔널리즘

▶ 디지털 게임의 경제적 효과

▶ 디지털 게임의 소비주의

▶ 디지털 게임의 대안 사회적 가능성

▶ 디지털 게임과 생체권력

▶ 디지털 게임과 소유의 의미 변화

▶ 디지털 게임의 신자유주의적 속성

▶ 디지털 게임과 자본의 편재

▶ 디지털 게임의 안티 자본주의/국가주의

6.1. 다음 글을 읽고 빅 데이터 분석을 통한 창작에 관해 생각해 보자. 이 글의 논지를 강화하거나 약화하는 구체적인 사례들을 조사한 뒤 자신의 견해를 바탕으로 토론에 참여해 보자.

한때 비디오 스트리밍 회사였던 넷플릭스는 콘텐츠 구매 비용 때문에 위기에 처하게 됐다. 이를 타개하기 위해 넷플릭스는 사용자의 콘텐츠 소비 패턴을 분석하는 시네매치 CineMatch라는 알고리즘을 개발했다. 콘텐츠에는 '넷플릭스 양자이론Netflix Quantum Theory'을 적용했다. 양자란 물리학 용어로 더 이상 나눌 수 없는 물질의 최소량을 말한다. 넷플릭스에서는 콘텐츠를 분석하는 가장 작은 단위를 적용한 셈이다.

우선 성적 표현 수위, 잔인성, 주인공의 도덕성, 해피엔딩 여부, 로케이션 장소, 주인공의 직업 등을 5점 만점 기준으로 수치화해 영화를 분류한다. 그리고 영화를 보는 사용자의 반응을 살핀다. 사용자가 어떤 영화를 보았는지, 몇 개의 별점을 주었는지, 시간대별로 어떤 영화를 선호했는지, 또한 선호하는 영화의 변화 그래프는 어떤지, SNS에는 어떤 기록을 남겼는지를 분석하는 것이다. 이처럼 콘텐츠와 사용자 양쪽을 모두 분석하여 매칭시킨다. 이것은 순전히 개인적인 선호도이기 때문에 SNS에서 흔히 그러하듯 자신을 꾸미거나 변조할 필요가 없는 상황에서 만들어진, 어느 정도는 순수한 데이터이다.

이런 빅 데이터 분석을 통해, 넷플릭스는 최초의 자체 제작 드라마인 〈하우스 오브 카드House of Cards〉를 성공시킬 수 있었다. 그 과정을 좀 더 자세히 살펴보면, 먼저 BBC에서 원작의 판권을 구매한 후, BBC 드라마 시청자들의 성향을 일 평균 300만 건의 동영상 데이터를 갖고 분석했다. 여기에 시청자의 평가와 소셜 반응, 검색 정보와 시청률까지 더해 어떤 감독과 배우를 스면 성공할 수 있는지 예측했다.

그 결과, 감독은 데이비드 핀치, 주연은 케빈 스파이시에게 맡기기로 결정했다. 또한 호소력 있는 스토리까지 구상했고 방영 방법(시즌의 에피소드 전체를 일시에 퍼블리싱하는 방법)까지 구해냈다. 그 결과 콘텐츠는 대성공을 거두었고 편당 제작비는 40억 원으로 다른 드라마보다 저렴하게 들었다. 그렇게 탄생한 〈하우스 오브 카드〉는 고객이 좋아할 것 같은 콘텐츠가 아니라, 좋아하는 콘텐츠였다.

– 커넥팅랩, 『사물인터넷, 실천과 상상력』, 미래의 창, 2015, 23–25쪽.

6.2. 토론을 위해 조사한 자료를 토대로 새로운 문제를 제기하고 그것을 규명하는 글을 완성해 보자.

7. 다음 글의 논지를 찬성하거나 반박하는 글을 작성해 보자. 단 이 글의 논지를 강화하거나 약화하는 충분한 사례나 이론적 근거를 제시하도록 한다.

이론의 종말?

빅 데이터는 우리가 세상을 이해하고 탐험하는 방식을 바꾼다. 스몰 데이터의 세상에서는 세상이 작동하는 방식에 대해 가설을 세운 다음 데이터를 수집하고 분석하여 그 가설을 검증하려고 했다. 하지만 미래에는 세상에 대한 이해를 주도하는 것은 가설보다는 풍부한 데이터가 될 것이다.

가설들은 주로 자연과학이나 사회과학의 이론으로부터 나오고, 이론은 우리가 주변 세상을 설명하거나 예측할 수 있게 돕는다. 가설 주도의 세상에서 데이터 주도의 세상으로 이행하면서 더 이상 이론이 필요하지 않은 것은 아닌가 하는 생각을 할 수도 있다.

2008년 ≪와이어드≫의 편집장 크리스 앤더슨Chris Anderson은 "데이터 홍수로 과학적 방법은 구식이 됐다"고 큰소리쳤다. '페타바이트의 시대'라는 커버스토리에서 앤더슨은 이제 '이론의 종말'이라고 불러도 손색이 없는 시대가 되었다고 선언했다. 그는 전통적인 과학적 발견 과정은 이제 쇠퇴하고 있고 이론이 필요 없는 순수한 상관성이라는 통계적 분석이 그 자리를 대신하고 있다고 주장했다.

그 근거로 앤더슨은 양자물리학이 이제 거의 순전히 이론적인 분야가 되어버린 점을 꼽았다. 그는 이렇게 된 원인이 양자물리학의 실험 비용이 너무 비싸고 실험 규모나 복잡성이 너무 크기 때문이라고 했다. 또 그는 이제 이론은 현실과 아무런 관련이 없어져버렸다고 했다. 그는 새로운 방법론의 예시로 구글의 검색엔진과 유전자 분석을 들었다. "이제는 대량의 데이터와 응용수학이 다른 모든 툴을 대신하는 세상이다." 그는 이렇게 썼다. "데이터만 충분하다면 숫자들은 스스로 입을 연다. 페타바이트는 이런 말을 가능하게 한다. 상관성이면 충분하다."

이 기사는 격렬하고도 중요한 논쟁을 몰고 왔다. 비록 앤더슨은 자신의 대담한 주장을 얼른 뒤로 물렸지만 말이다. 하지만 우리는 앤더슨의 주장을 검토해볼 가치가 있다.

그가 주장하는 내용의 핵심은 이것이다. 최근까지 우리는 주변 세상을 분석하고 이해하려면 테스트할 이론이 필요했지만 빅 데이터 시대에는 이론이 필요하지 않다. 그냥 데이터를 살피면 되기 때문이다. 만약 이것이 사실이라면 빅 데이터 분석이 이론을 대체한 후에는 모든 일반적 원칙이 무의미해질지 모른다. 세상의 원리, 인간 행동, 소비자 행동, 부품의 고장 시기 등 모든 문제에 관해서 말이다.

'이론의 종말'이라는 주장은 물리학이나 화학과 같은 실질적 분야에는 이론이 존재했지만 빅 데이터 분석에는 그 어떤 개념적 모델도 필요치 않다고 암시하는 것 같다. 하지만 이것은 얼토당토않은 얘기다.

빅 데이터 그 자체도 이론 위에 세워져 있다. 예컨대 빅 데이터 통계 이론과 수학 이론을 채용하고 있고 때로는 컴퓨터 과학 이론도 사용한다. 물론 이것들은 중력과 같은 특정 현상에 대한 인과적 역학에 관한 이론은 아니다. 그래도 여전히 이것들 역시 이론이다. 그리고 앞에서 보았듯이 이런 이론에 기초한 모델은 매우 유용한 예측력을 지닌다. 사실 빅 데이터가 특정 분야의 이론에 내포된 인습적 사고나 어쩔 수 없는 편향으로부터 자유롭다는 바로 그 이유 때문이다.

게다가 대부분의 빅 데이터 분석은 이론에 기초하기 때문에 우리는 이론에서 벗어날 수가 없다. 이론은 우리의 방법과 결과, 둘다를 결정짓는다. 우리가 데이터를 선택하는 방법부터가 그렇다. 우리의 결정을 주도한 것은 편의성일 수도 있고(데이터가 지금 즉시 이용 가능한가?), 경제학일 수도 있다.(데이터 수집 비용이 저렴한가?) 우리의 선택은 여러 이론의 영향을 받는다. 다나 보이드Danah Boyd와 케이트 크로퍼드Kate Crawford가 주장하듯이 뭘 선택하느냐에 따라 뭘 발견하느냐도 달라진다. 구글은 독감에 대한 대용물로 사람들의 머리카락 길이를 쓰지 않고 검색어를 사용했다. 마찬가지로 데이터를 분석할 때는 툴을 선택해야 하는데 그 툴은 이론에 의존한다. 결과를 해석할 때도 우리는 이론을 적용한다. 빅 데이터의 시대에도 이론은 분명히 존재한다. 이론은 처음부터 끝까지 자리를 지키면서 다른 모든 결과를 이끈다.

올바른 질문을 던졌다는 점에서는 앤더슨의 공을 인정해야 한다. 그는 다른 이들에 앞서 개성 있는 질문을 제기했다. 빅 데이터가 '이론의 종말'을 가져오지 않을지는 몰라도 우리가 세상을 이해하는 방법을 근본적으로 바꿔놓을 것이라는 사실만은 분명하다. 이 변화에 익숙해지려면 많은 노력이 필요할 것이다. 많은 연구소들이 위험에 처할 것이다. 하지만 빅 데이터가 가져올 어마어마한 가치를 생각한다면 이 트레이드오프는 그만한 가치가 있을 뿐만 아니라 불가피한 과정이다. 하지만 거기에 이르기 전에 먼저 여기까지는 어떻게 왔는지 살펴보는 것도 의미가 있다. 기술업계에 종사하는 많은 사람들은 고속 마이크로칩이나 효율적 소프트웨어 같은 새로운 디지털 툴 덕분에 이런 변화가 나타났다고 생각하길 좋아한다. 그들은 툴을 만드는 사람이기 때문이다. 마법처럼 신묘한 기술도 분명 중요하지만 우리가 생각하는 만큼 그렇게 중요하지는 않다. 이런 추세가 형성된 더 깊은 이유는 데이터가 훨씬 많아진 때문이다. 그리고 우리가 더 많은 데이터를 가질 수 있었던 것은 현실의 더 많은 측면을 데이터 형식으로 만들고 있기 때문이다.

– 빅토르 마이어 쇤버거 · 케네스 쿠키어, 이지연 역, 『빅 데이터가 만드는 세상』, 21세기북스, 2013, 132–135쪽.

4 과학기술과 사회참여

과학기술은 그 목표가 결과물을 사용하는 일반인에 의해 좌우되지 않는다. 또한 과학기술의 새로운 성과 역시 그 발견 하나에 멈춰 있지도 않다. 하나의 신기술은 또 다른 첨단기술과 연계해 커다란 수익을 목적으로 다양하게 변모되고 활용된다. 그 가운데 제공되는 과학기술과 정보는 대중에게 일편향적으로 수용되는 경향을 띠는데, 그 단적인 예가 바로 휴대 전화의 계속된 제품 출시이다. 영상통화가 가능한지 이미 몇 해가 지났고 스마트폰을 처음 쓴지도 상당 기간 지난 것 같지만, 무엇이 먼저였는지 기억하기 쉽지 않다. 오히려 그러한 생각이 미치기도 전에, 우리는 이미 카톡과 각종 SNS, 인터넷 뱅킹, 인터넷 쇼핑몰, 스마트폰을 이용한 교통카드, 신용카드와 상품권 이용, 스마트폰 게임, GPS 길 찾기 등에 익숙해져 있다.

끝을 알 수 없을 정도로 맹렬히 발전하는 과학기술의 상용화 속도는 가히 놀랍다. 이제는 고대 아리스토텔레스가 말한 '인간은 이성적 동물이다', '인간은 사회적 동물이다'라는 정의가 과연 이 시대에 적합한지 의문이 들 정도다. 아리스토텔레스

이래로 서구의 전통적 사고방식은 동물과 달리 인간에게 이성적 사유능력과 사회적 본성이 보편적으로 존재한다는 데 있었다. 그러나 과학기술의 대중화가 무색할 만큼 현대 과학자들의 기술개발 결정은 독자적이다. 수많은 기기 사용자가 다른 무엇을 원하든, 원하지 않든 대다수의 바람과 상관없이 과학자들의 연구목표는 독립적으로 정해진다. 너나 할 것 없이 막대한 연구비 수주 앞에, 향후 개발될 과학기술이 어떤 거시적 발전방향으로 흘러가, 인류에게 크고 작은 이로움과 해로움을 가져올지, 이에 관한 골몰은 찾아보기 힘들다. 많은 과학자의 고백처럼 신기술이 가져올 파급력과 책임보다는 연구의 주요 동인이 순수한 지적 호기심에서 작동되고, 점차 사업적 목적과 결합하면서 구체적 기술개발로 추진되곤 한다.

그러나 기술을 받아들이는 대중의 입장은 사뭇 다르다. 정보화 사회에 뒤처지지 않기 위해서 사람들은 원치 않아도 더 많은 시간과 자본을 투자해야 한다. 더욱 다양해진 기기사용법에도 지속적인 관심을 기울여야 하며, 지금까지 있었던 적 없는 정보획득을 위해 사용자는 매번 새로운 작동법과 애플리케이션 이용법까지 습득해야 한다.

우리에겐 과학기술을 이성적으로 찬찬히 생각할 여유가 없다. 신기술의 영향이 무엇이고 긍정적인 면과 부정적인 면이 무엇인지, 이를 평가할만한 시간적 여유와 마음의 여유가 충분치 않다. 그러기에 우리 앞에는 이미 실용화를 목적으로 일단락된 신기술과 계획화된 기기들이 즐비하다. 기술에 대한 사전설명이나 의견수렴 과정 또는 실험과정 중 논의되어야 할 윤리적 동의절차는 애초부터 기대하기 어렵다. 가만히 들여다보면, 기술 개발에 관련한 사회적 합의가 전혀 이루어지기도 전에 신기술을 장착한 대량 기기가 우리에게 판매・공급되는 형편이다.

게다가 문제는 정작 이것이다. 예를 들어 사후피임약과 같은 의약품기술개발은 약물 오용과 남용문제를 동반한다. 인간에게 해로운 화학물질이지만 생체 호르몬처럼 작용하는 환경호르몬 문제도 심각한 수준이다. 인간과 동물의 생명윤리문제, 과학기술자의 직업 윤리문제, 개인정보보호문제와 인권침해문제, 과학기술 중독으로 파생되는 사회문제, 세계 공동체로서의 생존문제 등, 과학기술에는 예측불허의 위험이 늘 도사린다. 오늘날 지구생태계는 과도한 산업화와 열대림 파괴로 인하여 심각한 온난화를 앓고 있고, 스마트폰의 지나친 사용은 시력저하뿐만 아니라 가족 간에 대화 단절을 야기했다. 생명과학기술의 발달은 불치병이나 난치병을 고칠 수 있는 이로운 유전자조작법을 찾아냈지만, 동시에 당장에 필요 없어 보이는 유전자를 제거함으로써, 어쩌면 미래에 결정적으로 필요할지도 모를 유전자의 싹을 미리 없애는 결과를 낳았다. 즉 종의 다양성을 해치는 결과를 초래했다. 요즘 SNS를 통해 과장된 이야기 하나가 일파만파로 퍼지는 것도 커다란 골칫거리다. 핵폐기물처리문제는 또 어떠한가? 핵발전소기술은 석유에 대한 에너지 의존도를 낮추고 값싸고도 화력 높은 연료생산을 가능하게 했지만, 우리나라에 남아 있는 방사성 폐기물 처리공간은 이미 포화상태다. 수백 년이 지나도 사라지지 않을 방사성 물질을 어디에 보관할 수 있을지, 국가적 고민이 아닐 수 없다. 백신 기술개발도 마냥 좋은 것만은 아니다. 기존의 치료 백신은 조류독감 백신과 같은 또 다른 질병 치료기술로 변모되기 마련이고, 이 백신과의 싸움은 인류가 존재하는 한 계속될 것이다. 얼마 전 순식간에 전국으로 퍼진 메르스나, 국가적으로 커다란 우려가 아닐 수 없었던 원자력발전소 해킹 사건은 우리를 그동안 경험

해보지 못했던 사회적 국면에 봉착하게 했다. 이는 과학기술이 안고 있는 위험률이 개인의 문제를 넘어 사회, 국가, 세계, 인류 공동체의 문제로 확대되는 것임을 인식하게 한 계기였다.

그렇다면 과학기술이 안고 있는 난점을 해결할 방법은 없는 것일까? 과학기술의 위험 기제와 부작용을 최소화하면서 앞으로 나아갈 방안은 무엇일까? 또 우리는 그 최소한의 안전장치와 노력으로써 무엇을 실천할 수 있을까?

정보화 기술의 거센 파도 속에서, 적어도 우리는 이 한 가지를 실천할 수 있다. 바로 서로의 관심과 시간을 모아 정기적 대화의 장을 마련하는 것이다. 말하자면 과학기술 전문가와 정책수행자 그리고 일반 시민이 일정 기간마다 모여 서로의 생각을 나누며 논의하는 과정을 거치는 것이다. 비록 오랜 시간이 걸리겠지만, 이를 통해서 우리 사회는 안전에 대한 불신을 조금씩 제거해나갈 수 있다. 그리고 사회 유지 · 발전에 필요한 공동체적 신뢰를 서서히 쌓아나갈 수 있다. 여기에는 특별히 과학 분야에 종사하는 전문가들의 좀 더 적극적이고 성실한 노력이 요구될 것이다. 예를 들어 2007년 대전 원자력연구원에서의 핵연료 분실사건처럼 과학자들은 시민들에게 우라늄이 지닌 위험성과 객관적 정보를 제공하는 데 소홀해선 안 된다. 설사 일본의 핵발전소 폭발 사건이나 우리나라 백령도 천안함 사건과 같이, 예상 밖의 일이 일어날지라도 과학자들은 정직한 정보전달과 정확한 내용전달에 노력을 기울여야 할 것이다. 과학자가 몸담은 공동체 일원으로서의 사회적 책무는 단순히 기술개발에 한정된 것이 아니라, 근본적으로 시민을 위한 과학 지식의 나눔에 있는 까닭이다.

그러나 전문가들의 의견이 상충할 때도 있다. 그래서 지난 광우병 사태와 같이 시민들이 올바른 판단을 하기가 매우 어려운 경우가 있다. 하지만 한번 생각해 보자. 만약 시민들이 믿을 만한 전문정보가 없고 과학기술의 부작용과 원인이 무엇인지 판단할 잣대가 사람들에게 제공되지 않는다면 어떻게 되는 것인가? 전문가들의 의견 불일치가 낳은 각종 논란은 사회적 불안을 낳고 잇따라 사회적 갈등으로 증폭되고 만다. 누가, 언제, 어떻게 피해를 보게 될지 예측하기 어려운 무작위적 재해에 대한 두려움이 우리 사회를 혼란하게 하기 때문이다. 따라서 정치적 이해와 상업적 이득으로부터 일정 거리를 둔 학술단체나 비영리 단체의 과학기술전문가들이 자발적으로 자신의 지식을 시민과 공유하는 데 나설 필요가 있다. 정보 분석과 공개, 활발한 언론 매체 활동을 통한 상호 소통방식은 과학의 문턱을 낮추고 함께하는 과학문화를 만들어갈 것이다.

이와 더불어 정부는 시민이 참여한 논의 결과도 반영해야 한다. 특히 국책사업과 관련해 해양개발투자나 방조제 건설을 비롯, 부산 신항 사업 및 제주 해군기지 건설, 창원시 로봇비지니스벨트 조성, 대구 첨단의료유전체연구센터 건립, 각종 전기차 모터 관련 기술 개발, 밀양 송전탑 건설, 응용소프트웨어 육성 및 활성화 사업 등, 이러한 대형 사업에는 국민의 막대한 세금이 들어간다. 더욱이 국책사업이 국가 공익을 위한 정책인 만큼 정부는 시민의 의사를 수렴하는 의사소통 단계와 참여기구 형성을 제도화할 필요가 있다. 과학기술 정책참여를 위해서 정부와 지방행정자치 단체는 기술정보에 대한 시민의 알권리를 허용하고 보장하는 방식으로 변화해야 할 것이다. 비록 해당 기술 분야에 비전문가일지라도 계획 중인 기술 사업에 관한 정보 접근권과 기술정책 결정 과정에 참여할 권리를 보장하는 방안도 검토되어야 할 것이다. 여기서 한 걸음 더 나아가 만약의 사태를 대비해 과학자와 정치인, 관료와 시민 모두의 지혜를 미리 모으는 일도 바람직하다. 혹여 과학기술의 사용이 잘못되거나 크게 실패할 경우를 생각해 시민들이 사전에 다양한 의견을 제안하고 대안을 마련하는 방안이 안정적이다. 이는 사고예방의 교육적 효과와 과학기술정책에 대한 사회적 신뢰 구축에 이바지한다.

다음에 수록된 글들은 이에 관한 몇 가지 실례를 보여준다. '과학기술과 시민참여'라는 주제 하에 핵폐기장 유치문제, 국제 기후변화 타결과정, 동물실험윤리위원으로서의 경험담 그리고 자유참여방식을 통한 과학발전 시도 등을 소개한다. 도대체 어떤 방식의 시민참여와 의견수렴이 가능한 것일까? 이를 염두에 두면서 제시된 문제에 맞게 자기 생각을 글로 표현해 보자.

1. 다음은 핵 폐기장 유치 문제에 관한 글이다. 핵 폐기장 건설문제에 대한 우리나라 시민들의 일반적 반응과 보상방식이 어떠했는지 조사해보는 일은 흥미롭다. 우리나라 시민들의 사회참여 의식과 정부정책 결정 방식에 있어 앞으로의 변화 · 가능성 및 개선 방향을 논하는 글을 작성해 보자.

핵 폐기장 유치 문제

스위스는 방사능 핵폐기물을 저장할 장소를 찾으려고 수년간 노력해 왔다. 국가가 원자력에 크게 의존하고 있는데도 자신이 거주하는 지역 한가운데 핵 폐기장이 들어서는 것을 원하는 지역사회는 거의 없었기 때문이다. 핵 폐기장 후보지 가운데 스위스 중부에 있는 인구 2,100명의 볼펜쉬셰이라는 작은 산악마을이 거론되었다. 1933년 핵 폐기장 건립 장소를 놓고 국민투표가 실시되기 직전에 일부 경제학자들이 마을 주민을 상대로 조사를 실시하여, 만약 스위스 의회가 자신들의 마을에 해계기장을 건립하겠다고 결의하는 경우에 이를 받아들이겠다고 투표할지 물었다. 거주지 주변에 핵 폐기장이 들어서는 것은 바람직하지 않다는 견해가 많았지만 근소한 차이로 거주민의 과반수인 51퍼센트가 받아들이겠다고 답했다. 마을 사람들의 시민적 의무감이 핵 폐기장 유치로 발생할 수 있는 위험성에 대한 우려를 누른 것이다. 여기에 경제학자들은 감미료(투자자의 관심을 끌기 위해 증권에서 추가하는 조건)을 제시했다. 의회가 당신이 속한 지역사회에 핵 폐기장을 건립하겠다고 발의하고 각 주민에게 매년 보상금을 지불하겠다는 제안을 했다고 가정하자. 그렇다면 그 안건에 찬성하겠는가?

결과는 어떻게 되었을까? 지지율은 오히려 떨어졌다. 재정적 유인책을 추가하자 핵 폐기장 건립에 찬성하는 비율은 51퍼센트에서 25퍼센트로 절반가량 떨어진 것이다. 보상금을 지불하겠다는 제안이 핵 폐기장 건립을 자발적으로 받아들이겠다는 주민의 의지를 실제로 약화시킨 것이다. 보상금 인상 제안도 효과가 없었다. 경제학자들이 보상금 액수를 높였지만 결과는 바뀌지 않았다. 평균 월수입을 훌쩍 넘는 일인당 8,700달러를 매년 보상금으로 지급하겠다는 제안을 받았을 때도 마을 주민들의 결정은 흔들리지 않았다. 방사능 핵 폐기장 유치에 반대해 온 다른 지역사회에서도 덜 극적이긴 했지만,

보상금 제안에 대해 비슷한 반응을 보였다.

그렇다면 스위스 마을에는 무슨 일이 일어난 것일까? 보상금을 받을 때보다 받지 않을 때 핵 폐기장 유치를 받아들이는 사람이 많은 이유는 무엇일까?

일반적인 경제 분석에 따르면, 보상금을 지급하면 부담을 기꺼이 수용하려는 경향이 줄어들지 않고 오히려 늘어나야 한다. 하지만 연구를 수행했던 두 경제학자 브루노 프레이와 펠릭스 오베르 홀저기는 공공선에 헌신하는 태도를 포함한 도덕적 사고 때문에 가격효과는 흔들릴 수 있다고 지적한다. 다수의 마을 사람들에게 핵 폐기장을 자발적으로 받아들이겠다는 태도는 공공정신, 즉 국가 전체가 핵에너지에 의존하고 있으며 핵 폐기물이 어딘가에는 묻혀야 한다는 인식을 반영한 것이었다. 마을 주민들은 만약 자신들이 속한 지역사회가 가장 안전한 저장 장소라면 그 부담을 기꺼이 감당할 의지가 있었다. 이렇듯 시민의 의무를 다하겠다는 분위기에서 마을 주민에게 보상금을 지급하겠다는 제의는 찬성표를 얻기 위한 뇌물처럼 느껴졌다. 실제로 금전적 제안을 거절했던 주민의 83퍼센트는 자신들은 뇌물에 매수당하지 않는다고 설명했다.

재정적 인센티브를 추가하면 이미 주민들의 마음에 자리하고 있는 공공정신이 강화되어 핵 폐기장 유치 지지율이 늘어나리라 생각할지 모르겠다. 재정적 시민적 인센티브 둘이이 시민적 인센티브 하나보다 강력하지 않을까? 그러나 반드시 그렇지는 않다. 인센티브가 부가사항이라고 가정하는 것은 잘못이다. 오히려 훌륭한 스위스 시민들은 사적으로 이익을 제공하겠다는 제의가 들어오자 시민의 문제를 금전 문제로 인식하기 시작했다. 시장 규범이 침입하면서 시민의 의무의식을 밀어냈던 것이다. 연구를 수행했던 프레이와 오베르홀저기는 이렇게 결론을 내렸다.

> 공공정신이 우세한 곳에서, 사회적으로는 바람직하지만 일부 지역에서 원하지 않는 시설을 건립하는 데 찬성을 이끌어내기 위해 재정적 인센티브를 사용하는 방법은 일반 경제이론에서 제안하는 것보다 높은 대가를 치러야 한다. 이러한 재정적 인센티브를 도입하면 시민의 의무의식이 밀려나는 경향이 나타나기 때문이다.

그렇다고 정부 기관이 단순히 지역사회에 시설을 유치하라고 강요해야 한다는 뜻은 아니다. 고압적인 규정은 금전적 인센티브보다 훨씬 심각하게 공공정신을 변질시킬 수 있기 때문이다. 지역주민 스스로 위험성을 평가할 수 있게 하고 공공이익에 가장 부합하는 장소를 결정하는 과정에 시민들이 참여할 수 있게 하고 필요하다면 위험시설을 폐쇄할 수 있는 권리를 해당 지역사회에 부여하는 것이 돈으로 사는 것보다 더욱 확실하게 대중의 지지를 이끌어낼 수 있는 방법이다.

주민들이 일반적으로 금전적 보상에 거부감을 갖고 있기는 하지만 현물 보상은 종종 환영한다. 지역사회는 보통 공항, 쓰레기 매립지, 재활용 시설 등 달갑지 않은 공공사업 시설을 유치하는 데 대한 보상을 받아들인다. 하지만 연구 결과에 따르면 현금보다 공공재(소방, 공원, 도로 등 모든 사람이 공동으로 이용할 수 있는 재화나 서비스) 형식을 띤 보상을 더욱 쉽게 받아들이는 경향이 있다. 사람들은 공원, 도서관, 학교 시설 개선, 시민 문화회관, 산책로나 자전거 도로 같은 형태의 보상을 금전적 지급보다 훨씬 기꺼이 수용한다.

경제적 효율성의 관점에서 보면 이러한 사실은 불가사의하고 비이성적이기까지 하다. 앞서 살펴보았던 선물 교환과 관련한 이유로 일반적으로 현물 공공재보다는 현금이 예외 없이 낫다고 생각하기 때문이다. 돈은 대체 가능한 동시에 보편적으로 사용할 수 있는 상품권이다. 따라서 거주민은 현금으로 보상 받고 그것이 효용을 극대화하는 것이라면, 언제라도 거주민끼리 돈을 모아 시민 공원·도서관·놀이터 등을 짓겠다고 결정할 수 있다. 혹은 개인적인 소비에 돈을 쓰겠다고 선택할 수도 있다.

하지만 이러한 논리로는 시민의 희생이 가진 의미를 놓친다. 대중에게 미치는 손해와 불편에 대한 보상으로는 개인에게 돌아가는 현금보다 공공재가 적합하다. 공공재는 폐기물 처리장 유치 결정으로 시민이 져야 하는 부담과 희생을 인정한다는 표시이기 때문이다. 거주지에 활주로나 쓰레기 매립지를 받아들이는 대가로 주민에게 지불하는 보상금은 자칫 지역사회의 훼손을 묵인하는 데 대한 뇌물로 비칠 수 있다. 하지만 새로 건립한 도서관 · 놀이터 · 학교 등은 공동체를 강화하고 공공정신을 존중함으로써 시민의 희생을 동일한 가치로 보상한다.

– 마이클 샌델, 안기순 역, 『돈으로 살 수 없는 것들』, 2012, 162–164쪽.

2.1. 아랫글은 2015년 12월, 드디어 중국과 인도를 포함한 세계 각국이 온실가스 배출 감축 협정에 도달했다는 내용을 다룬 기사다. 전체 내용의 쉬운 이해를 위해 소제목별 중심 생각을 한두 문장으로 요약해 보고, 다시 요약한 내용을 총 한 문장으로 녹여 보자.

세계시민 참여 — 파리 기후변화협상 '총성' 멈추고 '평화' 깃들다

196개국 법적 구속력 있는 합의 도출 …… 선진국과 개도국 인식 차이도 좁혀

12월 12일 오후 7시 16분(현지시간), 회의장에는 팽팽한 긴장감이 감돌았다. 협상단 대표 196명은 자국 이름이 적힌 명패 뒤에 앉아 누군가를 기다리고 있었다. (중략) 바로 그때였다. 로랑 파비우스 프랑스 외교장관이 반기문 사무총장 등 유엔 고위급 인사들과 함께 회의장에 들어섰다. 단상에 오른 그는 유엔 회의를 상징하는 녹색 의사봉을 내리치며 말했다. "여러분, 파리 협정이 체결되었습니다." 회의장은 순식간에 박수와 환호, 휘파람소리로 가득 찼다. 불과 몇 주 전 테러로 130명이 사망했던 비극의 도시에서 '지구행성과 미래세대의 승리'를 선언하는 반전의 순간이었다.

반기문, 오바마, 프랑스 정부의 노력

세계의 주요 언론은 물론 그동안 기후변화협상의 실효성에 의구심을 표명해 왔던 NGO들조차 파리 협정 타결을 기념비적인 사건으로 평가하는 데는 그만한 이유가 있다. 1992년 유엔 기후변화협약이 체결된 이래 196개 당사국 모두에게 법적 구속력이 있는 보편적인 첫 기후 합의가 탄생했기 때문이다. 기후변화협상의 역사에서 선진국과 개도국의 차별화된 책임문제는 세계 최고의 베테랑 외교관들도 고개를 절레절레 흔드는 풀기 어려운 난제였다.

파리 협정문은 국제사회가 신新기후체제에서 지켜야 할 제반 규범을 담고 있다. 새로운 기후체제의 출범이 기후변화협상의 목표가 된 배경에는 교토의정서 체제가 낡았다는 인식이 존재한다. 기후변화협상은 1997년 일본 교토에서 열린 제3차 당사국총회에서 괄목할 만한 진전을 이루었다. 선진국의 온실가스 의무감축을 규정한 교토의정서가 채택된 것이다. 교토의정서는 미국 등의 불참으로 그 의미가 퇴색되긴 했지만, 당사국들에

게 온실가스 감축의무를 지운 처음이자 동시에 유일한 강제수단이었다.

하지만 처음부터 교토의정서의 한계는 분명했다. 미국이 빠지고 중국과 인도 등 배출량이 많은 개도국도 제외되면서 전 세계 배출량의 76%는 감축 대상에서 제외돼 있었기 때문이다. 선진국과 개도국의 책임분담 문제도 잠복해 있었다. 논란은 시간이 지나면서 점점 가열되기 시작했다. 선진국들은 감축의무를 지는 국가가 너무 제한적이어서 기후변화 대응에 한계가 있다는 주장을 폈다. 중국과 인도 등 주요 개발도상국의 온실가스 배출량 증가 속도가 너무 빨라 선진국들만의 감축은 더 이상 의미가 없다는 것이다.

개발도상국의 감축 참여 여부는 2007년께부터 기후변화협상의 핵심 쟁점이었다. 하지만 중국과 인도 등 개발도상국들은 자신들에게 감축 부담을 요구하는 것은 전형적인 '사다리 걷어차기'라는 논리로 맞섰다. 온실가스 배출의 역사적인 책임은 선진국들에게 있기 때문에 추가 감축은 물론이고 개발도상국의 기후변화 대응을 돕기 위한 재정지원과 기술이전이 선행돼야 한다는 것이다.

이렇듯 상반된 시각은 2009년 덴마크 코펜하겐에서 열린 제15차 당사국총회에서 파열음을 내면서 협상 실패와 유엔이 주도해 왔던 다자간 협상의 무용론 확산에 기여하게 된다. 하지만 반전은 있었다. 유엔 기후변화협약 체제의 붕괴까지 거론되던 분위기가 확 달라진 것은 2011년 남아프리카공화국 더반에서 열린 제17차 당사국총회부터다. 당시 각국 협상 대표들은 선진국과 개발도상국이 모두 참여하는 새로운 기후체제를 2020년 이후 출범시키기로 극적으로 합의했다. 파리 협정이 탄생한 도시는 파리이지만, 이 협약을 잉태한 곳은 더반이었던 셈이다.

파리 협정이 지니는 의미 중 하나는 건널 수 없는 강처럼 여겨졌던 선진국과 개도국의 인식 차이가 상당 부분 좁혀졌다는 것이다. 오랫동안 기후변화총회는 양 진영이 벌이는 전쟁터나 다름없었다. 파리 협정의 타결은 총성이 멈추고 평화협정이 시작된다는 사실을 의미한다. 온실가스 감축만 하더라도 지금까지는 '선진국들만의 리그'였다면, 신기후체제에서는 '모든 국가의 경연競演' 방식으로 이루어지게 된다.

화석연료 퇴출, 움직일 수 없는 대세

파리 협정문은 이번 세기 말인 2100년까지 산업화시대 이전 대비 지구 평균기온 상승폭을 2℃ 훨씬 아래로 유지하는 것을 목표로 1.5℃까지 제한할 수 있도록 노력한다고 제시했다. 이는 지구온난화에 따른 해수면 상승으로 국가를 포기해야 할 운명에 처한 도서 국가들이 '윤리적 마지노선'으로 요구해 왔던 사항이다. 사우디아라비아와 베네수엘라 등 일부 산유국들이 합의문에 1.5℃ 목표를 포함시키는 것에 반대했지만 대세를 거스를 수는 없었다. 회의 초반부터 유럽연합과 미국을 포함하는 100개 이상의 국가들이 도서 국가들의 편에 섰기 때문이다.

그렇다면 지구 평균기온 상승폭을 2℃ 이내로 제한하는 것과 1.5℃로 제한하는 목표의 차이는 무엇일까. 우선 화석연료 이용에서 탈피하는 시점이 달라진다. 기후변화에 관한 정부 간 협의체(IPCC)가 발간한 제5차 보고서에 따르면, 지구 평균온도 상승폭을 2℃ 이하로 억제하려면 전 세계 온실가스 배출량을 2050년까지 2010년 대비 40~70% 줄여야 한다. 또한 21세기 후반부에는 화석연료의 완전 퇴출이 불가피하다.

반면 1.5℃ 상승 억제에 대해서는 아직 과학적인 분석 결과가 충분치 않다. 프란치스코 교황의 기후변화 회칙 작성을 자문한 독일 포츠담기후영향연구소의 한스 쉘른후버 박사는 화석연료의 완전 퇴출시기가 2050년께로 앞당겨져야 할 것으로 내다봤다. 얼마 전 IPCC 의장으로 선출된 이회성 박사는 당분간 매우 바쁜 일정을 소화하는 것이 불가피하다. 파리 협정은 IPCC로 하여금 2018년까지 1.5℃ 상승 억제를 위한 감축 시나리오를 제시하도록 했기 때문이다.

지금까지 187개 국가가 제출한 '자발적 기여방안(INDCs)'을 종합하면, 지구 평균기온은 2.7~3℃ 상승할 것으로 분석된다. 모든 국가가 목표를 지킬 경우에도 전 세계 온실가스 배출량은 매년 1%씩 증가하고 2030년에도 배출량 정점peak 도달이 불가능한 시나리오다. 파리 협정에 1.5℃ 목표가 포함된 것은 그런 점에서 파급력이 클 수밖에 없다. '자발적 기여방안(INDCs)'을 5년마다 갱신하는 과정에서 감축목표 강화 압력이 단기간에 커질 수도 있다는 사실을 의미한다.

파리 협정문에는 온실가스 배출량을 꾸준히 감소시켜 2050년부터 2100년까지 어느 시점부터 인간의 활동으로 배출하는 온실가스의 양이 숲과 바다 등 자연이 흡수하는 양보다 적도록 하게 한다는 내용도 포함됐다. 목표가 2℃냐 1.5℃냐는 시기의 문제일 뿐, 화석연료 퇴출은 이제 움직일 수 없는 대세가 되었다는 뜻이다.

문제는 그 방법이다. 특히 개발도상국들은 기후변화 대응에 동참하기로 한 이상,

화석연료를 이용하지 않는 경제발전에 필요한 재정과 기술이 절실하게 필요한 상황이다. 또한 매년 기후변화 피해규모가 커지고 있는 현실에서 피해보상과 복구비용 충당 문제 역시 가난한 국가들 입장에서는 '구명 밧줄life line'로 여겨져 왔다. 만일 파리 회의가 실패한다면 재정지원, 기술이전, '손실과 피해loss and damage', 이 세 가지 때문일 것이라는 전망은 그래서 나온 것이다. 하지만 예상은 보기 좋게 빗나갔다. 우여곡절이 없진 않았지만 쟁점에 대한 절충과 합의는 비교적 원만하게 이루어졌다.

선진국 재원 공여, 매년 1,000억 달러

파리 협정은 선진국의 재원 공여 규모를 매년 확대해 2020년부터는 매년 1,000억 달러를 개도국에 제공하기로 한 코펜하겐 회의의 결정을 재확인하고 2025년까지 매년 1,000억 달러 이상을 지원하기로 했다. 구체적인 재정지원 로드맵을 협정문에 넣으려 했던 개도국들이 한 발 물러서고 선진국들도 2020년 이후 로드맵의 필요성에 동의한 결과다. 하지만 선진국들의 약속이 '휴지조각'으로 변할 가능성은 여전히 남아 있다. 따라서 파리 이후의 협상에서는 로드맵 구체화와 재정지원 액수 산정의 범위와 방식에 대한 합의가 주요 의제로 다뤄질 가능성이 크다.

최근 몇 년간 기후변화협상에서 가장 뜨거운 이슈로 부상했던 '손실과 피해' 문제는 원론적인 수준에서 합의문에 포함됐다. '손실과 피해에 관한 바르샤바 국제 메커니즘'을 지속하며 정보 제공과 리스크 전가risk transfer 문제를 다루는 청산기관clearinghouse을 설치한다는 내용이다. 하지만 '손실과 피해' 메커니즘이 새로운 재정지원을 요구할 수 있는 근거가 될 수 있다는 점에서 이번 파리 협정의 최대 승자는 군소 도서 국가라는 시각도 있다.

미국 등 선진국들은 '손실과 피해' 메커니즘이 구체화할 경우 화석연료를 과다 배출한 국가나 기업들에 책임을 묻는 소송이 가시화할 수 있다는 점을 우려한다. 기후과학의 성과와 현재의 법체계 등을 종합적으로 고려했을 때 소송 제기는 얼마든지 가능하다는 것이다. 공공 및 민간영역의 기후변화 피해는 연간 약 560조원 정도일 것으로 추정되고 있다. 피해규모와 원인이 분명해질수록 기후변화 피해에 따른 손실과 복구에 드는 비용을 과연 누가 지불해야 하는지 따지게 될 수밖에 없다. 지난해 10월 캐나다의 한 연구기관은 보고서를 통해 "기후변화의 다음 전장戰場은 법정이 될 것"이라고 경고하기도 했다.

그런 일이 벌어질 경우 우리나라도 피고석에 앉게 될 가능성이 높다.

이번 파리 협정 타결에는 프랑스 정부와 반기문 유엔 사무총장, 버락 오바마 미국 대통령 등의 기여가 컸다. 로랑 파비우스 외교장관이 이끄는 파리의 외교관들은 투명하고 세련된 의사진행과 외교기술로 당사국 간 신뢰 형성에 결정적인 역할을 했다. 프랑수아 올랑드 프랑스 대통령은 개도국과의 대화채널 가동에 역량을 집중했던 것으로 알려졌다. (중략) 신기후체제 협상의 성격을 고려했을 때 파리 총회의 성공은 이미 예약되었던 것이라는 시각도 있다. 국가별로 기후변화 대응수위를 스스로 정해 유엔에 제출하는 방식이기 때문에 심리적 부담이 줄어들었고, 이는 결국 파리 총회의 성공을 위한 보증수표였다는 논리다.

하지만 잊지 말아야 할 것은 파리 협정 타결의 진정한 주역들은 세계 시민들이라는 사실이다. 그렇다면 이제 우리가 해야 할 일은? 석탄화력발전소를 더 짓겠다는 정부의 거꾸로 가는 정책부터 바꾸는 것이 아닐까 한다.

– 안병옥, 「파리 기후변화협상 '총성' 멈추고 '평화' 깃들다」, 『경향신문』, 2015-12-19.

2.2 이에 한 걸음 더 나아가, 지구온난화 문제를 둘러싼 교토의정서 내용을 알아봄 직하다. 또한 2015년부터 시행되는 우리나라 탄소배출권 거래제도에 대한 개념과 효과 그리고 장단점을 비교 · 분석한 그림과 표도 만들어보자.

3.1. 다음은 '책공장'이라는 한 블로거가 동물실험윤리위원으로 활동하면서 직접 경험한 일화를 담은 글이다. 과연 우리나라 동물실험의 실태는 어떠할까? 현재 동물실험은 제약교육화장품우주여행 등, 다양한 영역에서 여러 가지 목적으로 이뤄지고 있다. 아랫글을 참고하여 동물실험의 사례와 한계점 및 대안이 없는지 자료를 모아보자. 그리고 자신의 블로그에 글을 쓴다는 가정 하에, 한국과 외국에 있는 동물보호단체의 종류와 하는 일을 소개해보고 동물과 인간의 공존을 위해 우리가 할 수 있는 작은 실천으로 무엇이 있는지 제안하는 글을 써 보자.

동물실험윤리위원으로서의 활동

"동물실험윤리위원회 참석해 주세요." 전화벨이 울리더니 친절한 목소리의 여성이 참석을 종용한다. 동물실험윤리위원회? 아! 맞다. 나 동물실험윤리위원이지. 지난 2월 국립수의과학검역원에 가서 교육을 받고 그 자격을 얻고는 까맣게 잊고 있었던 것. 그런데 위치를 물으니 위원회의가 열리는 곳은 수원이라 너무 멀고(내가 사는 곳은 서울 강북), 내가 한창 책을 한 권 마감 중이라 영 참석이 쉽지 않을 것 같았다.

그래서 다른 분에게 연락하면 어떻겠냐 했더니 가능한 사람이 없단다. 동물실험윤리위원회를 열려면 적어도 한 명은 동물보호단체에서 추천한 동물실험윤리위원이 참석해야 하니 회사로서도 다급한 일인 모양이었다. 어쩔 수 없이 내가 참석하기로 했다. 내가 교육을 받을 때 그래도 꽤 여러 분이 교육을 받으셨는데 모두들 시간을 내기가 불가능한 모양이었다. 나는 내 거주지 근처만 커버하면 되는 줄 알았는데…….

동물의 복지가 인간의 허영에 우선한다

동물실험윤리위원회는 개정되어 올 초 발효된 동물보호법에 의해 처음으로 시행되는 제도이다. 동물실험윤리위원회란 동물실험에서의 생명윤리를 강화하는 목적으로 만들어진 것으로 위원회의 승인을 받은 실험에 한해 동물실험을 허가하는 제도이다.

물론 이 제도는 국내 동물단체의 요구도 있었지만 현재 전 세계적으로 동물복지에 관한 부분이 강화되면서 FTA 등 국제협상의 의제로 논의되어 무역장벽으로 대두되고 있기 때문에 새롭게 마련된 면이 클 것이다. 하지만 계기야 어쨌든 동물실험에 관한 제재 장치가 마련된 것은 동물애호가의 입장에서 쌍수 들어 반길 일이고 앞으로 동물보호단체들이 이 제도를 어떻게 활용하는지가 관건이라고 생각한다.

실제로 유럽연합은 '동물의 복지가 인간의 허영에 우선한다'고 결정하고 2009년까지 화장품 성분 동물 실험을 단계적으로 폐지해 2013년에는 동물실험을 통해 만든 화장품의 생산과 판매를 전면 금지한다. 그렇기 때문에 국내 업체들로서도 대비가 급박해진 것이다.

위의 경우는 작은 예로 실제로 OIE(국제수역사무국-최근 정말 지겹게 많이 들은 단체 이름^^;;;)는 2005년에 농장동물의 운송과 도축에 관한 복지가이드라인을 제정하였고, 실험동물에 관한 복지가이드라인도 마련중인 상태이다. 이런 상태에서 유럽연합과의 FTA에서 동물복지가 이슈화되고 있기 때문에 우리나라 정부로서도 어쨌든 제도를 만들어 놓긴 놔야 하는 입장인 것이다.

동물실험의 천국인 한국과 미국

내가 처음 동물실험문제에 대해 알게 된 것은 피터싱어의 〈동물해방〉이라는 책을 통해서다. 그 전까지는 나는 내가 쓰는 수많은 일상용품들이 동물실험을 통해 만들어졌다는 것을 알지 못했었다. 샴푸, 화장품, 의약품, 세제 등이 동물들의 고통을 통해 만들어졌다는 것을 알고 고통스러웠다. (중략)

알고 나니 이런 잔인한 동물실험을 거친 제품을 사용하고 있다는 것 자체가 죄스러웠다. 제품을 살 때면 동물실험을 하지 않았는지의 여부를 살펴보게 되었고 이런저런 책을 보며 공부를 하다가 결국 동물실험윤리위원까지 가게 된 것이다. 동물실험을 없앨 수 없다면 줄이기라도 해야 된다는 생각에. 그간 한국은 미국과 더불어 동물실험의 천국인 나라였으니까.

턱없이 부족한 동물보호단체 윤리위원

국제무역 때문이든 어쨌든 만들어진 제도이고 중요한 것은 앞으로 이 제도를 동물보호단체들이 어떻게 잘 활용하느냐는 것인데 이 또한 쉬운 일은 아닌 것 같다. 일단 동물보호단체에서 추천할 수 있는 윤리위원이 턱없이 부족하다는 것이다.(그러니 수원에서 나한테까지 연락이 왔지.) 동물실험은 하는 곳에서는 위원회의 승인을 받아야 실험을 하는데 동물단체에서 추천할 수 있는 윤리위원이 없으니 답답한 노릇이 되어 버리고 마는 것이다.

'제가 동물실험을 하는 회사에서 근무하는데요, 회사에서 제게 동물단체 쪽 동물실험 윤리위원이 되라고 요구를 하네요. 어떻게 하면 되는 거죠?'

내가 동물실험윤리위원 교육 받은 얘기를 블로그에 쓴 글을 보고 온 쪽지이다. 동물실험을 하는 회사의 직원은 원칙적으로 동물단체에서 추천하는 윤리위원이 될 수 없음에도 이런 식의 편법을 준비하는 곳이 벌써부터 생기고 있는 것이다. 그건 동물보호법 14조에 근거해서 위법이라고 국립수의과학검역원에 연락해 보라고는 했지만 그가 회사의 압력을 피할 수 있을지는 모르겠다. 이제 시작인데 벌써부터 이런 편법이 눈에 보이다니 과연 이 제도가 원래의 취지에 맞춰 제대로 시행될 수 있을까. 물론 그런 편법을 감시하는 것도 동물보호단체의 몫이겠지만.

내 사인으로 마우스 3천 마리가 실험용이 되다

그날 나는 강북에서 수원까지 버스와 택시를 갈아타며 정확하게 2시간이 걸려 회사에 도착했다. 가기 전 동물실험에 관한 책을 몇 권 뒤적이고, 아는 수의사를 통해 그 회사가 어떤 회사인지 사전 지식을 갖고 갔지만 정작 내가 이번 동물실험의 윤리적 문제에 대해 어떤 문제제기를 할 수 있을지는 도대체 자신이 없었다.

회의가 시작되고 이번 동물실험에 관한 개요를 들었다.

이곳은 내가 사전에 조사한대로 동물들의 의약품을 만드는 곳이었고, 이번 동물실험은 약품을 만드는 재료를 개발하는 것이었다.(윤리위원의 규약상 자세한 이야기를 할 수 없다.) 이번 실험에는 마우스 3천 마리가 사용되는데 마리당 1만원이기 때문에 기업의 입장으로서는 윤리적인 문제를 떠나서 경제적인 이유로도 최소한의 동물만을 실험용으로 쓸 수밖에 없다고 했다. 마우스 사육 공간도 둘러봤고, 실험용으로 쓰인 마우스들의 안락사 과정까지 몇 가지 질문을 던졌고, 연구자들의 성실한 답변을 들었지만 전문적인 이야기는 도대체 들어도 알 수가 없었다는 것이 문제였다. 결국 나는 마우스 3천 마리를 실험용으로 쓰는 실험에 윤리위원으로 사인을 했다. 내 사인에 의해 마우스 3천 마리가 죽는다는 생각에 그 책임감에 사인하는 펜이 얼마나 떨리던지. 사인을 하며 물었다.

"원래 마우스는 자연 수명이 어떻게 되나요?"

"한 1년 정도 될 겁니다."

"그럼 실험에 쓰인 마우스는요?"

"12주 정도 사육되다가 8주 정도 실험하게 되니까 20주 정도 되는 거네요."

20주면 5개월이니 자연수명의 반도 살지 못하는 것이구나. 그것도 실험실에 갇힌 상태로. 미안하다.

동물실험에 더 많은 관심을 ……

오는 길에 아는 분을 잠시 만났다. 대형견 훈련을 위해 훈련소에 맡겼는데 보고 싶어서 먹을 것을 잔뜩 가지고 훈련소를 찾은 것이다. 방금 동물실험 동의서에 사진을 하고 온 나로서는 행복한 그 강아지를 보니 마우스들에게 더 미안할 뿐이었다.

그리고 며칠 뒤 일본의 동물보호단체에서 활동하는 일본인 지인을 만나 이야기를 나눴다. 그런데 일본은 동물실험 관련 법안이 아직 없다며 이번에 개정된 한국의 동물보호법을 부러워했다. 그렇구나. 우리가 일본보다 나은 동물 관련법이 있었구나. 하지만 제도가 좋은들 뭐할까. 활용하지 못한다면 아무 의미도 없는 것일 테니 많은 동물애호가들이 동물실험 문제에 관심을 가져주길 바란다. 한국동물보호연합(http://www.kaap.or.kr/)에서는 상시적으로 동물실험 윤리위원을 모집하고 있다.

– 책공장, "동물실험은 윤리적일 수 있나?", 동물별통신, 2008-06-11,
http://blog.naver.com/animalbook/90032105839, 2015.12.17.

3.2. 우리나라 동물법과 동물실험 윤리강령 조항에는 무엇이 있는지 구체적으로 찾아보자. 나아가 윤리강령의 현실적 한계를 지적한 후, 동물실험의 미래 대안으로 가능한 방법을 설명하는 글을 써 보자.

4. 다음은 ○○대학교 학생 세 명이 한 조를 이루어 학교식당 만족도를 조사한 내용이다. 학교 주변에 관심을 기울여보면 학우들의 생활 · 환경을 향상시킬 수 있는 사안들을 어렵지 않게 발견할 수 있다. 주체적 문제의식을 갖고 학교환경을 개선할 수 있는 또 다른 영역은 없는지 조별로 주제에 대해 의논해 보자. 그리고 아래 예시를 참고하여 참고문헌을 덧붙인 한 편의 완결된 연구논문을 완성해 보자.

○○대학교 학생식당 조사와 만족도 개선 방안

김○○, 김○○, 김○○

제출일: 2015. 12. 15.

목 차

표, 그림, 사진 목차

개 요

대학생 시기는 청소년에서 성인으로 넘어가는 과도기로 개인의 식습관을 형성하는 중요한 시기이다. 그러나 바쁜 학과생활과 아르바이트 등의 이유로 대학생들은 식사를 거르거나 편의식품 및 냉동식품으로 끼니를 때우는 경우가 많아 올바른 식습관을 형성하는데 어려움을 겪는다.[1)]

이와 관련하여 우리는 ○○대학교 학생들이 타 대학교 학생들보다 학생식당을 적게 이용해 식사를 거르거나 가공식품을 이용하는 비중이 높을 것으로 예측하였다. 본 연구는 이러한 예측을 확신하기 위하여 선행연구결과를 활용하였다. 또한, ○○대학교 학생들의 학생식당 이용 빈도를 파악하기 위해 14일 동안 인터넷 커뮤니티에 설문조사를 배포하여 그중 유효한 답변만을 추려내어 총 204부를 확보하였다. 자료 분석은 '구글 설문지 통계'를 활용하였다. 조사 결과 학생식당을 이용하지 않는 이유는 '맛이 없기 때문', 학생식당에서 제공되는 음식의 '다양성', 학식의 '가격' 및 '시설'을 꼽았으며, 이를 주된 개선점으로 하여 다른 대학들과의 비교, 분석을 통해 학생식당 만족도를 높이는 방안을 생각해 보았다. 또한, 급식 운영 방안에 대하여 조사를 해보고 직영운영과 위탁운영의 비교를 통해 가장 현실성 있는 운영방식을 선정하고자 노력하였다. 그 과정에서 위탁업체를 변경하는 방법을 알아보았고, 각각 업체들의 특징을 비교하여 우리 대학의 실정에 가장 맞는 업체를 찾도록 노력하였다. 결과적으로 학생들의 기대 수준에 맞추어 식사 서비스의 질을 높이면서 동시에 운영 형태의 개선으로 낮은 가격을 유지해 현재 ○○대학교 학생식당이 지니고 있는 문제점을 해결하는 것을 본 연구의 목적으로 한다.

핵심어: ○○대학교, 대학식당, 학식 만족도, 음식 서비스, 학식의 운영 형태

1. 서 론

1.1 문제 제기

하버드 대학의 마케팅 및 커뮤니케이션 담당 이사보 알렉산드라 맥니트는 학생식당(이하, '학식'으로 지칭)에서 학생들이 자유롭게 대화하고 토론하며 인간관계를 쌓을 수 있다는 점에서 학생식당이 중요한 교육시설 중 하나라 했다. 그래서 그는 하버드의 학생급식사업부 자리에 새로운 사람을 선출하는 등 큰 개혁을 이뤘다. 그 결과, 하버드 대학은 학생식당과 관련된 수 없이 많은 상을 받았다. 세계적인 명문대학교에서도 학생식당을 중요한 교육수단으로 여길 만큼 학생식당은 교육적으로도, 학생 복지의 측면으로도 중요한 시설이다.[2] 그러나 입시코리아에서 조사한 대학별 학생식당 만족도 조사 결과에 따르면, ○○대학교는 만족 이상이 27%, 불만족 이하가 31%로 학생식당에 대해 만족하는 학생보다 불만족하는 학생이 더 많다는 것을 알 수 있다.3) 이와 대조적으로 ○○대학교 인근에 위치한 세종대학교의 경우, 만족 이상이 80%, 불만족 이하가 3%로 과반수 이상이 만족했고, 극소수의 학생들이 불만족하는 결과를 보였다.[3] ○○대학교와 지리적 요건이 비슷하고 주변 상권이 비슷한 세종대학교와 이처럼 큰 차이를 보인 것은 학생들의 평가 기준이 높았다기보다 학생식당의 서비스 면에서 실제 큰 차이를 보였다고 볼 수 있다.

〈표 1〉 학식 만족도가 높은 대학과 ○○대의 학식 만족도[4)]

	매우만족	만족	보통	불만족이하
○○대	4	23	42	31
세종대	57	23	17	3
한국외국어대	48	48	2	2
인하대	33	30	27	7

추가적으로 ○○대학교 재학생들을 대상으로 진행한 설문조사에서 유효한 설문 204건을 분석한 결과, 학생식당을 이용하는 학생은 44%였고, 외부 식당을 이용하는 학생은 46%로 외부 식당을 이용하는 학생 수가 더 많았다. 이는 학생들이 교내 학생식당보다 외부 식당을 선호한다는 것으로 해석된다.

1.2 ○○대학교 현황

현재 ○○대학교는 기숙사 식당을 제외하고 총 3개의 학생 식당을 보유하고 있다. 학생회관 지하 1층과 상허기념도서관 지하 1층의 경우 '아워홈'을 업체로 선정했고, 학생회관 1층의 경우 '신세계 푸드'를 업체로 선정했다. 현재 운영되고 있는 시스템을 조사하고자 영양사와의 인터뷰를 시행 하였다. (중략) 2015년 11월 26일 학생회관 1층에 입주한 업체인 신세계 푸드의 영양사 이모 씨와 인터뷰한 결과, 학기 중 준비하는 평균 식수는 800인분이었다. 학생들의 의견을 반영해 방학동안 메뉴를 선정하거나 빼는 등 학생들의 입맛에 맞는 메뉴 개발을 위해 노력하는 것을 확인할 수 있었다. 재료의 경우, 제면 전문가가 있어 모두 생면을 사용하고, 냉장육을 이용했다. (중략)

우리 조는 현재 학생들의 불만 현황을 좀 더 자세하게 알아보고자 설문 조사를 실시하였다. 설문조사는 2015년 10월 10일부터 2015년 10월 24일까지 14일 동안 인터넷에 배포하였고, 그 중 유효한 설문 204부를 회수하여 자료 분석을 하였다. 설문은 응답률 12%, 신뢰 수준 90%, 오차범위 ±5.74%였다. 설문조사의 내용은 조사대상자의 학교 정보와 학식에 관련된 사항으로 이루어 졌는데, 학식에 관련된 사항으로는 학식의 이용 횟수와 학식의 만족도(맛, 배식시간, 식사환경의 청결성, 문제점, 급식 불만 표시 기회 등), 선호하는 음식에 대한 설문으로 구성되었다.

설문 조사 결과 건국대 학생들은 학생식당을 맛 때문에 이용하지 않는다=90%, 먹을 만한 메뉴가 없어서 이용하지 않는다=4%, 시설이 좋지 않아 이용하지 않는다=3%, 가격이 비싸서 이용하지 않는다=3%로 구성되었다. 또한, 현재 학우들의 식당 만족도 순위는 학생회관 1층(신세계 푸드), 학생회관 지하1층(아워홈), 도서관 지하 1층(아워홈) 순으로 나타났다.

〈표 3〉 학식을 이용하지 않는 이유

이유	비율
맛이 없어서	90%
메뉴가 적어서	4%
시설이 안 좋아서	3%
가격이 비싸서	3%

따라서 다음으로는 ○○대학교 학생식당의 만족도를 높이기 위한 맛, 메뉴의 다양성, 시설 그리고 가격을 개선할 수 있는 방안을 알아보겠다. 이어서 직영과 위탁운영방식을 비교하고 ○○대학교에 맞는 업체 선정 과정과 그 과정으로 도출된 업체를 제시하겠다. 이를 통해 ○○대학교 학생식당이 교육적 목적과 학생복지의 목적을 모두 갖추어 궁극적으로는 학생식당 만족도를 높이는 방법을 모색하겠다.

2. 본 론

2.1 개선방향

2.1.1 학식의 맛

우리 학교 학생식당에서 이용하고 있는 아워홈 업체의 경우에는 영양사가 직접 조리법을 만들고 재료를 사는 형태이다. 따라서 지점마다 맛이 다르고 조리사의 역량에 따라 맛이 좌우되는 편이다. 반면 '신세계 푸드'나 '금강 케이터링'과 같은 업체는 업체 내의 인기 조리법을 공유하고 영양사 연수 프로그램을 통해서 우수한 지점을 벤치마킹하는 등 음식의 맛을 개선하기 위해 계속해서 노력하고 있다. 하지만 아워홈에 이와 같은 제도의 도입이 가능한지에 대해서 직접 방문하여 문의해 본 결과, 영양사 김모 씨는 "○○대학교 지점뿐만이 아니라 아워홈의 전체적인 제도의 개선이 이루어 져야 하는 부분이기 때문에 ○○대학교에만 도입하기에는 실질적으로 어렵다"고 답하였다. 따라서 재계약시에는 맛의 가장 중요한 부분을 결정하는 조리법을 중점적으로 고려하여 합리적인 업체와 계약하는 것이 맛의 개선을 위한 제일 나은 방법이라고 생각했다.

또한, 학생들의 맛의 만족도는 기호도가 가장 높은 고기의 맛 때문에 결정되는 부분이 많은데 이 점에서 우리는 신세계 푸드는 냉장육을 사용하지만, 아워홈 업체가 냉동육을 사용하는 문제점을 발견하였다. "냉장육이란 0~4℃의 되도록 낮은 온도에서 보관, 유통되는 고기를 말하며 냉동육은 0℃ 이하에서 얼린 고기를 뜻한다."[5] 이 둘의 차이점은 명확한데 냉동육은 냉장육에 비해 다소 육질이 떨어져 맛이 없다. 그 이유는 다음과 같다. 그 이유는 다음과 같다. 고기를 냉동하고 보존하는 과정에서 얼음 입자들에 의하여 고기의 근섬유 조직 손상이 일어나고 육질과 관련한 고기의 물리적 특성이 나빠짐으로서 육질이 저하되고 저장하는 동안 지방성분이 산화되고 단백질이 변성이 일어나기 때문이다.[6] 따라서 학식의 맛을 향상시키기 위해 고기를 신세계 업체가 사용하는 냉장육으로 바꾸는 조치도 해야 할 것이다.

2.1.2 메뉴선택의 다양성

학식의 만족도 개선을 위해서는 학생들에게 다양한 메뉴를 준비하여 다양한 선택의 폭을 제공해야 한다. 우리 학교의 메뉴 다양성과 다른 학교의 메뉴 다양성을 비교한 결과는 다음과 같다.

메뉴를 비교하기 위해서 항상 같은 메뉴인 고정메뉴를 제외하고 매일 바뀌는 메뉴의 개수를 비교하였다. 서울대의 경우에는 전국에서 가장 큰 학생식당 규모를 자랑하는 만큼 총 18개의 식당에서 46개의 메뉴가 매일 바뀌는 것으로 집계되었다. 또한 한국외대는 총 8개의 식당에서 32개의 메뉴가 매일 바뀌는 것으로 집계되었다. 반면 건국대는 총 3개의 식당에서 매일 11개의 메뉴가 바뀌는 것으로 집계되었다. 이는 다른 학교에 비해 우리학교의 메뉴 다양성이 부족하다는 것을 나타낸다. 따라서 앞서 언급하였던 두 학교가 건국대에 비해 다양한 메뉴 선택의 기회를 제공할 수 있는 원인을 분석하고 이를 우리 학교에 적용할 수 있는 방법을 조사하였다.

우리 학교는 5년에 한 번씩 계약을 체결하고 있는데, 이때 어떤 방식으로 운영할지에 대한 부분을 협의한다. 현재 ○○대학교 학식은 3곳 모두 카페테리아 형대로 운영되고 있다. 하지만 서울대와 한국외대를 비롯하여 학식의 만족도가 높은 학교들은 선택의 폭을 넓히기 위해 기존의 카페테리아가 아닌 뷔페, 푸드코트 등의 새로운 시스템을 도입하고 카페테리아와 동시에 운영하는 것이 특징이다. 따라서 우리 학교도 카페테리아만 운영하는 기존의 시스템에서 벗어나 중식 전문, 한식 전문 코너와 같은 푸드코트 형식의 시스템을 도입하여 메뉴 선택의 다양성을 충족시킬 수 있다. 또한 카페테리아를 원하는 학생들을 고려하여 현재의 카페테리아와 푸드코트나 뷔페식 식당이 적절히 혼합한 형태로 다양성을 갖춰야 한다고 생각한다.

2.1.3 가격인하 방안

〈표 4〉 기존 시스템과 다양한 시스템 비교 및 분석

<table>
<tr><th>기존 시스템</th><th colspan="3">다양한 시스템</th></tr>
<tr><td>카페테리아</td><td>뷔페식</td><td>푸드코트</td><td>자율배식</td></tr>
<tr><td rowspan="3">장점
1.원하는 메뉴만 고를 수 있음
2. 급식의 강제성을 낮춤
3. 다양한 메뉴 제공가능</td><td rowspan="2">뷔페식</td><td colspan="2">장점 : 푸짐한 양, 다양한 메뉴 제공, 외국인 니즈 충족 가능</td></tr>
<tr><td colspan="2">단점 : 잔반량을 처리하기 힘듦, 비싼 가격</td></tr>
<tr><td rowspan="2">푸드코트식</td><td colspan="2">장점 : 대기하는 동안 줄을 서서 기다릴 필요가 없음, 다양한 메뉴, 주문에 따라서만 음식을 만듦</td></tr>
<tr><td rowspan="3">단점
1. 음식을 미리 준비해 두어서 시간이 지날수록 식은 음식을 제공받음
2. 식수인원과 반찬 각각의 수요를 모두 고려하여야 하므로 오차 발생 시 남는 음식이 많아질 수 있음</td><td colspan="2">단점 : 긴 대기시간, 낮은 회전률</td></tr>
<tr><td rowspan="2">자율배식</td><td colspan="2">장점 : 짧은 대기시간, 영양에 맞춘 급식, 저렴하여 재료 구입에 용이</td></tr>
<tr><td colspan="2">단점 : 하루 메뉴가 한정되어 있어 먹지 못하는 학생이 생길 수 있음, 줄</td></tr>
</table>

현재 아워홈 학식의 가격은 3,000~3,500원으로 형성되어 있다. 반면 서울대나 한국외대의 가격대는 1,000~2,500원으로 비교적 저렴하게 형성되어 있다. 질 좋은 음식을 제공하면서도 저렴할 수 있는 이유는 학교에서 직접 운영하는 '직영 운영' 방식을 사용하기 때문이다. 직영 운영은 유통과정에서 발생하는 가격을 줄여 저렴한 단가에 제공할 수 있다는 장점이 있다.

하지만 우리학교의 경우 업체와의 계약기간이 남아 있다. 또한 직영운영을 시작하는데 걸리는 시간과 비용을 고려했을 때 현실적인 어려움이 있다. 따라서 학식 운영 방식을 직영으로 바꾸는 것보다, ○○대학교 재단의 브랜드인 건국햄, 건국우유를 이용하여 유통과정에서 발생하는 비용을 줄일 수 있을 것으로 생각하였다. 유통비용은 학식의 가격을 정하는데 있어서 중요한 요소이기 때문이다. 우리 조는 ○○대학교의 상품을 이용하는 것을 제안함으로써 유통비용 절감 효과를 누릴 수 있고 이는 곧 학식 가격의 하락으로 이어질 것으로 예상한다.

2.1.4 추가적 제안

타 학교들이 학생들의 편의를 위해서 시행하고 있는 복지 사업들을 조사하였다.

〈표 5〉 타 대학의 복지 메뉴

학교	행사	가격
서울대학교	샌드위치	1,500원~3,000원
서울시립대학교	햄버거	1,900원~2,300원
세종대학교	야채김밥	1,200원
인하대학교	라면	800원(단, 오후 5-6시 사이에)
전남대학교	아침식사	1,000원
카이스트	메뉴 선택이 가능한 카페테리아	1,000원~
한국외국어대학교	토스트	1,000원~1,300원

조사 결과, 우리학교에는 없는 저렴하고 실속 있는 메뉴들을 찾을 수 있었다. 또한 이러한 메뉴들은 수익성보다는 학생 복지를 위해 원가에 가깝게 판매하고 있었다. 따라서 우리학교도 학생들의 주머니부담을 덜고 실질적인 학생 복지를 위한 메뉴의 도입이 필요하고, 학생들이 더 저렴한 가격에 한 끼 식사를 할 수 있게 함으로써 학생식당에

대한 만족도가 높아질 수 있다고 생각했다.

2.2 변경 가능한 업체의 분석

2.2.1 직영·위탁 방식의 비교

현재 단체 급식운영의 방법은 두 가지로 나누어진다.[7] (중략) 현재 ○○대학교는 학생식당 세 곳 모두 위탁운영을 이용한다. (중략) 급식전문회사의 대학진출이 시작된 지 20년이 넘은 현재, 직영식당을 대학 캠퍼스에서 찾아보기란 어렵다. 하지만 여전히 식당을 직영으로 운영하는 대학이 있다. 한국외대, 한양대, 서울대, 연세대 등이 대표적인데, 대학의 사정에 따라 복지 관련 부서나 생활협동조합을 조직해 직영식당을 운영하고 있다. 직영운영은 학생 복지를 위해 만들어져 실제로 직영운영을 하는 대학들의 만족도는 높은 것으로 나타났다. (중략)

2.2.2 업체 변경 제안

현재 ○○대학교의 급식 만족도를 개선하기 위해 업체 변경을 제시해 보겠다. 이 부분과 관련해서는 정해진 방법이 없기 때문에 스스로 업체를 정할 방법을 구상해 보았다. 새롭게 구상한 업체 변경 방법은 다음과 같은 과정을 따른다.

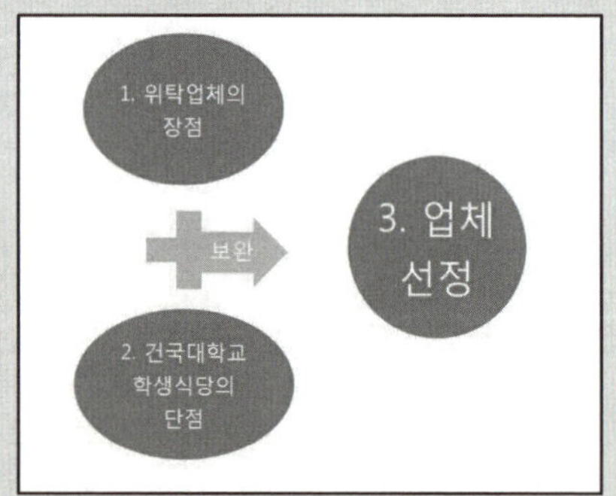

〈그림 1〉 업체 선정 과정 요약

① 위탁업체의 장단점을 연구한다.

② 현재 학교 급식 시스템 개선에 필요한 제도들이 어떤 것이 있는지를 연구한다.(메뉴, 위생, 정산, 교육, 전산, 지원 등등)

③ 위탁 업체 특징과 ○○대학교 학식 시스템 개선에 필요한 제도들과의 비교를 통해 가장 합리적인 업체를 선정한다.

우선 과정 첫 번째 ① 위탁업체의 장단점 연구이다.

우리 조는 현재 상위 5개 업체의 특징과 시장 점유율을 조사하였다.[8](중략)

마지막으로 ③과정 부분이다. 우리 조는 현재 ○○대학교에 필요한 것은 맛 상승 부분이라고 판단하였다. 업체들 중에서 가장 맛에 대한 만족도가 높은 곳은 다양하여 한곳으로 꼽을 수 없었다. 또한 업체를 변경하는 것은 학교의 재무부분과 관련이 되어있어서 쉽게 할 수 없다는 정보를 영양사와의 인터뷰에서 얻을 수 있었다. 하지만 현재 위탁하고 있는 업체들 중에서 변경하는 것은 다소 실현 가능하다고 하였다. 이에 우리 조는 ○○대학교에 존재하는 업체 중 신세계 푸드가 학생들의 의견을 받아들이고 좋은 재료를 쓴다는 점에서 앞으로 학식의 맛을 학생들의 입맛에 맞도록 개선시킬 수 있는 가능성을 보았다. 그러므로 학생회관 지하 1층과 상허기념도서관 지하 1층에 입주한 아워홈 업체를 신세계 푸드로 바꿀 것을 제안한다.

3. 결 론

본 연구에서는 ○○대학교 대학식당을 이용하는 학생들을 대상으로 대학식당 이용 빈도와 불만족 요인을 분석해 대학식당 만족도가 높은 학교와의 비교를 통해 대학식당의 불만족을 낮출 수 있는 방안을 연구했다. 그리고 직영과 위탁운영방식의 차이를 알아보고 ○○대학교 실정에 맞는 선에서 학생식당의 맛과 품질을 향상하기 위한 효율적인 운영방법을 모색하고자 하였다. 이러한 방법을 찾기 위해 이전의 선행 조사를 참고하였고, ○○대학교 학생들의 의견을 듣기 위해 설문조사를 하였다. 응답자 중 설문 기간 동안 학생식당을 이용한 학생은 44%였고, 외부 식당을 이용하거나 기타의 이유로 학생식당을 이용하지 않은 학생은 46%였다. 또한, 학생식당에 불만족을 느끼는 이유로 '학식의 맛'이 90%, '메뉴의 다양성'이 4%, '가격'과 '시설'이 각각 3%의 비율을 차지했다. 따라서 학생식당 불만족에 미치는 영향 요인으로 학식의 맛 〉 메뉴의 다양성 〉 가격 = 시설의 순으로 나타났다. (중략)

○○대학교에 존재하는 업체 중 신세계 푸드의 만족도가 가장 높았다는 점과 학생들의 의견을 받아들이고 좋은 재료를 쓴다는 점에서 앞으로도 학식의 맛을 학생들의 입맛에 맞도록 개선시킬 수 있는 가능성을 보였다. 그러므로 우리 조는 ○○대학교 학식 만족도 향상을 위한 방법으로 학생회관 지하 1층과 상허기념도서관 지하 1층에 입주한 업체 아워홈을 신세계 푸드로 바꿀 것을 제안한다. 동시에 메뉴의 전문화와 다양성를 모두

갖출 수 있도록 푸드코트 형식을 도입해야 한다고 결론지었다. 또한, 원가 절감을 통해 학생 부담금을 줄이기 위해 건국햄과 건국유업과의 제휴를 맺는 것으로 결론을 내렸다.

이상 본 연구는 2012년 이후 거의 전무한 '학생식당 만족도'를 주제로 삼은 논문이라는 점에서 의의가 있다. 또한, ○○대학교만을 대상으로 한 논문이 전무했었다는 점에서 의의가 있다. 특히, 현재까지 논문들의 추세는 불만족 요인을 밝히는데서 그쳤지만, 본 논문은 구체적인 방안을 제시하고 있다는 점에서 앞으로 ○○대학교 학식사업 담당 부서가 향후 학식시설을 개선하는데 참고가 될 만하다. 그러나 많은 업체들 중 점유율 상위 5개의 위탁업체만을 대상으로 했다는 점, 구체적인 계약 내역을 학교 측에서 공개하지 않은 점과 그로인해 재정적인 분석이 빠졌다는 점이 한계였다. 향후 ○○대학교 학식사업 담당 부서나 학생회에서 학생식당 개혁 목적으로 본 논문을 참고한다면 이러한 부분을 참조하여 좀 더 탄탄한 토대를 쌓기를 기대한다.

---

1) 전예숙, 최미경, 배윤정, 「일부 대학생의 거주형태에 따른 야식 및 영양소 섭취 상태」, 『한국식품영양과학회지』 44호, 2015, 216-217쪽.

2) 레슬리 여키스, 『펀 워크』, 푸른숲, 2006, 56-57쪽.

3) "[건국대학교] 대학 생활 불만족 0%! …… 학과 발전 지원은 조금 아쉬워", 입시코리아, 2014-06-27, http://www.ipsikorea.com/magazine/movie_view/2576, 2015.12.04

4) 2번과 같은 곳.

5) "냉동육보다는 냉장육이 더 맛있는 이유는?", 2015.12.03., http://www.ekapepia.com/ 857.su?00032834, 2015.12.04

6) 김용수, 김영봉, 유익종, 「냉장육과 냉동육의 저장중 품질변화」, 『한국동물자원과학회지』 35권 6호, 1993, 533쪽.

7) 김한순, 「우리나라 학교급식 운영개선에 관한 연구」, 『경남대학교 졸업 논문』, 경남대학교 대학원 : 경영학과, 2011.

8) "식자재 유통은 황금시장?", g라이프, 2013.05.01, http://goo.gl/PybawG, 2015.11.30

[역할 분담] 전체적인 자료조사와 인터뷰는 다 같이 하였습니다, 논문은 다음과 같이 분담하였고 전체적으로 함께 수정, 보충하였습니다.

개요, 키워드, 서론, 결론 : 김○○, 융합인재학부 / 2.본론-2.1 개선방향 : 김○○, 컴퓨터공학부 / 2.본론-2.2 변경 가능한 업체의 분석 : 김○○, 동물자원학과

참고문헌

강명구 · 김희준 · 정윤석 외, 『과학기술 글쓰기』, 서울대학교출판문화원, 2014.

강석우 · 이상헌 · 최현강 외, 『대학생을 위한 과학글쓰기』, 아카넷, 가톨릭대학교 교양교육원, 2009.

강신주, 『감정수업』, 민음사, 2013.

김상득, 『생명의료 윤리학』, 철학과현실사, 2001.

김왕배, 「'미녀와 야수' 과학 기술 사회의 음陰과 양陽」, 『멋진 신세계와 판도라의 상자』, 문학과 지성사, 2009.

김용근, 「'예술 수준의 기술'을 통한 융합 혁신」, 『인문학자, 과학기술을 탐하다』, 고즈윈, 2012.

김종록 · 이관희, 『과학 글쓰기 전략』, 도서출판 박이정, 2011.

닉 다이어-위데포드 · 그릭 드 퓨터, 남청수 역, 『제국의 게임Games of Empire』, 갈무리, 2015.

레이 커즈와일, 김명남 · 장시형 역, 『특이점이 온다: 기술이 인간을 초월하는 순간』, 김영사, 2007,

루이즈 디살보, 정지현 역, 『최고의 작가들은 어떻게 글을 쓰는가』, 도서출판예문, 2015.

리처드 도킨스, 홍영남 · 이상임 역, 『이기적 유전자』, 을유문화사, 2010.

마이클 샌델, 안기순 역, 『돈으로 살 수 없는 것들』, 2012.

박종무, 『모든 생명은 서로 돕는다』, 리수, 2014.

빅토르 마이어 쇤버거 · 케네스 쿠키어, 이지연 역, 『빅 데이터가 만드는 세상』, 21세기북스, 2013.

스티븐 제이 굴드, 이명희 역, 『풀하우스』, 사이언스북스, 2002.

신상규, 『호모사피엔스의 미래』, 아카넷, 2014.

신형기 · 정희모 · 김성수 외, 『과학글쓰기』, 사이언스북스, 2013.

안병옥, "파리 기후변화협상 '총성' 멈추고 '평화' 깃들다", 경향신문, 2015-12-19, http://news.khan.co.kr/kh_news/ khan_art_view.html?artid=201512191359581&code =970100, 2015.12.19.

이상엽, "시민 참여, 과학의 발전을 돕다", 과학기술정책 통권 198호, 제25권 제1호, 과학기술정책연구원, 2015.

이상욱, 「침대, 해왕성, X-레이, 연주시차: 과학철학 첫걸음」, 한양대학교 과학철학교육위원회 편, 『과학기술의 철학적 이해』, 한양대학교 출판부, 2015.

이석하, 「콩의 유전자지도 작성 및 그 이용」, 『한국육종학회지』 vol. 28. no. 5, 1996

이진우 · 이유택 · 권의섭 · 박미애, 『인간 복제에 관한 철학적 성찰』, 문예출판사, 2004.

장대익, 「뇌 탓이오? 신경과학의 철학적 쟁점들」, 홍성욱(외), 『필로테크놀로지를 말한다』, 해나무, 2008.

장하석, 『장하석의 과학, 철학을 만나다』, 지식플러스, 2015.

제레미 리프킨, 이창희 역, 『엔트로피Entropy』, 세종연구원, 2000.

제임스 래디먼, 박영태 역, 『과학철학의 이해』, 이학사, 2003.

존 버로우즈, 「과학과 문학Science and Literature」, 『인문학자, 과학기술을 탐하다』, 고즈윈, 2012.

책공장, "동물실험은 윤리적일 수 있나?", 동물별통신, 2008-06-11, http://blog.naver.com/animalbook/9003 2105839, 2015.12.17.

커넥팅랩, 『사물인터넷, 실천과 상상력』, 미래의 창, 2015.

토마스 쿤, 김명자 · 홍성욱 역, 『과학혁명의 구조』, 까치글방, 2013.

한스 요나스, 이유택 역, 『기술 의학 윤리 - 책임 원칙의 실천』, 솔출판사, 2005.

홍성욱, 「과학과 예술」, 한양대학교 과학철학교육위원회 엮음, 『이공계 학생을 위한 과학기술의 철학적 이해』, 한양대학교출판부, 2010.
______, 『인간의 얼굴을 한 과학』, 서울대학교출판부, 2008.
______, 『홍성욱의 과학 에세이』, 동아시아, 2008.

ㄱ

ㄴ

ㄷ

ㅁ

ㅂ

ㅅ

ㅇ

ㅈ

ㅊ

ㅋ

ㅌ

ㅍ